역경을 딛고
일하고 **사랑**하며

역경을 딛고 일하고 사랑하며

초판인쇄일 | 2013년 9월 9일
초판발행일 | 2013년 9월 30일

지은이 | 최혁영
펴낸곳 | 도서출판 황금알
펴낸이 | 金永馥

주간 | 김영탁
편집실장 | 조경숙
인쇄제작 | 칼라박스
주 소 | 110-510 서울시 종로구 동숭동 201-14 청기와빌라2차 104호
물류센타(직송 · 반품) | 100-272 서울시 중구 필동2가 124-6 1F
전 화 | 02) 2275-9171
팩 스 | 02) 2275-9172
이메일 | tibet21@hanmail.net
홈페이지 | http://goldegg21.com
출판등록 | 2003년 03월 26일 (제300-2003-230호)

ⓒ2013 최혁영 & Gold Egg Publishing Company. Printed in Korea

값 20,000원

ISBN 978-89-97318-54-4-03320

역경을 딛고

OVERCOME ALL ADVERSITY AND WORKS, LOVES

일하고 사랑하며

최혁영 에세이

황금알

글쓴이의 말

나는 1942년 살기 어렵다는 산골에서 태어나 곧 광복을 맞이했다. 농토를 개간하여 힘든 농사일을 하시던 아버지 세대를 보면서 앞으로 다가올 우리들의 세상을 위해 고생도 마다하지 않았다.

우리 아버지 세대는 너무나 어려운 시절을 보냈다. 왜정 치하에서 굴욕적으로 살아야 했고, 수많은 애국지사가 광복을 갈망하며 쓰러져 갔다. 나라를 되찾은 기쁨도 잠시뿐 남북이 둘로 갈라지고 결국 6·25동란이라는 동족상잔을 겪어야 했다.

우리 세대는 어린 나이에 전쟁을 겪으며 살기 위해 몸부림치듯 피난 생활을 했다. 미처 피난을 가지 못한 사람들은 공산당 치하에서 그들을 도우며 살아야만 했다. 그리고 미국을 비롯한 유엔군의 도움으로 침략자를 삼팔선 이북으로 몰아내고 초대 이승만 대통령이 통치하는 남한만의 단독 정부를 수립했다. 이승만의 제1공화국은 독재와 부정부패로 끝내 4·19민주혁명을 일으키는 결과를 가져왔다. 계속되는 학생시위로 사회가 혼란하였으나 박정희 소장이 5·16군사혁명을 일으켜 국가 기강을 바로잡고 경제개발 5개년 계획을 세워 오늘날 경제대국을 이룩하게 했다.

나는 경제개발을 위해 건설분야인 토목공학을 전공하여 대한민국 각지에서 국토건설에 매진했다. 지금 생각하면 그 당시에 꼭 필요한 공부를 했고 아주 보람 있는 직업을 얻었다고 생각된다. 또 외화를 벌기 위해 중동 각지에 진출하여 해외공사 수주와 공사 집행을 위해 열심히 뛰었다. 우리나라 경제를 이만큼 끌어올리는데 나도 일조를 했다고 자부한다.

회사생활을 마치고 건설회사를 설립하여 전국의 고속도로와 지하철, 공단조성사업을 시행하였다. 내가 건설한 포항제철 연관단지 같은 공단 조성지는 당시 허허벌판이었던 것이 40년이 지난 현재 각종 공장으로 가득 차 우리나라 철강수출을 담당하고 있다. 또 우리가 건설한 전국도시 대중교통의 큰 축인 지하철은 15년이 지난 현재 많은 변화를 거쳐 최적의 교통수단으로 자리매김하였다. 전국에 걸쳐 건설한 고속도로와 지방도로는 도시와 지방을 잇는 가교역할을 하여 지역간 균형발전에 크게 기여하였다.

이제 우리 경제가 세계시장에서 꽃을 피우기 위해서는 잘 발달된 교통망을 중심으로 하드웨어가 아닌 소프트웨어 쪽으로 모든 사업 패러다임을 바꾸어야 한다. 그래야만 미래의 부강한 대한민국을 건설할 수 있다고 본다.

그때는 사회를 이끌어갈 훌륭한 인재가 필요하다. 나는 인생의 목표를 85세로 정하고 남은 13년은 장학사업에 투신하려고 한다.

21세기 지식기반사회를 이끌어갈 인재육성에 투자하고 멘토링할 것이다. 인재육성이라는 목적을 달성하기 위해서는 인성이 풍부한 인재, 창의와 혁신을 선도하는 인재, 모든 사물과 사업을 남과 다르게 생각하고 변화를 리드할 수 있는 인재, 특수한 사물과 사업에 세계에서 1인자가 되는 전문성을 가진 인재를 길러내야 한다. 이를 위해서 앞으로 교육당국과 협의하여 후학들을 지도해 나갈 것이다.

앞으로 내가 이 세상을 떠날 때쯤인 2028년경이면 이 세상은 엄청나게 변해 있을 것이다. 우리가 목적한 대로 대변화를 이루기 위해서는 젊은 인재들이 확고한 꿈을 갖고 있어야 한다. 50년, 60년이 걸리더라도 그 꿈을 포기하지 않고 매진하면 반드시 목적을 달성할 수 있을 것으로 확신한다. 목적을 달성하기 위한 첫 번째 도전은 담대한 목표를 세우는 일이다. 그러한 목표가 없다면 절대 성공할 수 없다. 위대한 성공과 업적은 담대하고 확고한 목표에서 비롯된다는 사실을 명심해야 할 것이다.

개인이든 집단이든 나무가 아닌 숲을 보면서 고민한다면 다가오는 미래에 새로운 도약을 이루어낼 수 있다. 하지만 미래사회가 복잡계(complex system)로 변하는 만큼 우리의 대응자세 역시 단선

적이고 이분법적인 사고방식에서 탈피해야 한다. 소모적인 긴장과 대립, 충돌을 피하고 국민적 합의를 도출해 내는 집단지성을 발휘해야 한다. 누구든 미래의 과제를 미리 준비하고 대응한다면 변화라는 쓰나미를 헤쳐나갈 기회를 선점할 수 있을 것이다.

이 책이 한 늙은이의 보잘것없는 생각과 경험에 불과하다고 생각할지 모르지만, 나의 자식과 우리 장학회 모든 학생들에게 우리 세대가 어떻게 살았는가를 알리고, 더욱 발전한 세상을 살아갈 참고가 되었으면 좋겠다.

이 글을 내놓기 위해 모든 문장을 고쳐주고, 워드 작업을 해 준 비서 안성희 씨에게 감사드린다. 아울러 이 책의 출간을 흔쾌히 맡아주신 도서출판 황금알의 김영탁 대표에게도 심심한 경의와 감사를 표한다.

2013. 6
최혁영

차 례

글쓴이의 말 — 4

제1부   어려웠던 어린시절, 중 · 고등학교시절, 대학진학

1. 아버지 — 17

2. 어머님과 나의 어린 시설 — 19

3. 중학생 시절 — 30

4. 어머니의 죽음 — 37

5. 어려운 고등학교 시절 — 40

6. 대학 1학년 시절 — 48

제2부   훈련병 시절과 사병근무

1. 논산 훈련소 생활 — 57

2. 육군공병학교 교육 — 61

3. 육군공병학교 교수단 본부 통제과 근무 — 62

4. 육군 공병학교 병장 전역과 취업 — 66

제3부 대학 복학과 취업준비

1. 둘째 누님의 동생사랑 — 73
2. 대학졸업과 취업시험 — 74

제4부 첫 직장생활과 중요사업 수행

1. 신진자동차 그룹의 신입사원 연수교육 — 81
2. 한국기계공업주식회사 해안 매립공사 — 83
3. 이성교제 — 87
4. 동래골프장 건설 — 89
5. 최 전방의 군 진지 구축공사 시공 — 100
6. 포항종합제철 연관단지 30만 평 조성공사 — 101
7. 부곡 철도차량 공장건설과 의왕–부곡 간 지방도로공사 건설 — 106
8. 결혼과 신혼생활 — 111
9. 이란 항만공사 수주와 시공 — 118
10. 해외생활을 마치고 귀국 휴가 — 132
11. 휴가를 마치고 코람샤 현장으로 복귀 — 133
12. 아바단 NIOC 10–berth 확장공사 집행 — 134
13. 아바단 NIOC 항만공사를 마치고 귀국 — 136
14. 10년간 일했던 신진그룹을 떠나 신흥건설로 이직 — 138

제5부 삼성종합건설 입사와 중요사업 수행

1. 1979년 12월 삼성그룹 삼성종합건설 입사 — 143

2. 삼성 거제조선소 1기 건설공사 — 144

3. 거제 삼성조선소에서 본사 복귀 후 타현장 지원근무 — 148

4. 삼성그룹인 삼성종합건설이—신진그룹 신원개발 인수합병 — 149

5. 리비아 지사 기술영업과 공무, 대형 항만공사 입찰준비 — 150

6. 신임 리비아지사 지사장 부임으로 영업력 확충 — 155

7. 마수라타 장병숙소 부대 토목공사 소장근무 — 158

8. 리비아 지사 공사관리와 견적담당 — 159

9. 리비아 쿠프라—외나트 도로건설공사 현장조사 — 160

10. 리비아 지사 파견을 마치고 귀국차 유럽여행 — 163

11. 튀니지 정유시설 프로젝트를 위한 현장조사와 건설시장 조사 — 167

12. 이란 반다르샤프르 창고건설공사 재견적과 proposal — 168

13. 이라크 아브그라이브 도로공사 공사중단과 공사재개 — 176

14. 카티프 병원공사 토목부분 도면승인과 공사추진 차출 파견 — 180

15. 해외공사 토목지원 팀장과 대기발령 — 182

16. 삼성종합건설 퇴직과 전문업체 업무 — 184

제6부　개인사업

1. 충주 새한미디어 열병합발전소 기초공사 수주시공 — 189
2. 서초동 제일빌딩 신축공사 집행 — 191
3. 삼성전자 식당신축공사, 삼성코닝 지하물탱크 공사, 삼성코닝 연구동 터파기 공사, 충주전자 신축공사 — 194

제7부　법인 설립과 본격적인 사업 수행

1. 삼우토건 설립과 운영 — 199
2. 가양동 유수지 배수펌프장 건설공사 수주시공 — 200
3. 일산지역 택지개발 조성공사 수주시공 — 204
4. 한국 지역난방공사가 발주한 일산 지역난방공사 수주시공 — 209
5. 범양건영이 발주한 고덕지구 빌딩 터파기 공사 수주시공 — 213
6. 서울 지방국토관리청 발주 가남-장호원간 도로확포장공사 수주시공 — 214
7. 나의 건강검진과 위암발생 — 218
8. 중앙고속도로 횡성구간 터널공사 수주와 공사포기 — 219
9. 선경건설이 시공하는 성남시 아파트 신축공사 중 부지조성과 터파기 공사 수주시공 — 224
10. 서울지하철공사 송파구 마천동 구간 본선 터널공사 수주 — 225
11. 대구지하철 대명동과 안지랑정거장 간 지하철 공사 수주시공 — 229
12. 전주 광역 상수도 펌프장 구조물공사 수주시공 — 234

13. 서울지하철 7-22공구 동작구 대방동, 장승백이간 본선과 정거장 건설공사 수
   주시공 — 237

14. 서울 외곽순환 고속도로 8공구 수주와 시공 — 243

15. 서울 외곽순환고속도로 10공구 수주와 시공 — 248

16. 서울지하철 7-26공구 온수동 지하철역 본선 터널공사 수주시공 — 254

17. 서울지하철 6-8공구 신당동 구간 지하철공사 수주시공 — 258

18. 부산지하철 227공구 지하철 건설공사 수주시공 — 262

19. 광주 제2순환고속도로 산수터널공사 수주시공 — 267

20. 전북 익산 국토관리청 발주 운암-구이간 도로확포장공사 수주시공 — 275

21. 양산 어곡공단 조성공사 2공구 수주시공 — 284

22. 서해안고속도로 23공구 건설공사 수주시공 — 288

23. 연대 보증사 부도로 인한 피해 — 292

24. 광주지하철공사 1-2공구 수주시공 — 293

25. 부산지하철 230공구 수영만 민락동 지역 지하철공사 수주시공 — 295

26. 중부내륙고속도로 괴산 연풍 - 문경세제 간 고속도로공사 수주시공 — 302

27. 동해안고속도로 강릉지역구간 수주시공 — 310

28. 경부고속도로 영동구간 확장공사 수주시공 — 314

제8부   주식 양도양수 계약과 고소, 고발, 국세청 세무조사

1. 삼우토건 주식양도, 양수계약과 고소 고발사건 — 319

2. 2007년 2월 국세청 조사4국 2과의 세무조사 — 327

3. 삼우토건을 인수한 자들에게 서초세무서 공금 횡령으로 고발당함 — 331

제9부 미혜빌딩과 제일빌딩 운영, 장학사업

1. 미혜빌딩과 제일빌딩 운영 — 337
2. 2012년 및 2013년도 장학생 선발과 관리 — 339
3. 최혁영장학생 여러분에게 보내는 편지 — 341
4. 영남대학교 시스템공학과 특강 — 362
5. 최혁영장학회 설립과 운영 — 378

제10부 골프와 나의 인생

1. 골프와 나의 인생 — 385
2. 리더와 골프 — 391
3. 단순하고 단단한 골프를 하자 — 392
4. 이 순간을 위해 산다 — 393
5. 성공의 비결 — 394
6. 젊게 살고 싶은가 — 394
7. 실패를 견디는 연습 — 395
8. 골프게임과 리더십 덕목 — 396

제11부 다가올 미래 2030년

1. 미래 2030년 — 401

제12부 나의 부모, 나의 형제 자식 — 407

제 1 부

어려웠던 어린시절,
중·고등학교시절, 대학진학

남들이 알아주는 성공의 순간은 짧습니다.

남들이 몰라주는 성공의 준비기간은 길기만 합니다.

성공의 순간은 짧지만 강렬해서 눈에 쉽게 띕니다.

성공을 준비하는 기간은 길고 희미해서 잘 보이지 않습니다.

그러니 성공의 순간만 보고 그의 행운을 이야기 할 수밖에요.

한번 생각해 봅시다.

그 짧은 순간을 위해 얼마나 오랫동안 남들이 알아주지 않은 준비를 했을지.

지금 당신은 성공의 강렬한 순간만 보려는 것은 아닌지요

– 신인철의 《핑계》 중에서

1. 아버지

　나는 아버지를 모른다. 얼굴도 기억나지 않는다. 아버지는 내가 6살 때인 1948년 12월에 세상을 떠나셨다. 그러나 형제 중에서 내가 아버지의 사랑을 가장 많이 받았다고 어머니와 형님들이 말했다. 아버지는 그 해 마당에서 콩을 타작하고 과로하셨는지 저녁도 잘 드시고 새벽 2시경에 돌아가신 것 같다. 아버지와 어머니 사이에서 내가 잠을 자고 있었다. 아버지의 숨소리가 너무 가파르고 불규칙하여 어머니가 일어나 호롱불을 켜고 아버지를 흔들었으나 아무 반응이 없었다. 어머니는 모든 가족을 깨워 아버지의 위급함을 알렸다.

　할아버지는 아버지를 이불 위에 올려놓고 흔들기도 하고 바늘로 머리를 찔러 보기도 하였으나 끝내 깨어나지 않았다. 결국 아버지는 세상을 떠나시고 말았다. 그때 나는 6살이었지만 너무도 철이 없었다. 아버지 죽음을 두고 슬퍼하지 않았고 울지도 않았다. 그러나 어머니는 너무나 슬프게 우셨다.

　아버지가 돌아가신 후 온 동네 사람들이 모두 모여 장례를 치렀다. 아주머니들은 삼베로 상복과 두건을 만들었고 남자들은 큰 상여를 꾸미기 위해 한지로 꽃을 만들었다. 지관이 아버지가 묻힐 명당을 찾아 나섰다. 그의 노력으로 감나무골에 묫자리를 마련했다. 너무 추운 날씨에 강을 건너야 했기 때문에 모두들 고생을 했다고 한다. 아버지는 마을이 내려다보이는 감나무골 높은 산등 양지바른 곳에 고이 잠들었다.

　예법대로 아래채 사랑방에 빈소를 마련했다. 어머니는 어려운 일이 있을 때마다 나를 안고 아버지 빈소에서 가서 많은 눈물을 흘렸다. 주위 어른들은 아버지가 없으면 큰삼촌이 아버지 역할을 한다고 하였다. 어머니 말씀에 의하면 아버지는 어떤 어려움이 있더라도 큰형님과 막내인 나는 공부를 시켜야 한다고 강조하셨다고 한다.

　우리 아버지는 할아버지, 할머니, 어머니, 우리 6남매, 또 삼촌 4분, 고모 2분을 부양하는 대가족의 어른이셨다. 동네에서도 어려운 일이 있을 때마다 발 벗고 나섰다고 한다. 아버지가 돌아가시자 집안을 떠맡은 어머니의 고생은 이루 말할 수 없었던 것 같다.

　아버지가 돌아가신 뒤 3년상을 치른 후 탈상을 했다. 큰삼촌은 따로 살림을 차렸다. 나는 사촌 칠영이하고 늘 같이 놀았다. 삼촌은 칠영이에게는 인삼도 사주고 병아리를 잡아 몸보신도 시켜주었지만 나는 언제나 찬밥이었다. 칠영이가 인삼이 든 병아리 살점을 뜯는 것을 옆에서 지켜보자니 저절로 침이 흘렀다. 아침 식사 때 장떡 한 조각이라도 건네주면 달게 먹던 시절이었다.

세월이 흐른 뒤 아버지 산소에 비석을 만들어 세웠다. 하지만 이제 우리형제들도 나이가 많아 몇 년 후면 아버지 산소에 못 갈 것 같다. 자식들, 조카들도 아버지 산소를 얼마나 돌볼지 모른다. 이렇게 해서 아버지와, 우리 세대는 끝나지 않겠는가?

2. 어머님과 나의 어린 시설

가정의 모든 일을 도맡아 하시던 가장이 돌아가셨으니 집안 안팎의 대소사는 어머니의 짐이 되었다. 큰형님은 읍내에서 중·고등학교를 다녔고 둘째, 셋째 형님은 농사를 지었다. 형님 두 분은 농사일이 너무 힘들어 어머니와 자주 다투었다. 무척 힘이 들었던 것 같다. 어린 나는 어머니 일을 많이 도와 드렸다.

집에 양식이 없어 봄이면 어머니와 같이 깊은 산으로 들어가 산나물을 캐거나 들에서 쑥을 뜯었다. 다래끼에 가득 뜯은 쑥을 삶아서 허기를 채우기도 했다. 초등학교 때 소풍날이면 쑥 도시락을 만들었다. 어머니는 쑥에 쌀을 한 종지 정도 넣고 그릇으로 덮어서 도시락밥을 만들어 주셨다. 그 도시락은 쌀밥에 쑥물이 배어 빛깔이 파랗고 소금으로 간을 한 것이라 맛이 좋았다.

나는 나이는 어리지만 대단히 부지런했던 것 같다. 매일 송아지 한 마리를 돌보아야 했다. 소몰이를 하러 산으로 가면 망태 가득 쇠꼴도 해 와야 했으니 쉴 틈이 없었다. 소에게 먹일 풀을 마련하는 일은 어린 내 몫이 되고 말았다. 또 산에서 땔감을 마련하여 마당 한 모퉁이에 가지런히 쌓았다. 어른 아이 할 것 없이 추운 겨울에 대비하여 땔감을 준비했다. 그래서 공부를 할 시간이 부족하였으나 그렇다고 집안일에 소홀히 할 수도 없었다.

한번은 어머니와 함께 집에서 멀리 떨어진 산으로 땔감용 나무를 하러 갔다. 종일 땔감을 모아 지게에 한 짐 졌고, 어머니는 머리에 이고 산을 내려왔다. 나는 성질이 급하여 나뭇짐을 지고도 뛰다시피 하여 어머니를 제치고 일찍 집에 도착했다. 도착 시간이 한참이나 지난 뒤에도 어머니가 보이지 않아 마중을 하려는데 늦은 시간에 돌아오셨다.

어머니는 고단한 몸으로 저녁 준비를 해야 했다. 저녁이라야 쑥찜에 보리죽이 고작이었다. 양식이 부족하여 춘궁기를 보내기가 무척 어려웠던 시절이었다. 채 여물지도 않은 보리를 베어 솥에 쪄서 말리고 그것을 방아에 찧어 죽을 만들어 먹기도 했다. 배릿한 보리죽은 맛이 좋았으나 늘 부족하여 배불리 먹을 수는 없었다.

농사철에도 할아버지는 산에 나가 나무를 하거나 밭에 나가 김을 매셨다. 할머니와 어머니, 형님들도 모두 밭에서 김을 매기에 무척 바쁘셨다. 그래서 우리 가족 모두의 노력으로 어느 정도 안정이 되어 가고 있었다. 큰삼촌과 둘째 삼촌은 분가를 하여 농사일에 매달렸다. 막내 삼촌은 어신에 있는 과수원에 쌀 2가마니를 받기로 하고 머슴살이를 떠났으나 숙모는 우리와 함께 살았다. 그렇게 어려운 가정 형편에도 큰형님은 학업을 계속하셨다. 다음해에 막내 삼촌도 분가를 하였다.

1950년 6·25 사변이 터졌다. 몇 개월도 안 되어 인민군이 우리 동네까지 들이닥쳤다. 겉에 흰색 두루마기를 입은 인민군들은 일반인과 다름이 없었다. 그러나 두루마기 속에는 언제나 구구식 소총을 소지하고 있었다.

어느 날은 인민군이 우리 집에 와서 건넛방을 쓰겠다고 하였다. 어쩔 수 없이 방을 내주고 매일 인민군에게 밥을 지어 주어야 했다. 인민군은 동네 집집마다 돌아가면서 밥을 준비하라고 했다. 면사무소에서 일을 했던 사람들은 인민군을 피해 피난을 갔지만 다른 사람들은 남아 있었다. 그리고 인민군은 남은 사람들 중 성분이 좋지 않은 것으로 생각되는 동네 어른들을 산골짜기로 끌고 가서 모진 매질을 하고 죽을 지경이 되면 그냥 그대로 두고 달아나곤 했다. 삼촌이 매맞은 동네 어른을 업고 집으로 모셔다드리곤 했다. 병원도 약국도 없었으니 치료방법이라곤 지황 뿌리를 캐 즙을 내서 상처에 붙이는 것이 최선이었다.

철없는 우리는 총알이나 탄피를 장난감처럼 갖고 놀았다. 여러 곳을 다니면서 가장 많은 종류의 탄피를 수집한 아이는 부자처럼 자랑을 했다. 나는 M1소총, 구구식 소총, 기관총 탄피, 권총 탄피 등 무려 30~40개를 수집하였다. 그것들을 일정한 거리에 세워놓고 손에 갖고 있는 것을 던져 맞춘 사람이 따먹는 게임을 하고 놀았다. 밤이면 뒷산 소나무 위에 올라가 오십 리나 떨어진 읍내에서 아군과 적군이 싸우는 광경을 불꽃놀이처럼 구경하곤 했다. 지금도 기억하는데 치열한 전쟁 중에 살아남기란 참으로 어려운 것 같다.

조그만 소총 실탄과 큰 포탄이 쉴 새 없이 왔다 갔다 하는 전쟁에서 살아남기 위해서는 포복으로 이동하거나 벙커에 들어가 포격을 피하는 것이 상책이었다. 하루는 사다리 모양으로 생긴 비행기가 우리 읍내 가까운 거리에서 무엇인가를 수없이 날려 보내고 있었다. 그래서 그것을 줍기 위해 달려가곤 했다. 그러나 워낙 먼 거리여서 그곳까지 가지는 못했다. 지금 생각해보면 낙하산 부대 군인들이었던 것 같다.

인민군에게 매일 밥을 해 주기가 힘들었던 어머니는 대장에게 대들면서 더 이상 밥을 해 줄 수 없고 우리 집에서 나가라고 하셨다. 때마침 인민군이 후퇴할 시점이라 그들은 고분고분 우리 집에서 나갔다. 인민군은 마을 골목에 솔가지로 장식한 솔문을 만들고 김일성 초상을 걸고 마을을 출입하는 사람들을 통제하곤 했다. 그러다가 우리 큰형님이 학도병으로 가서 인민군에게 포로가 되어 북으로 끌려가게 되었다. 우리 동네에서는 형님 말고도 친구 한 분이 함께 곤욕을 치르게 되었다.

우리 어머니는 매일 아침, 저녁으로 정화수를 빈상에 올려놓고 아들이 무사하기를 천지신명께 빌었다. 하루도 거르지 않고 몇 달을 기도하였고, 유명한 점쟁이를 찾아다니며 형님의 생사만이라도 알려고 노력하셨다. 하루는 형님 친구 분이 끌려가던 대열에서 이탈에 성공하여 걸어서 고향을 찾아왔다는 소식이 들렸다. 그러나 우리 형님의 생사는 알 길이 없었다.

어머니의 간절한 기도가 통했던지 형님도 끌려가던 대열을 벗어나 어느 산골 머루 덩굴에 숨어 지내다가 가까스로 고향을 찾아왔다. 그래서 우리 가족의 근심도 한결 줄어들게 되었다.

그해에는 극심한 가뭄이 들었다. 모내기를 해야 하나 하지가 가까워 오도록 비가 내리지 않아 논바닥이 갈라지고 동네 우물까지도 말랐다. 그래서 며칠 밤을 잠 못 자며 먼 곳에서 식수를 길어 와야 했다. 그래도 가뭄이 계속되자 천수답은 벼 대신 조를 심었다.

그나마 강변에 논을 가진 농가에서는 온 식구들이 밤을 세워가며 강물을 퍼 올렸고 가까스로 늦은 모내기를 했다.

어린 나는 육촌형과 인민군이 남기고 간 모자도 써보고 탄피 따 먹기를 하며 놀았다. 그러다가 육촌형은 돌림병에 걸려 꿈도 펼쳐보지 못한 채 8살의 나이로 눈을 감고 말았다. 인민군이 물러가고 전쟁도 어느 정도 소강상태에서 몇 달이 지났다. 서울이 수복되었다. 우리 마을에도 피난 갔던 어른들이 하나 둘 다시 모습을 드러냈다.

우리 집안도 어느 정도 안정이 되었고 큰형님도 학업을 계속할 수 있었다. 아버지의 유언대로 큰형님은 공부를 계속했다. 자질구레한 집안일을 거들었지만 놀기를 더 좋아했던 나는 하루하루를 보람 없이 보내고 있었다. 초등학교를 가려면 높은 산을 넘어야 했다. 그래서 학교 가기가 무척 힘들었다. 첫째 형님과 셋째 형님은 큰산을 넘어 학교를 다니고 하여 초등학교를 어렵게 졸업할 수가 있었다. 그러나 나는 먼 길을 혼자서 학교에 갈 수가 없어 초등학교에 늦게 입학했다.

어머니는 나를 학교에 보내기 위해 달래기도 하면서 갖은 유혹을 다 쓰셨다. 어려운 살림살이였으나 오로지 나를 학교에 보내기 위해 어머니는 신주단지에서 쌀을 조금 덜어내어 쌀밥을 해 주셨다. 제사 때 쓰고 남은 조기 한 토막을 밥에 쪄서 먹이면서까지 학교에 가라고 하셨다. 어머니의 간곡한 부탁도 있었고 쌀밥에 조기로 아침을 잘 먹었지만 학교를 빼먹는 일이 많았다. 학교에 간다고 해놓고 가지 않으니, 어머니는 부지깽이를 들고 야단을 치셨다. 그럴 때마다 나는 그냥 내달려 동네를 헤매곤 했다. 그러면서도 나무를 하거나 꼴 베는 일만은 내가 맡은 일이라 생각하고 반드시 해냈다.

그러던 중 어신리에 있는 정자에 임시학교가 세워졌다. 공부는 20~30명이 냇가에 모여서 했다. '우로 나란히', '열중 쉬어' 같은 훈련을 받는 학교가 개교 되었다. 하루는 어머니가 셋째 형을 불러 나를 어신리에 있는 학교에 데려가라고 하셨다. 그래서 셋째 형과 같이 가까운 학교에 가서 훈련도 받고 한글도 배웠다. 그러나 공부하기는 정말 싫었다. 우리 셋째 형은 학교라고는 나를 데려다 주기 위해 가본 것이 처음일 것 같다.

다시 한 해가 지나고, 이웃 동네에 상월분교가 개교했다. 동네 친구들과 함께 상월분교에 입학하여 다시 학교를 다니게 되었다. 그러나 한 달에도 몇 번씩 학교를 결석하고 동네 애들과 어울려서 놀았다. 겨울이면 산에서 불을 피워놓고 놀다가 학교를 파할 시간이면 그냥 집으로 돌아오곤 했다. 그래도 포기하지 않고 나를 학교에 보내려는 어머니의 집념은 대단하셨다. 오늘 날 자녀를 가진 부모님들에게는 우리 어머니가 산교육이 될 거라 믿는다.

어머니는 내가 글씨를 아주 잘 쓰고 밤이면 글 읽는 소리가 옆방까지 들린다며 삼촌들 앞에서 칭찬을 아끼지 않으셨다. 어머니와 삼촌들에게 칭찬을 들으니 힘이 났다. 그러다가 공부에 대한 취미가 붙었고 학교에 가서 친구들에게 지지 않으려고 더욱 열심히 노력했다.

큰형님은 예천 농림고를 졸업하고 결혼을 하였다. 교사가 되기 위해 안동사범학교 연수과를 지원 합격하였다. 등록금을 마련하기 위해 내가 기르던 숫송아지와 큰 소를 팔아야 했다. 그러나 집에 남은 둘째, 셋째 형의 불만은 극에 다달았다. 형은 사범학교까지 공부하는데 자신들에게는 일만 시키고, 그것도 농사에 큰 몫을 하는 소가 없으니 더 심하게 고생을 하게 되었다며 불만을 터트렸다. 그래서 어머니와 자주 싸웠고 대들기까지 하였다. 형들이 어머니와 타툴 때는 내 힘으로 어떻게 할 수가 없어 마루에 걸터앉아 노래를 부르곤 했다. 큰형은 미안했던지 처가에서 소를 빌려와 농사를 짓곤 했다.

나는 상월분교에서 3학년을 마치고 어신초등학교에 편입하였다. 그즈음 공부에 취미가 붙어 하루도 빠지지 않고 학교생활을 열심히 했다. 학교 운동장에서 어른들이 돼지를 잡은 날은 내장에서 떼어낸 오줌보에 바람을 불어 넣어 공을 만들었다. 그 공으로 아이들과 축구를 하면서 지치도록 뛰어놀았다. 집에 오면 희미한 호롱불 밑에서 책도 읽고 공책에 글씨도 썼다.

큰형은 안동사범 연수과를 졸업하고 예천초등학교에 발령을 받아 어엿한 선생님이 되었다. 둘째, 셋째형도 열심히 농사를 지어 조금씩 돈을 모았다. 특히 둘째형은 재산 증식을 하여 기름진 밭도 샀다.

큰형이 예천 서부초등학교에 발령을 받았다. 대신동 하무실에 방도 마련하여 형수와 같이 살았다. 큰형수는 어머니가 계시는 집으로 자주 와서 농사일도 거들고 양식도 가져가곤 했다.

내가 초등학교 4학년쯤이었을 게다. 우리 집 담배 건조장 옆에 큰 감나무가 있었는데 감이 너무나 많이 열렸다. 그 해 가을에 큰형님이 다니는 서부초등학교에서 운동회가 있다면서 어머니는 둘째 삼촌 숙모와 상의하여 감을 따서 삭혀 운동회 날에 팔기로 했다. 둘째 숙모는 어신과수원에서 사과를 사가지고 와서 같이 장사를 하자고 뜻을 모았다. 내가 나무에 올라가 딴 감을 어머니가 미지근한 소금물에 삭혀 떫은맛을 없애자 단감이 되었다. 운동회 날 일찍 감을 어깨에 지고 어머니는 일부를 머리에 이고 집을 나섰다.

둘째 숙모님은 사과를 머리에 이고 운동회장 옆에 자리를 잡았다. 하루 종일 땡볕에 앉아 있었는데 가지고 간 두 접에서 10개 정도 밖에 팔지 못했다. 사과는 가지고 간 것의 3할을 팔았다. 점심도 굶고 종일 감을 팔았지만 10개 정도를 줄이고 10원을 벌어 집으로 오는데 어깨는 태산을 짊어진 듯 무겁고 발은 천근의 추를 매단 것 같았다. 밤 10시가 되어 어두운 강물을 건너는데 너무나 무서워 곧장 뒤에서 무언가 따라 오는 기분이었다. 집에 도착하니 자정 무렵이었다. 장사란 이렇게 어렵구나 하는 생각이 들었다.

형님도 학교에 막 부임하였던 때이고 어머니와 숙모도 나를 돌볼 여유가 없었다. 어머니는 감을 팔려고 다른 학교 운동회에 간다고 하셨지만 말리지도 않았다. 그래도 나는 공부에 재미를 붙이고 있던 때라 밤에는 호롱불 밑에서 이웃집에까지 들릴 정도로 큰 소리로 책을 읽었다. 동네 친구들과 아침에 학교에 갈 때마다 문답식으로 역사에 대한 공부를 하여 많은 도움이 되었다. 초등학교를 졸업할 때쯤에는 반에서 3등 정도를 하여 다른 아이들의 부러움을 사기도 했다.

우리 외가는 지보면사무소가 있는 백골장터였다. 외가의 모든 식구는 6·25가 일어나자 대구로 피난을 가고 빈집으로 남았다. 어머니는 그 무더운 7월 복더위에 외가를 돌아봐야 한다며 가셨다. 늦게 돌아오신 어머니는 인민군들이 외가의 모든 장롱을 뒤져 옷가지를 흩트려 놓았다고 하셨다. 모두 피난을 갔으나 봄에 텃밭에 심은 가지는 주인이 없어도 무럭무럭 자랐던가 보다. 어머니는 싱싱한 가지를 한 보따리 따서 머리에 이고, 어깨에 지고 그 먼 길을 걸어오셨다. 그날 저녁 우리 가족은 모처럼 시원한 가지 냉국을 먹을 수 있었다.

나는 초등학교 졸업식에서 우등상과 개근상을 수상했다. 졸업식을 마치고 상장과 함께 한문옥편과 참고서를 부상으로 받았다. 그 상을 어머니와 삼촌, 형님에게 자랑하려고 책보자기에 싸 어깨에 메고 단숨에 십리가 넘는 산길을 달려 집에 도착했다. 식구들 앞에서 자랑하기 위하여 책보자기를 풀었으나 상품은커녕 뛰어오는 도중에 다른 책과 학용품까지 흘려버리고 아무 것도 남아있지 않았다. 식구들을 실망시킨 것보다 내가 너무 바보라고 생각되어 가슴을 쥐어뜯고 싶었다.

6학년 담임선생님인 김두원 선생님은 나에게 많은 칭찬을 해 주신 분이시다. 내가 공부를 잘 할 수 있도록 도와 주셨고, 어린 제자를 길러내기 위한 노력을 아끼지 않으셨다. 그래서 교사인 큰형님께 부탁하여 신식 양말 한 켤레를 사달라고 부탁하였다. 그 양말을 김두원 선생님에게 선물했다. 어린 제자로부터 선물을 받은 선생님은 너무나 기뻐하셨다. 선생님이 좋아하시니 나도 기뻤다. 김두원 선생님은 달리기도 잘 하셔서 운동회에서 선생님들과 어린이들이 함께 하는 릴레이 경기에서 우승도 하셨다.

내가 어릴 때는 짚으로 만든 짚신을 신던가 통나무를 깎은 나막신을 신었다. 그것도 아끼느라 맨발로 들판과 동네를 누비고 다녔다. 할아버지가 짚신과 나막신을 마련해 주셨다.

그러던 어느 날 아버지께서 검정 고무신 한 켤레를 사오셨다. 나는 그 고무신이 너무 신기하고 아까워서 큰방 아랫목 이불걸이에 매달아 놓았다. 처음 얻은 신발이라 신지도 않고 진기한 물건인양 쓰다듬으며 매일 구경만 했다.

우리 삼촌과 어른들은 매일 농사일에 매달렸다. 5, 6월에 모내기를 하고 7월에 논매기를 하였다. 논매기 때에는 6~7명이 옆으로 나란히 허리를 구부린체 논에서 풀을 뽑고 호미로 흙을 파면서 구성지게 어휘어휘 노래를 부르곤 했다. 점심때에는 어머니와 숙모님이 집에서 누룩으로 만든 밀주 막걸리와 맛있게 장만한 점심을 머리에 이고 들로 나오셨다. 논둑에서 나누어 먹는 점심은 보약이나 마찬가지였다. 그 당시 일꾼들은 식사 때나 새참에 밀주 막걸리가 없어서는 안 되었다. 집안에 큰일이 생기면 술을 담고 막걸리를 걸렀다. 형편대로 송편이나 계란 꾸러미를 들고 와서 상부상조하곤 했다. 그러나 이제는 그런 풍습도 보기 힘들게 되었다. 시골도 너무 삭막한 동네 인심으로 바뀌고 있는 것 같다.

내가 6학년 때에는 여학생 중에서 결혼을 한 친구도 있었다. 모두 나보다 나이가 많아 초등학교를 졸업하면 곧 결혼을 했다. 전쟁으로 적령기에 학교를 다니지 못하고 늦게 공부를 하느라 처녀 총각이 되어 겨우 초등학교를 졸업하게 된 것이리라.

나의 어린 시절은 쇠꼴 베기, 고주배기 캐기 등 집안 일이 많았다. 영양가 있는 것을 먹지 못해 늘 허기져 있었다. 봄이면 동네 앞에 있는 큰 미루나무 위에 까치가 집을 짓고, 알을 낳아 새끼를 부화했다. 우리는 나무에 올라가 까치집에서 알을 빼네 진흙에 싸서 구워먹기도 하고, 새끼를 잡아 구워먹기도 했다. 그럴 때면 온 동네 까치들이 다 모여 큰소리로 까악까악 울부짖었다. 둥지를 맴 돌면서 큰 소리로 울기도 하고 나무에 올라간 또래의 머리를 부리로 쪼기도 했지만 아랑곳하지 않았다. 또 초가의 추녀에 지은 참새 집에서 알을 꺼냈고, 마당에 새틀을 놓고 그 속에 볍씨 같은 모이를 조금 놓아 참새들이 모이면 방안에서 줄을 잡아당겨 참새를 잡았다. 그 때는 참새가 흔하기도 했지만 벼를 쪼아 먹는 날짐승이라 논에서 새떼를 쫓으면서 사람들의 적이라 생각했던 것 같다. 그래서 어떻게든 잡아야 했다.

그 당시는 집집마다 닭을 많이 길렀다. 암탉이 알을 낳으면 그 알을 10개씩 짚으로 꾸러미를 엮어 장날 내다 팔았다. 농촌에서 현금을 만질 수 있는 좋은 방법이었다. 어른들의 생신이라도 있으면 닭 한 마리를 잡아 닭뼈, 머리까지 칼로 두드려 국을 끓이고 온 식구가 둘러앉아 먹곤 했다. 또 겨울철에는 연을 만들어 하늘에 띄웠다. 사기 조각이나 유리를 빻아서 가루로 만들고 묽은 아교에 개어 연줄에 발랐다. 다른 사람들의 연줄에 걸어 당겼다 풀어주면 유리 가루가 남의 연줄을 끊었다. 겨우내 연놀이를 즐기다가 정월 보름이면 연줄을 끊어 연을 멀리 날려 보내고 액땜을 했다.

탄피를 이용하여 사재 총도 만들었다. 탄피 받침에 화약을 장전하고 방아쇠를 당기면 화약이 폭발하면서 큰 소리가 나고 탄피에 들어있던 납덩어리가 튕겨나가는 총이었다. 그 당시를 생각하면 아주 정교한 총도 만들었던 것 같다. 과녁을 세우고 총을 쏘아 명중률을 겨루기도 했다. 나의 어린 시절은 하루해가 모자랄 정도로 철없이 누비고 다녔었다. 매일 친구들과 어울리면서 놀이를 통해 세상을 조금씩 익혀 나가는 생활이었다.

앞줄 좌로부터 어머니, 둘째 누님
뒤로 우측 매형, 좌측 큰형님

3. 중학생 시절

초등학교를 졸업하고 읍내에 있는 사립중학교인 대창중학에 입
학했다. 대창중 입학시험 때 성적이 좋아 특대생으로 선발되어 입
학금을 면제 받았다. 처음 배우는 영어 공부는 너무 재미있었다.
매일 예습, 복습을 하여 다른 학생들 앞에서 당당하게 영어 교과서
인 Union을 읽고 해석했다.

학교생활에서 공부는 재미있었으나 같은 반원 중 이승만과 권상
칠이라는 친구는 두려움의 대상이었다. 둘은 싸움 대장으로 시골
에서 온 나를 때리고, 겁을 주었다. 쉬는 시간이면 교단에 올라가
춤을 추고 싸움 연습을 하여 항상 학우들을 공포에 떨게 했다. 매

일 아령운동을 하면서 주먹이 빨리 나가고 힘있게 때릴 수 있다고 했다.

하루는 내 팔을 바늘 같은 것으로 찔러 고생을 시키기도 했다. 그들은 공부가 목적이 아니고 싸움이 일상의 목표인 것 같았다. 이 승만은 하무실에 집을 두었는데 아버지는 국악을 하는 사람이었고, 어머니는 멋쟁이였다. 우리 동내 8촌형인 길수 형님, 나와 같은 반 만수가 같이 이승만의 집 옆방을 빌려 자취를 하였다. 나도 어디 갈 곳이 없어 몇 달 동안 그 형님과 같이 이승만의 집 옆방에서 자취를 했다. 그래서 이승만은 나를 덜 괴롭혔고 다른 아이들과는 자주 싸움을 했다. 몇 달간 길수 형님과 같이 자취를 하다가 서부초등학교의 교사인 큰형님 집으로 옮겼다.

우리 큰형님은 서부초등학교 뒷편 산꼭대기에 있는 농가의 옆방을 얻어서 생활했다. 내가 형님 내외분과 같은 방을 쓰자니 불편한 것이 이만저만이 아니었다. 그 때가 내 조카 승덕이가 돌을 지나고 막 기어다닐 무렵이었다. 내 조카 승덕이는 조금만 신경을 쓰지 않으면 기어서 온 방안을 어질렀고, 문을 열어 놓으면 그 문을 넘어 기어나가곤 했다.

하루는 내가 공부에 열중하고 있는데 승덕이가 기어가다가 열린 문에서 떨어지는 사고가 일어났다. 어린 아이가 문턱이 높은 방에서 부엌으로 떨어지고 말았다. 형수님은 승덕이에게 물을 먹이고 내가 아이를 잘 보살피지 못했다며 꾸중을 하셨다. 하지만 형님은 동생이 공부하느라 그런데 꾸중한다며 내편에 서서 말씀하셨다.

나의 생활은 매우 불편했다. 여름에는 주인집 마루에 누워 자곤 했다. 형수님은 기계국수를 사와서 국수도 만들어주었고, 겨울에는 기계떡국을 끓여 주었다. 그 당시 국수는 집에서 콩가루와 밀가루를 반죽하여 홍두깨로 밀어서 칼국수를 만들어 먹는 것이 일상이었다. 떡국도 집에서 쌀가루를 쪄 가래떡을 만들고 칼로 납작하게 썰어 떡국을 끓여 먹었다. 그래서 기계국수와 기계떡국은 별미였고 먹기도 좋았다.

하루는 형님이 학교를 다녀와서 내게 말했다. 현재 교육감으로 있는 최원한 선생님의 사모님과 의논을 했다며, 나를 교육감 관사로 보내 그 집 아이들과 같이 공부도 하고 집안 일도 돌보는 것이 어떻겠냐고 물었다. 나는 쾌히 승낙하고 교육감 댁으로 갔다. 그 집에는 명규, 중규라는 형제가 있었는데 명규는 예천중학교의 나와 같은 3학년 동급생이고, 중규는 예천중학교 1학년이었다.

형 명규는 배다른 어머니에게서 태어난 학생으로 공부는 취미가 없었다. 악단 같은 것에 신경을 쓰고 가끔 집을 나가곤 하는 문제학생이었다. 그래서 명규 할머니는 야단을 치며 공부를 하라고 매를 들기도 했다. 명규 할머니는 집안의 어른으로 일을 분명하게 처리하시었다. 나는 명규 할머니를 따라 앞뜰에 마련한 토마토 밭에 물을 주기도 하면서 잔일을 거들었다. 할머니는 나를 무척 좋아하셨다.

동생 중규가 서부초등학교 6학년 때 우리 큰형님이 담임을 하였다. 중규는 성격이 온순하여 부모님 말씀도 잘 듣고 나를 형으로 잘 따랐다. 영어나 수학 같은 과목도 자주 같이 공부하고 역사는 문답식으로 공부하니 효과가 있었다. 휴식시간에는 교육청 운동장에 나가 달리기도 하며 같이 생활을 했다. 물론 명규도 우리와 같이 놀았다.

중규의 누나 계숙이는 예천여자중학교에 다녔는데 나와 같은 학년이었다. 한 집에서 지냈지만 여학생이라 자주 이야기를 할 기회는 없었다. 중규 어머니는 학식도 많았고 예의범절도 바른 아주 훌륭한 분이셨다. 나를 친아들과 같이 생각하고 열심히 공부하라고 했고, 늘 훌륭한 사람이 되어야 한다고 말씀하셨다.

한 주에 한두 번씩 교육감님과 예천군수님을 비롯한 유지 어른들이 관사에 모여서 마작을 했다. 그 어르신들은 서로 간에 우정도 대단하였다. 저녁 간식으로 중국집인 '인생류'에서 자장면, 만두, 우동 등을 시켜서 잡수시고 우리에게도 나누어 주셨다. 나는 난생처음 먹어보는 중국음식이라 너무 맛이 있어서 조금도 남기지 않고 다 먹었다. 또 중규 동생 현숙이, 창규, 창숙이는 아직 어렸으나 나를 잘 따르고 같이 놀기도 했다.

그 당시는 전력 사정이 좋지 못하여 자주 정전이 되었다. 계숙이, 명규, 중규와 같이 방안에서 노는데 갑자기 전깃불이 나갔다. 계숙이가 무섭다며 나에게 달려들어 떨어질 줄을 몰랐다. 중규네 식구는 착한 사람들이라 나를 가족처럼 인정해 주었다. 나도 그들을 형제처럼 생각하며 함께 생활했다.

하루는 명숙이라는 여자 아이가 집에 왔는데 현숙이 언니라고 했다. 나중에 알고 보니 명규의 여동생이라 했다. 명숙이도 그의 엄마 품을 떠나 본가에서 여러 형제들과 같이 생활을 하게 되었다. 얼마 지나지 않아 집안 분위기에 익숙해져 무리 없이 가정생활을 했다. 중규 어머니는 남편이 다른 여자를 두고 명규, 명숙이를 낳고 딴 살림을 하였으니 오죽이나 애가 타고 외로웠을까?

중규 할머니는 며느리를 위로하고 달랬을 것이다. 중규 어머니는 인품이 훌륭하고 이해심이 많아서 그 어려운 과정도 다 참고 중규 아버님을 위해 모든 희생을 무릅쓰셨다. 남편과 가족을 배려하는 마음이 훌륭한 가정을 지킬 수 있었다고 생각된다. 요즘 여성이라면 벌써 이혼하고 헤어져 남남이 됐을 것이다.

나는 중규 어머니처럼 훌륭한 분과 화목한 집안을 보면서 많은 것을 배웠다. 중규네 가족과 우리 가족들을 비교해 보면서 깨달은 것이 많았다. 중학시절 나의 어머니는 가정에 대한 실권이 거의 없었고 형님들이 집안의 모든 일을 관리해 나갔다. 어머니는 경제력도 갖지 못해 푼돈도 만져 볼 수가 없었다.

큰형님이 군내 다른 학교로 전근을 가셨다. 나는 또 서부초등학교 뒷산 골짜기에 있던 형님이 사시던 집에서 혼자 자취생활을 했다. 매주 일요일이면 시골집에 가서 쌀이나 보리쌀 몇 되를 짊어지고 오후에 읍내의 자취집으로 오곤 했다. 일요일 집에서 올 때 하무실을 거쳐서 오는데, 그 마을에는 나쁜 애들이 많아서 잘못 걸리면 죄도 없이 매를 맞기도 했다.

매일 된장과 고추장을 반찬으로 밥을 지어 먹고 학교에 갔다. 집에 돌아 와서는 거의 외출을 하지 않고 혼자 공부를 했다. 그 때 자취방에는 시간제 전기가 들어왔다. 밝은 전등불 아래서 공부를 하고 있었는데 밤 11시가 되면 어김없이 전등이 꺼졌다. 전깃불이 나가면 호롱불을 켜고 새벽 공부를 했다.

반수면 상태에서 공부를 하다 보니 집중이 되지 않아 크게 성적이 오르지 않았다. 비몽사몽간에 하는 공부는 큰 효과가 없었다. 어머니가 밥을 해주기 위해 시골에서 내 자취방으로 오셨다. 이것이 나와 같이 자며, 어머니가 손수 만들어 주신 마지막 식사가 아닌가 생각된다.

자취집 주인아주머니는 가끔씩 자기 식구들이 먹다 남은 반찬을 주기도 했다. 반찬 없는 밥을 먹을 때면 주인아주머니가 기다려지기도 했다. 어머니는 아들에게 맛있는 반찬을 만들어 주고 싶었겠지만 가진 것이 없으니 매일 풋고추에 된장만 가지고 같이 식사를 했다. 주인아주머니가 파 한 단이라도 주는 날이면 그것을 된장에 넣고 끓여 무척 맛있는 밥을 먹을 수 있었다. 며칠만 같이 지낸 어머니는 농사일이 걱정된다며 다시 시골로 돌아가셨다.

그해 여름 날씨가 하도 가물어서 집집마다 우물물이 바닥을 드러냈다. 물동이를 들고 공동 우물 앞에 줄을 서 기다렸다가 물 한 통을 겨우 떠와서 밥을 지어 먹곤 했다.

6·25사변이 끝이 났다. 우리 국군이 인민군을 쳐부수고 3·8선을 경계로 하여 휴전이 되었다. 초대 이승만 대통령은 인민군을 격퇴시키고 민주국가 건설을 위한 초석을 마련했다. 이기붕 부통령, 최인규 내무부 장관 등이 갖은 부정부패를 일삼고 부정선거를 계기로 전국의 대학생과 중고등학생이 일어났다. 부정부패를 몰아내자고 외치는 젊은이들의 데모는 전국적으로 확산되어 국가통치가 거의 불가능하게 되었다.

학생 시위는 시민이 참여하면서 4·19혁명으로 확산되어 많은 희생자를 냈다. 이기붕 부통령은 아들이 쏜 총을 맞고 쓰러졌다. 이승만 대통령은 국민이 원하면 하야하겠다는 성명을 발표하고 하와이로 떠나고 말았다. 대한민국은 민주당 세력인 장면 씨를 중심으로 내각제를 채택했다. 장면을 초대 총리로 선출하고, 국방부 장관에 우리 고향 지보면 출신인 현석호 씨가 임명되었다. 장면 총리는 국정을 우유부단하게 운영하여 국가 경제를 부흥시키지 못했다. 국회는 며칠 동안 논쟁만 가열되어 제 기능을 발휘하지 못했다.

장도영, 박정희 장군이 이끄는 군부세력이 5 · 16쿠데타를 일으켰다. 쿠데타세력은 비상계엄령을 선포하고 정부를 장악했으며 국회를 해산했다. 5 · 16군사혁명은 제2군사령관인 박정희 소장을 중심으로 당시 참모총장이던 장도영 장군이 군사혁명에 동의하였으나 그가 물러나고 혁명 주체세력만으로 국가재건최고회의가 구성되었다. 따라서 국회는 문을 닫았고 모든 정치 현안들은 국가재건최고회의에서 결정하곤 했다.

중규네 아버지도 4 · 19혁명으로 교육감직을 그만두고 청복동 옛집으로 이사를 했다. 그 때부터 중규네 할머니와 어머니는 많은 고생을 해야 했다. 여러 자식을 공부시켜야 하고, 중규 아버지가 벌어오는 돈만 가지고는 중규 누나 두 명의 학비와 밑으로 7명 자녀를 공부시키기가 무척 힘들어 보였다. 중규 할머니와 어머니는 매일 청복동 밭에 나가 조 밭에 풀을 뽑아야 했다.

거친 일을 해보지 않은 분들이라 무척 힘들었을 것이라고 생각했다. 하지만 중규 어머니는 항상 웃으며 내가 갈 때마다 잘 왔다며 조밥에 감자를 얹은 밥을 내어주곤 하셨다. 중규 어머니는 항상 아이들에게 공부하여 훌륭한 사람이 되어야 하고, 공부를 잘하는 사람들의 이야기를 자주 들려 주셨다. 정말로 장한 어머니임에 틀림없다.

중학교 3학년 때 수학을 가르치던 정홍 선생님은 학생과장이셨다. 정 선생님이 나를 규율 부원으로 임명하여 등하교 때마다 교문에서 후배들의 복장, 두발 상태, 학교뺏지 부착, 선배에 대한 인사 등을 지도하도록 했다. 또 학교 행사 때나 운동회 때에는 내가 기수가 되어 대창중학교 깃발을 들고 맨 앞에서 입장을 하곤 했다. 정홍 선생님은 수학을 잘 가르쳐 주셨다. 딱딱한 수학을 이해하기 쉽게 강의하였지만 성격은 매우 엄하셨다. 정홍 선생님의 처가가 우리 큰형님 처가 일가와 결혼하여 잘 아는 사이였다. 그런 인연으로 정 선생님은 우리 형님과 나에게 많은 도움을 주셨다.

이렇게 생활하다가 나도 중학교를 졸업하게 되어 고등학교에 가야할 때가 되었다. 그러나 우리 둘째, 셋째 형은 그렇게 어렵게 공부하느니 차라리 같이 농사일이나 하자고 했다. 중학교를 졸업하고 몇 달을 그냥 보내고 나니 내 인생이 너무 걱정되고 또 사회가 어린애 취급을 하지 않는 것 같아 무척 두려웠다.

4. 어머니의 죽음

어머니는 일찍 아버지와 사별하고 대식구들을 돌보느라 많은 고생을 하셨다. 어머니 환갑에는 형님 3분과 형수들이 정성껏 음식을 만들고, 술을 담갔다. 돼지를 잡아 모든 친척과 동내 사람들을 초청하여 환갑잔치를 성대하게 베풀었다. 어머니는 이날 참 흐뭇하셨으리라. 그러나 우리 큰누님은 갑상선이 좋지 않아 걱정이고, 둘째 누님은 그런대로 행복했다.

가을에 61세 환갑잔치를 치른 어머니는 매일 아침 쇠죽을 끓여 소에게 먹이고 형수님에게 여러 가지 집안일도 지시하면서 부지런히 활동하셨다. 그러나 환갑잔치를 하고 3개월이 채 되지 않아 천식이 심하여 기침을 하곤 하셨다. 불편한 몸으로도 집안일을 하시다가 점점 천식이 심해져 결국 자리에 눕고 말았다.

어머니가 식사도 잘 하지 못하고 자리에 누운 겨울, 1958년 12월 중순이었는데 많은 눈이 내렸다. 갑자기 기온은 떨어져 몹시 추운 겨울이었다. 어머니가 걱정되어 셋째 형님과 함께 한약을 지으려고 유천면에 있는 유명한 한의원에 가기 위해 눈 속을 헤집고 길을 나섰다. 점심때가 되어 한의원에 도착해 어머니의 증상을 설명하고 한약 몇 첩을 사가지고 집으로 향했다. 날씨가 너무 춥고 눈발이 날려 걸음을 걷기도 힘들었다. 만약 눈 위에 주저앉는다면 그대로 동사할 것 같았다.

앞 냇가에 도착했더니 친척들이 외나무다리를 걷기 위해 기다리고 있었다. 외나무다리는 냇가에 나무로 말뚝을 박고 그 위에 통나무를 걸쳐 폭이 한 자 좀 못 되게 길을 내고 사람이 그 위를 걸어서 냇물을 건너도록 만든 시설이다. 그 외나무다리를 건설한 사람은 매년 동내에 사는 주민들로부터 곡식 몇 되를 통행료처럼 받았다. 다리를 건너 집에 도착했다. 한약을 달이기 위해 숯을 찾았으나 없었다. 나는 다래끼를 메고 산으로 올라가 솔방울을 땄다. 그것으로 한약을 달여 어머니가 드시도록 했다.

내 정성이 통했는지 어머니는 약을 드시고 5~6일 후 다시 일어나셨다. 아침에 쇠죽을 끓이고 그 위에 양동이를 얹어 찬물을 따뜻하게 데운 후 머리도 감고 세수도 하셨다. 어머니의 얼굴이 많이 부어 있었는데 부기가 잘 빠지지 않았다.

며칠이 지났다. 어머니는 천식이 다시 도져 또 자리에 눕고 말았다. 아무래도 어머니의 건강이 회복되기 어려울 것 같았다. 그 당시 의사에게 진료도 받아 보지 못하고 그냥 어머니를 잃을 것 같아 무척 걱정이 되었다.

12월 중순 어느 날 아침, 어머니의 숨소리가 대단히 가파르다고 해서 내가 인공호흡을 시도해 보았으나 소용이 없었다. 어머니는 조용히 눈을 감고 말았다.

우리 4남 2녀를 낳아 잘 기르시고 모두 시집 장가를 보냈으나, 나만 아직 어렸다. 어머니는 늘 막내인 나만 결혼시키면 죽어도 여한이 없다고 하셨다. 어머니가 돌아가시자 나도 앞날이 걱정되었다. 어머니는 살아생전에 아버지가 없으면 맏형이 가장이니 큰형님을 잘 공경하고, 의지하며 생활하라고 하셨다.

나는 어머니의 죽음으로 큰 충격을 받았다. 어머니가 살아계실 때는 필요한 사항을 말씀 드리면 어머니는 큰형, 둘째 형에게 이야기하여 도와주라고 하셨다. 그러나 이제 어머니가 안 계시니 어디다 호소할까. 나는 주체할 수 없는 서러움에 많은 눈물을 흘렸다.

밤늦게까지 어머니의 시신 옆에서 잠도 자지 않고 눈물을 흘렸다. 어머니가 묻힐 곳은 우리 집에서 상당히 멀었다. 내가 어머니를 따라 산나물을 캐고, 쑥을 뜯으며, 땔감을 마련하기 위해 자주 갔었던 큰골이었다. 그곳 양지바른 땅에 봉분을 만들고 장사를 지냈다. 그날은 날씨가 유난히 추웠다.

이제 내가 의지해야 할 곳은 큰형님과 둘째 형님 뿐이었다. 어머니가 살아계실 때 나에게 물려준 재산이라고는 마을 앞에 있는 논 2마지기로 400평 밖에 되지 않았다. 살길이 막막하였다. 나는 그

때까지 미혼이었고 철도 덜 들었다.

　큰형님은 사정이 허락하는 데까지 나를 학교에 보내려고 마음먹었던 것 같다. 그리고 양식인 쌀과 보리는 둘째, 셋째 형님이 농사를 지었으니 얻어먹으면 될 것 같았다. 둘째 형님도 강 옆에 있는 신너현 논 4마지기와 아버지가 돌아가신 후 구입한 밭 4마지기를 상속받아 살림을 나고 셋째 형님도 신너현에 있는 논 3마지기와 산 너머 밭 3마지기를 상속받고 또 둥굴러현에 있는 논 1마지기와 조그만 밭을 상속 받고 살림을 나갔다.

　큰형은 독지미 논 8마지기와 동내 마을 앞 밭 4마지기를 상속받았다. 큰형은 교편생활을 하고 농사는 작은 형들이 지었으며 큰형 수님이 거들었다. 그래서 우리 형제들도 모두 각자 살림살이에 열중하였고, 나는 아버지, 어머니의 유언에 따라 고등학교에 입학하였다.

5. 어려운 고등학교 시절

　고등학교에 입학하여 나는 8촌간인 최만수와 같이 예천경찰서 뒤편 언덕에 자취집을 마련하고 경쟁적으로 공부하였다. 안주인은 할머니였는데 아들은 UDT 요원으로 입대했고, 며느리와 같이 살았다. 며느리는 빨간 원피스를 입고 지냈는데 아주 예쁘장한 아주머니였다. 우리에게도 친절하여 가끔 반찬도 나누어 주셨다.

　이 아주머니의 남편은 몇 달에 한번씩 휴가를 나왔다가 다시 복귀하곤 했다. 그 군인 아저씨는 군에서 특수훈련을 받은 첩보요원으로 금강산을 통해 북한을 몇 번이나 다녀왔다고 자랑을 했다. 정치는 박정희 장군이 국가재건최고회의 의장으로 선출되고 정국이 안정되면 민간 정부를 세우겠다고 약속했다. 반공을 국시의 제일로 삼고 부정부패를 사회에서 과감하게 몰아내고 혁명 정부를 이끌어나가겠다고 발표했다.

　나와 만수는 종전과 같이 토요일에는 시골에 내려가 형들의 일을 거들고 일요일 오후에는 쌀, 보리쌀을 얻어 짊어지고 자취집으로 돌아왔다. 지친 몸으로 저녁에 도착하여도 공부를 해야 하는 고단한 자취생활이었다. 그 당시에는 거듭 흉년이 들어 쌀밥을 먹기가 무척 힘들었다. 보리쌀은 급하게 밥을 지으면 굳어서 밥이 퍼지지 않았다. 저녁에 보리쌀을 물에 불렸다가 아침에 다시 씻어서 밥을 지어야 했고, 아침에는 저녁용 보리쌀을 물에 불려 두었다가 보리밥을 했다.

　자취집이 학교에서 멀지 않아 점심시간이면 집에 가서 아침에 먹다 남겨둔 밥을 먹었다. 식은 보리밥이지만 찬물에 말아 풋고추를 된장, 고추장에 찍어 맛있게 먹었다. 그러나 그나마도 점심을 먹지 못할 때가 많았다. 아침에 취사용으로 마련한 연탄불이 꺼지면 대단히 난감했다. 만수와 나는 자주 점심을 굶었으므로 한두 달이 지나면 몇 되의 쌀과 보리쌀이 남았다. 우리는 남은 곡식을 시장에 가지고 나가 팔아서 연필과 공책 등 학용품을 사곤 했다. 또 점심을 굶으면서 아낀 곡식을 판 돈으로 그렇게 가지고 싶었던 유진 선생이 지은 《영어구문론》을 사서 5번이나 읽었다.

　형님도 돈 쓸 곳이 많아서 내 사친회비를 자주 주진 않았다. 학교에 가면 서무실에서 사친회비를 가져오라고 독촉이 심했다. 독촉을 해도 사친회비를 납부하지 않으니 학생들을 불러 그냥 집에 돌려보내기도 했다. 특히 일 년에 두 번씩 치르는 기말시험에 사친회비를 납부하지 않으면 응시자격을 주지 않았다. 서무실에서 시험지에 도장을 찍어 줘야만 유효한 시험이 되었다. 형님이 잘 아는 서무과 직원에게 사친회비 지불 날짜를 약속하고 겨우 기말시험을 잘 치렀다.

내가 다닌 대창고등학교는 사립명문고로 일 년에 한두 명이 서울대와 육군사관학교에 입학하곤 했다. 나도 어려운 형편이었으나 나름대로 열심히 공부하여 평균 85~90점은 되었다. 영어 단어를 외우기 위해 쪽지를 만들어 길을 걸으면서도 공부했고 토요일에 시골집에 갈 때도 영어 단어를 외웠다. 어렵게 공부하면서도 중규네 아버님과 어머님을 자주 찾아뵈었다. 그 때마다 남의 아이들이 어렵게 공부하여 좋은 학교에 입학한 사례들을 말씀해 주셨다. 중규는 예천중학을 졸업하고 고등학교는 서울로 유학을 했다. 명규는 예천농고에 다녔고 계숙이는 예천여고에 다녔다. 중규 어머니는 여전히 들에 나가 밭일을 하셨다.

고등학교 때 나는 생물과 기하학 점수가 제일 낮았다. 기말시험 때마다 만수와 나는 시골에도 가지 않고 열심히 공부했다. 밤에는 어찌나 졸음이 오는지 약국에 가서 잠을 안 오게 하는 카페인 한 알씩을 먹고 밤을 새워 공부를 했다. 이근복 선배가 육군사관학교에 들어가 멋진 사관생도 복장으로 학교에 와서 참으로 부러웠다. 또 정용인 선배는 지보 출신으로 자취하며 공부를 해 서울법대에 합격하였다. 시골 출신으로 열심히 공부하여 학교를 빛내고 향토의 위상을 높인 자랑스런 선배들이었다. 두 분 선배들을 보면서 나도 새로운 각오를 하였으나, 형편은 그렇게 호락호락하지 않았다.

시골에 가면 형님들의 농사일을 거들어야 했고 또 매달 먹는 양식도 시골에 가야만 마련할 수 있었다. 매주 주말이면 집안 일 때문에 공부를 할 수 없었다. 어느 때는 시험공부를 하느라 시골에 가지 못해서 양식이 떨어지기도 했다. 걱정을 하고 있는데 큰형수님과 작은형수님이 장에 오면서 쌀과 보리를 섞어서 한 말이나 마차에 싣고 오셨다. 먼 곳에서도 동생의 양식이 떨어진 것을 걱정하시는 형님들이나 두 분 형수님들을 통해 따뜻한 가족애와 고마움을 느꼈다.

수업시간에는 모든 선생님들이 열심히 공부하라고 독려하셨다. 선생님들의 가르침은 참으로 훌륭했다. 영어 과목을 맡은 오상부 선생님은 학생들이 졸면 아주 재미있는 소설 줄거리를 들려주셨다. 또 화학 과목 김태호 선생님은 원소 기호 외우기를 위해 음악으로 작곡하여 '화수오산엔질소에스유황' 식으로 노래를 가르쳐 주셨다.

이재영 선생님은 국어 강의를 아주 잘 하셨는데, 열심히 공부하면 훌륭한 사람이 될 수 있다는 자신감을 심어주셨다. 역사를 맡은 장석조 선생님은 조선 선비들의 마음가짐과 그들의 임금에 대한 충성 등을 설명해 주셨다. 우리 학생들의 마음가짐과 앞으로의 진로에 대한 명 강의는 잊을 수 없다.

만수와 나는 경찰서 뒷편 자취집에서 다시 조금 떨어진 다른 집으로 방을 옮겼다. 새로 들어간 자취집의 주인아주머니는 대단히 친절했다. 주인아저씨는 몸이 좋지 않은 것 같았다. 우리들은 그 자취방에서도 열심히 공부하였다. 우리도 어느새 사춘기이니 여학생에 관심을 가질만한 나이가 되었다. 그렇지만 여학생을 사귈 시간도 없고 주머니에 든 것도 없으니 마음을 접을 수밖에 없었다. 밤이면 둘이 마주 보면서 경쟁적으로 공부도 하고 같은 시간에 잠자리에 들었다.

학교에 가면 다른 학우들은 반짝반짝 빛나는 워커를 신고 양복바지에 줄을 세워 참 멋이 있었다. 그들은 예천여고 학생들과 사귀면서 친구들에게 연애 이야기를 자랑스럽게 해 주었지만 공부는 신통치 않았다. 그러나 우리는 살 길이 공부 밖에 없었으므로 낭만이라고는 생각할 여유도 없었다. 더구나 여학생을 사귄다는 것은 꿈도 꿀 수 없는 일이었다.

점심은 전과 다름없이 굶을 때가 많았다. 집에서 보리밥 한 그릇을 먹고 긴긴 여름날 종일 학교에서 수업을 듣는 일은 무척 힘들었다. 한창 먹을 나이에 매일 먹는 식사도 된장, 고추장과 콩자반 정도만 먹으니 늘 허기져 있었다.

고기를 먹어 본지가 언제인지 모르는 어느 날이었다. 만수와 나는 아침 일찍 화장실에 가기 위해 집 뒷편을 가고 있는데 토끼 한 마리가 깡총깡총 뛰어오고 있었다. 그 토끼를 잡아 상자에 가두어 두고 학교에 갔다. 학교에서 돌아왔을 때까지 토끼는 달아나지 못하고 빨간 눈을 반짝이고 있었다.

우리는 토끼를 잡아 모처럼 몸보신을 하기로 했다. 만수는 그 토끼를 잡고 나는 주인아주머니께 조리법과 양념을 도움 받아 훌륭한 요리를 만들었다. 토끼 한 마리로 조리한 음식을 주인집에도 나누어 주고 둘이 배불리 먹었다.

자취방에 친구 김시용과 박영한이 자주 놀러왔다. 김시용의 아버지는 군청 서기로 일을 해서 가정형편이 우리보다 훨씬 좋았다. 박영한은 다른 학교에서 전학을 와서 교실에서는 내 옆 자리에 앉은 친구였다. 박영한의 아버지는 아주 독실한 기독교 신자였고 장터에서 나막신 같은 것을 만들어 팔았다. 가정형편이 대단히 어려웠지만 영한이는 공부를 아주 잘했다.

이제 가을도 가고 겨울이 닥쳐왔다. 농사철도 지난 때라 도울 일도 별로 없었다. 집에 내려가면 공부할 환경이 되지 않아 시간이 아깝게 느껴졌다. 추운 겨울을 자취방에서 지내면서 공부하기로 마음을 먹었다. 시장에 나가 밥을 짓기 위해 연료용으로 갈비한 다발을 샀다. 내가 살고 있는 자취방은 연탄아궁이가 아니어서 밥을 짓기 위해서는 나무를 연료로 썼다. 그 당시 겨울 추위는 대단했고, 밥을 짓기 위한 최소한의 연료만 사용했으므로 방안은 냉골이나 마찬가지였다. 추위를 이겨내기 위해서는 솜이불 밖에 없었다.

얼마나 추웠던지 윗목의 벽이 온통 얼음으로 번쩍거렸다. 마시다 둔 자리끼가 단단하게 얼었다. 그래도 학업은 주저할 수가 없어 이불을 뒤집어쓰고 영어구문론, 수학, 국어 등을 열심히 익혔다. 고등학교 3학년이 되었으니 다른 곳에 눈을 돌릴 여유가 없었다. 좋은 대학에 가야 내 인생이 풀리고 주위 어른들에게 칭찬도 들을 수가 있을 텐데 하고 열심히 공부했다.

고등학교 3학년 때 담임선생님은 언제나 우리에게 용기를 북돋아주셨다. 어떻게 하든지 좋은 대학교에만 가면 도울 사람이 많다는 이야기를 해 주시며 열심히 공부하라고 하셨다. 우리는 장석조 선생님 댁에서 땔감이 떨어졌다는 소식을 들었다. 제재소에서 톱

밤 몇 부대를 마련하여 가지고 장 선생님 댁으로 갔다. 장 선생님에게는 큰 딸이 있었는데 예천여고에 다닌다고 했다. 그 여학생이 너무 예뻐 오래도록 내 마음에서 지워지지 않았지만 혼자 가슴속에서만 간직하고 있었다.

드디어 결전의 날이 오고야 말았다. 1962년 겨울. 1963년도 대학입학자격 국가고시를 위한 준비에 모두들 한창이었고, 나도 준비를 해 온 터라 원서를 제출했다. 시험은 11월 경 대구 경북고등학교에서 치렀다. 그 때 대학입학 자격시험에 대창고등학교에서 8명, 예천농고생 4명, 예천여고 4~5명이 합격했다고 대구 매일신문에 게제되었다.

나는 이 소식을 제일 먼저 중규 어머니께 알려드렸더니 매우 기뻐하셨다. 하지만 이제 어떤 대학 무슨 학과에 입학원서를 쓰느냐 하는 것이 문제였다. 가정 형편으로는 4년제 대학을 다닐 수가 없고 학비가 적게 드는 대학을 골라야 했다. 그 당시 학비를 안내고 다니는 대학은 사관학교와 해양대학뿐이었다. 나는 그때까지도 서울에는 한 번도 가보지 않았기 때문에 서울 사정을 잘 몰랐다. 대구도 대학입학자격 시험을 치르기 위해 처음 가보았는데 서울을 어떻게 알았겠는가.

나는 늦은 나이에 초등학교에 입학하였으므로 고등학교 졸업이 다른 친구들보다 늦었다. 그래서 사관학교와 해양대학은 연령 초과로 원서지원이 불가능했다. 이제 남은 것은 등록금이 적은 2년제 교육대학뿐이었다. 다른 수험생들도 교육대학을 졸업해서 초등학교 교사로 취업하고자 원서를 제출했다. 나도 친구들과 함께 대구교육대학에 원서를 제출하였고, 대구 대건고등학교에서 시험을 치렀다. 나는 대구교육대학 원서제출과 입학시험을 치르기 위해 대구를 2번이나 내려갔다. 예천에서 버스를 타고 안동, 의성, 군위를 지나 비포장도로를 달려 대구까지 갔다. 대구로 내려가는 버스에서 상상을 했다. 내가 초등학교 교사가 되면….

'도로 옆으로 스쳐가는 저 작은 시골학교에 발령을 받아 아이들을 가르치면서 내 인생을 걸어갈 것이다.' 라는 깊은 생각에 잠겼다.

대구에서는 어디 갈 만한 곳이 없어서 초등학교 동기이고 그의 아버지가 학교 교장선생님인 이동휘 군의 자취집을 찾았다. 이동휘는 나와 같이 초등학교를 졸업하고, 그의 누나, 동생과 셋이서 할머니의 보살핌을 받으며 대구에서 학교를 다니고 있었다. 염치불구하고 동휘네 집에서 먹고 자며 교육대학시험을 치렀다. 시험은 필기시험과 실기시험이었는데 난 실기시험을 잘 못 본 것 같았다. 원래 음치였던 나는 음악이 자신 없었다. 함께 시험을 본 고종환 군은 합격했고 나는 떨어지고 말았다. 내 인생이 무너지는 것 같은 좌절을 처음으로 느꼈다.

대학 1차 모집이 다 끝나고 2차 추가 모집을 기대하고 있었으나 마땅히 갈만한 대학이 없었다. 서울은 추가 모집 대학이 많았으나 엄두도 내지 못하고 다시 대구로 내려갔다. 대구 경북대학교 농화학과 3명, 그리고 청구대학 토목과 추가 5명 모집이 있었다. 나는 2개 대학의 추가모집 원서를 사가지고 집으로 돌아왔다.

앞으로 정부가 국토개발을 많이 할 것이라고 생각했다. 대구 청구대학의 토목과와 건축과는 취업이 아주 잘 되고 선후배가 중앙에 많이 진출했다고 누군가 알려주었다. 나는 청구대학교 토목과에 원서를 내고 대구로 내려가 대학 본관에서 입학시험을 치렀다. 그때 5명 모집에 60여 명이 지원했다. 나와 같이 1차 시험을 놓친 대구의 개성고등학교, 경북고등학교, 대구공고 출신의 많은 수험생들이 시험에 응시했다. 합격자 발표가 있었다. 5명을 모집하는 명단에 내 이름이 버젓이 올라 있었다.

학교 담임선생님도 기뻐하셨고 가족들도 매우 좋아하며 축하해 주었다. 그러나 등록금에 책값, 교복값 등 돈을 마련하는 것이 쉽지가 않았다. 큰형님이 등록금과 학비 일체를 마련해 주며 공부를 잘 하라고 하셨다. 그렇게 하여 대구에서 나의 대학 생활이 시작되었다.

6. 대학 1학년 시절

큰형님의 도움으로 대학 1학기 등록금과 책값, 교복 값이 해결되었다. 고등학교 때처럼 생활비가 적게 드는 자취를 하기 위하여 K2비행장 입구 동촌의 농가 뒷방을 얻었다. 시골에서 쌀 한 말과 고추장과 된장을 부대에 넣어 짊어지고 대구로 갔다. 간장과 소금은 가게에서 사 밥을 지어 먹으며 자취 생활을 했다. 자취방의 앞길은 대구에서 영천으로 가는 철길 옆이라 새벽만 되면 열차가 지나가므로 늦잠을 잘 수 없었다. 그러니 저절로 일찍 일어나게 되고 자연히 공부를 할 수밖에 없었다.

주인집은 비닐하우스를 만들어 겨울에도 오이, 고추 등을 심어 봄에 시장에 내다 팔아 수입을 올리고 있었다. 학교가 효목동 청구

대학 공학관이었기 때문에 매일 걸어서 아양교를 넘어 학교를 다녔고, 도서관에서 친구들과 어울려 공부를 했다. 그때 알게 된 친구가 장대식, 김방식, 김용만, 이경호 군이었다. 그들과 같이 도서관에서 공부도 하고 여느 젊은이들처럼 서로 토론도 하며 시국에 관한 이야기도 나누었다.

장대식은 성주에서 올라왔는데 어릴 때 그의 아버지가 일본으로 건너가 다른 여자와 결혼하는 바람에 어머니 손에서 자랐다. 대식이와 동생을 위해 신암동에 방을 얻어 자취를 시키고 어머니는 시골에서 농사일을 하셨다. 김방식은 대구교대를 졸업하였으나 교사가 싫어서 토목과에 입학한 학생이었다. 그의 부모님은 칠성시장에서 국밥장사를 하셨다. 방식이가 영어회화 책을 사서 공부하는 것을 보고, 나도 회화책을 사서 공부했다.

방식이는 가끔 내 자취방에 정종을 가지고 왔다. 함께 술을 마시고 내가 취해 잠이 들면 고추에 실을 묶고 그 실오라기를 문고리에 매달아 내가 움직일 때마다 실이 당겨서 아픔을 느끼도록 했다. 평소에는 조용한 성품이지만 나를 골탕 먹이고는 좋다고 웃어대는 짓궂은 친구였다. 어느 때는 방식이네 가게에 가서 국밥을 맛있게 얻어먹었다. 그와 나는 무척 사이가 좋았던 것으로 기억된다. 그리고 장대식이와도 친하여 대식이 자취집에서 함께 밥을 얻어먹기도 했다.

용만이는 그의 형이 대구 측후소 소장이라서 관사에 가서 놀기도 하고 공부도 했다. 그런대로 입학 후 6월까지는 별 어려움 없이 지냈고, 모르는 친구들을 사귀며 사이좋게 어울리다 보니 금방 1학기가 지나가게 되었다. 여름 방학에는 시골로 내려가 형님들의 농사일을 거들었다. 여름방학을 마치고 대구로 돌아가야 할 때가 되었다. 대구로 가기 전에 중규 어머님, 아버님께 인사를 하기 위해 청복동을 찾았다. 마침 방학이라 중규와 명규 다른 식구들이 같이 집에 있었다. 계숙이는 여고를 졸업하고 농협에 다니고 있었고, 명규는 진학을 하지 않았다. 교육청 관사에서 뛰어 놀던 때의 추억담을 이야기하면서 하룻밤을 같이 자고 집으로 돌아왔다.

2학기가 시작되어 대구로 가기 위해 모든 짐을 챙겨 다시 예천에 도착했다. 그런데 중규와 6촌간인 최영규가 대구청구대학 전문학교에 다닌다고 했다. 중규 어머니의 소개로 영규 어머니를 뵙게 되었다. 중규 어머니는 내가 성실하고 공부를 잘 하는 학생이라고 소개하면서 영규와 같이 자취를 하라고 하셨다. 나는 대구에서 영규와 만나 신천동에 자취방을 마련하고 같이 지내면서 공부하기로 했다.

쌀과 된장, 고추장은 시골에서 마련해 가지고 갔다. 아침에는 가게에서 콩나물을 사 된장국을 끓여 맛있게 먹었다. 신천동에서 철도를 따라 대학 강의실까지 걸어서 다녔다. 지름길이기도 하지만 차비도 절약되어 많은 학생들이 그 길을 택했다. 강의를 듣고 집에 올 때는 같은 신입생 여학생들과도 앞서거니 뒤서거니 함께 걸었다. 경북여고를 나와 베드민턴 선수로 뛰는 건축과 여학생도 있었고, 섬유과, 화공학과 여학생도 같이 걸었다. 그러나 그 여학생들과는 별로 대화를 하지 않았던 것 같다.

나는 그때만 해도 내성적인 성격이라 사람을 쉽게 사귀지 못했다. 내가 여학생들을 사귈만한 처지가 못 되었고 말을 붙일 용기도 없었다. 그저 학교에서 공부나 하고 강의가 없으면 도서관에서 책을 읽다가 저녁이면 걸어서 집에 왔다. 공부만이 나의 일상생활이었다.

여름방학을 마치고 다시 2학기 공부를 시작한지도 3개월이 지났다. 양식이 떨어지면 토요일에 시골로 가서 양식을 얻어 일요일 오후에 돌아오곤 했다. 그러나 학기말 시험이 얼마 남지 않았고 2분기 등록금과 공과금을 납부할 때가 되었다. 그리고 시골에서 가지고 온 양식도 떨어져 토요일 강의를 듣고 늦게 고향을 향해 예천행 버스를 탔다. 버스는 밤 11시 30분 경에 예천에 도착했지만 겨울이라 많은 눈이 내려 교통이 끊어졌다. 예천에서 우리 고향까지 가려면 1~2시간 걸리지만 눈이 너무 많이 내려 갈 수가 없었다. 주머니에 남은 돈도 없고 해서 청복동에 있는 이모네 집을 찾아갔다.

이모부가 일찍 돌아가시자 이모님은 혼자 딸 3자매를 기르며 씩씩하게 살아오셨다. 갖은 고생 끝에 돈을 벌어 누나 2분을 결혼시켰고 막내인 윤안자만 예천여고를 다니고 있었다. 밤늦게 머리와 온 몸에 눈을 뒤집어쓰고 이모님 댁으로 갔다. 놀란 이모님은 그제야 나를 알아보고 잘 왔다며 밤 12시에 보리밥을 지어 더운 저녁상을 마련해 주셨다. 이모님네도 장작이 비싼 관계로 왕겨를 연료로 사용하고 있었다. 벼 껍질인 왕겨를 한 주먹씩 던지며 풍로로 바람을 일으켜 태우는데 처음하는 사람은 요령을 몰라 쉽게 불이 꺼졌다. 이모가 정성을 들여 지어준 보리밥은 꿀맛 같았다. 늦은 저녁을 먹고 따뜻한 이부자리에 누우니 금방 잠이 들었다. 그곳에서 아침까지 얻어먹고 시골 형님 댁으로 갔다.

시골 살림살이를 하는 형님도 상당히 힘들었던 것 같다. 2학기 등록금과 공과금에 대한 이야기를 했더니 그 만한 큰돈이 어디 있느냐면서 나무로 만든 라디오를 가리키면서 이 거라도 가져가서 팔아 쓰라고 하셨다. 너무 절망적이었다. 아무런 도움을 받지 못하고 그냥 예천 읍내로 돌아왔다. 어디 갈만한 곳도 없어서 중규네 집으로 갔다. 중규 아버님과 어머님께 어려운 사정을 말씀 드렸다.

중규 아버님이 명함 뒷면에 나의 사정을 몇 자 적어 주면서 청구대학 토목과 주임교수로 있는 최영박 교수 사모님을 찾아가 보라고 하셨다. 최영박 교수님은 중규의 5촌 아저씨이고 중규 아버님과는 4촌간이었다. 나와 한 방에서 자취하고 있는 영규와도 친척이 되는 교수님이었다. 그래서 양식 일부를 가지고 대구로 갔다. 영규와 같이 교육대학 입구에 사는 최영박 교수님 댁을 찾아가 중규 아버님이 준 명함을 사모님께 드렸다. 내용을 읽어보신 사모님이 최 교수님이 들어오시면 이야기를 할 테니 그냥 돌아가라고 하였다. 영규와 나는 인사를 하고 자취방으로 돌아가서 다시 공부에 열중하였다.

이제 기말시험도 2~3일밖에 남지 않았다. 그때까지도 등록금을 마련하지 못했지만 한 가닥 희망을 가지고 열심히 공부만 했다. 기말시험은 등록금을 납입한 학생만 치를 수 있기 때문에 교무과에서 직접 시험장에 나와 학생마다 등록금 납입 유무를 확인했다. 등록금을 납입하지 못한 학생의 시험지에는 도장을 찍지 않았고 시험을 치르더라도 무효처리가 되었다.

그래서 시험 때 교무과 선생님이 나와서 도장을 찍는데 내 차례가 되었다. 최 교수님으로부터 아무런 연락을 받지 못했으므로 거의 포기하고 있었다. 선생님이 내 인적 사항을 확인하더니 그대로 도장을 찍어주는 것이었다. 나는 한숨을 쉬고 이제는 대학 1학년은 마치고 학점이 인정될 것 같구나 하고 안도 반, 근심 반으로 기말시험을 다 치렀다.

시험이 끝나자 곧 겨울방학이 시작되어 다시 시골로 내려갔다. 그러나 우리 집 환경은 도저히 공부를 계속할 수 없을 정도로 어려웠다. 생각하다 못해 군에 입대하겠다고 마음먹고 병무청으로 가 자원입대를 했다. 우리 동네에서 농사를 짓던 친구 몇 명도 함께 군에 입대를 하게 되었다. 나는 군에서 영어단어를 마스터하겠다고 마음먹고 콘사이스를 주머니에 넣고 입대를 하였다.

제 2 부

훈련병 시절과 사병근무

부드러움은 힘입니다.

부드러움은 아름다움이며, 배려이고, 포용입니다.

부드러움은 흐느적거림과 다릅니다.

부드러움은 중심이 없다는 것도 아니고 원칙이 없다는 것도 아닙니다.

부드러움의 친구는 균형이고, 부드러움의 고향은 물(水)입니다.(上善若水)

부드러움을 유지하고 지키는 것이 곧 강한 것입니다.(水柔日强)

이는 빠져도 혀는 남는 것처럼 강한 것이 부드러움을 이기지 못합니다.(齒亡舌存)

– 《노자(老子)》에서

1. 논산 훈련소 생활

경북지역의 집결지는 안동농업고등학교로 집에서 혼자 그곳으로 찾아갔다. 도착해보니 입영하는 장정과 배웅하는 가족들로 운동장이 만원이었다. 장정들을 인솔하기 위해 논산훈련소에서 나온 군인들과 병무청 직원들이 호명하는 대로 줄을 서서 기다렸다. 오후 늦게야 병무청 직원이 입영 장정들을 인솔군인에게 인계하였다. 우리 장정들은 배정된 열차칸에 나누어 타고 논산 신병훈련소를 향해 달렸다. 인솔군인은 입영장정들을 대단히 무섭게 다루었다. 그때부터 군대생활이 시작되는 것 같았다.

밤늦게 논산훈련소 8연대 연병장에 도착했다. 각 중대로 편성되었는데 나는 6중대 3소대 내무반으로 배치되었다. 군복과 군화, 군모, 침낭을 지급받고 숙소인 내무반으로 들어갔다. 내무반은 40여 명이 거주하는 공간으로 중앙에 난방용 페치카가 있고 양 옆으로는 사병들이 잠을 자는 침상이 있는 구조였다. 침상 위에 앉아서

M1소총 분해조립 연습을 하거나 기름으로 총구를 닦고 잠을 자기도 했다.

선임하사님은 매일 M1소총 사격을 위한 크리크 조정연습, 총기 분해조립, 총구 닦기 등을 반복하여 훈련시키고 밤에는 돌아가면서 불침번을 서게 했다. 밤에는 불침번이 페치카 시간에 맞춰 톱밥을 집어넣어야 했다. 보통 저녁 9시에 점호를 하고 아침 6시 기상 나팔소리가 들리면 지체 없이 일어나 자기가 지급받은 관물을 똑바로 정렬하였다. 검사 결과 정렬이 안 된 병사에게는 혹독한 기합을 가했다. 또 사격 훈련이 제일 중요하기 때문에 충분한 사격연습을 했다.

사격 합격률에 따른 중대 간의 경쟁이 치열했고, 교관인 선임하사관의 근무 실적도 평가되었다. 그리고 중대로부터 배정받은 모든 관물은 각자가 철저히 관리해야 했다. 만약 배정받은 관물을 잃어버리면 자기 돈으로 구입해서 채워 넣어야 하고 그렇지 못하면 심한 기합과 함께 매질이 따랐다. 그래서 매일 지급받은 관물은 매우 철저히 관리를 해야 했다.

많은 병사가 함께 거주하며 잠을 자다 보니 모포와 배낭에 이가 너무 많았다. 하루는 선임하사님이 조그만 주사약병 하나씩을 나누어 주며 이를 잡아 그 병에 넣으라고 했다. 누가 이를 많이 잡나 시합을 하기도 했다. 40여 명의 병사들이 내의와 양말을 벗어 이를 잡았는데 많이 잡은 사람은 주사병의 반을 채우기도 했다. 가끔씩 DDT를 뿌렸으나 너무 번식이 잘 되는 이 때문에 수시로 소탕작전을 벌였다. 또 밤이면 빈대까지 나타나 신병들의 몸을 물어뜯어서 잠을 이룰 수 없었다.

휴식시간에는 누구의 고추가 가장 큰지 보여 주는 대회도 열었다. 한 병사가 앞으로 나가 자기는 고추를 크게 하는 주사를 맞고 입대했다며 강력한 우승후보라고 했다. 그의 말대로 고추는 이미 고추가 아니라 성난 가지 정도였다. 정말로 대단한 물건을 가진 그 병사가 성기대회의 우승을 차지했다.

나는 휴식시간이면 영어 단어를 외우면서 내무반 생활을 충실히 했다. 그런데 40여 명의 내무반원 중에는 대학 재학중에 입대한 사병은 4명 뿐이었고 나머지는 초등, 중졸, 고졸이었다. 대부분 공부와는 별 관심이 없는 병사들이었다.

내가 영어콘사이스를 가지고 단어를 외우는 것을 본 옆자리의 병사가 선임하사관에게 저 친구가 영어 공부를 하면서, 사제 콘사이스까지 가지고 있다고 고자질을 했다. 나는 선임하사관에게 불려가 사제 물품을 군에 반입했다고 많은 질타를 받았고 콘사이스도 빼앗겼다. 선임하사관님은 군생활을 하라고 국가에서 불렀다며 영어 공부하려고 입대한 것이 아니니 앞으로 그런 일이 있으면 각오하라고 했다. 나는 선임하사관님이 너무 원망스러웠다. 그러나 명령에 따라 죽고 사는 군대이니 어쩔 도리가 없었다.

입대 후 2개월이 지나 형님에게서 편지가 왔다. 대학에서 성적표가 집에 도착했다면서 동봉한 성적표와 함께 형님의 편지를 읽었다. 등록금도 납입하지 않고 치른 1학년 기말시험의 모든 학점이 인정되어 일단 대학 1학년은 수료한 것이 되었다. 제대 후 다시 대학 2학년에 재등록을 할 수 있는 길이 열렸다.

선임하사관님에게 영어콘사이스를 빼앗기고 난 후에는 늘 무언가 허전했지만 훈련에만 열중했다. M1소총 크리크 조정도 완료했고, 사격에서도 표적을 거의 명중시켜 우수한 성적으로 사격시험에 합격했다. 사격시험에 합격하지 못한 동료 병사들은 선임하사관님에게 심한 기합을 받고 매도 맞았다. 각개전투장에서는 누워서 100m 거리의 철조망 밑을 빠져 나가야 했다. 포복을 하면서 철조망 밑을 빠져 나가는 훈련인데, 철조망 위로는 총알이 날아가므로 절대 일어설 수 없고 하늘을 보고 누워 어깨로 기든가 포복으로 갈 수밖에 없는 중요한 훈련이었다.

내가 어릴 때 6 · 25 사변이 터져 총알과 포탄이 불꽃놀이처럼 나는 것을 본 터라 철조망 통과훈련은 정말 중요한 훈련이라고 생각했다. 아침부터 교관의 지시에 따라 열심히 훈련을 했다. 날씨가 아무리 추워도 추운 줄을 몰랐고 돌을 씹어도 소화가 될 것 같았다. 점심은 훈련장으로 가져온 콩나물국에 따뜻한 밥은 말할 수 없이 맛이 좋았다. 훈련병에게 배당된 밥만으로는 절대적으로 부족했다. 현금을 가지고 있는 병사들은 선임하사 몰래 이동 가게에서 논산 고구마를 사먹기도 했다. 침이 꿀떡꿀떡 넘어가는 찐 고구마였으나 돈이 없는 내게는 그림의 떡이나 마찬가지였다.

지옥과도 같은 6주간의 논산 신병훈련소 생활도 끝났다. 다시 신체검사를 받았고 병사 개개인에게 병과를 부여했다. 나는 공과대학을 다녔다고 하여 병과교육을 받기 위해 육군공병학교로 가야 했다.

2. 육군공병학교 교육

육군공병학교에 배치되어 일반공병 병과를 받고 신병연대 1중대 6내무반에서 6주간의 일반 공병병과 교육을 받게 되었다. 내무반장은 이 교육에서 우수한 성적을 거두면 전방부대로 가지 않고 공병학교에 자충되거나 후방부대에서 군생활을 할 수 있으니 열심히 교육을 받으라고 했다. 일요일에는 가족들과 면회도 가능하였다. 부모님들은 자식을 면회하기 위해 떡이랑 통닭 등을 사가지고 와 영양가 있는 음식을 먹게 하였다. 그러나 나는 면회 올 사람이 없었으니 다른 병사들이 대단히 부러웠고 한편으로는 외로웠지만 어쩔 수 없었다.

공병학교의 교육은 아침 일찍 기상하여 내무반 별로 점호를 취하고 아침식사를 한 뒤 구보로 야외교육장을 달려가 강의와 실습시간을 가졌다. 내무반 생활은 규율이 너무 엄격했다. 청소상태, 관물 보관상태 등이 불량하거나 한 사람이라도 지적 사항이 발견되면 단체 기합을 받았다. 상관에게 지적을 받은 사병은 공병 곡괭이 자루로 엉덩이가 시퍼렇게 멍이 들 정도로 두들겨 맞았다. 손을 뒷짐 지고 머리와 두 발만 바닥에 댄 체 엎드리는 원산폭격은 물론이고, 완전무장하고 몇 분 내로 연병장에 집합하거나, 한쪽은 워커, 다른 쪽은 통일화를 신고 2초내로 연병장 집합 명령이 떨어졌다. 선착순이라 늦게 도착한 사병은 더 많은 기합과 구보를 해야 했다.

공병학교 훈련생활도 논산훈련소 이상으로 힘이 들었다. 정식으로 나오는 식사만 가지고는 너무 배가 고파서 내무반장이 먹다 남은 찌꺼기 음식을 먹기 위해 서로 눈치를 보며 그릇 치우는 일을 경쟁적으로 했다. 나는 전방에 가기 싫어서 일반공병 교육을 충실히 받았다. 매일 구보로 야외교육장에서 교육을 받을 때 졸음이 오면 얼굴을 때리고, 정신을 집중하려고 열심히 노력했다.

교육이 너무 힘들어 탈영하는 병사가 늘어만 갔다. 어떤 병사는 보초를 서다가 총을 땅에 박고 철모를 걸어 놓은 뒤 탈영을 하기도 하고 화장실에 간다고 말하고 뒷문을 통해 달아나곤 했다. 우리 내무반도 화장실과 150m 정도 떨어져 있고 옆으로 개울이 흐르고 있어 탈영하기 아주 좋았다. 화장실에 갈 때는 두 명씩 조를 짜 가도록 하여 서로 감시하도록 했다. 또 200ℓ짜리 드럼통을 반으로 갈라 내무반 옆에 설치하고 거기에 소변을 보도록 하여 탈영을 예방하려고 했다.

일반공병 6주간의 교육을 마치고 폭파법, 화생방 등 6주간의 교육에 대한 시험을 치렀다. 나는 열심히 노력한 덕분에 우리 중대에서 3등을 했다. 그래서 자충을 지원하여 공병학교 본부사령실로 배치를 받았다. 그곳에서 각종 통계업무를 담당하는 고참의 조수로 일하게 되었다.

3. 육군공병학교 교수단 본부 통제과 근무

본부사령실에서 교수단 본부 통제과로 근무 명령을 받고 숙소 배정이 있었다. 저녁을 먹고 임시로 14내무반 교수단 지형학과 내무반으로 안내를 받아 들어갔다. 그날따라 내무반 분위기가 살벌

하여 대단히 두려웠다. 전 내무반 요원들이 선임 내부반장에게 기합을 받고 들어오는데 한 병사는 너무 많은 매를 맞아서 다른 병사의 부축을 받고 들어오기도 했다.

두려움으로 떨며 그날 밤을 무사히 자고, 아침에 교수단 본부 통제과에 안내되어 갔다. 그 때 통제과 과장님은 중령으로 교수단 단장으로부터 신임을 받는 참모였다. 부임 인사를 드리고 장교 3명 등 선임 병사들에게도 인사를 했다. 사무실에서 졸병이 해야 하는 청소 같은 궂은일과 잔심부름 등 닥치는 대로 열심히 했다. 업무는 통계업무, 부대교육 업무, 교육감독 일지 관리, 정보업무 등을 담당하는 선임의 조수 일이었다.

내 숙소인 제7내무반은 교수단 본부의 사병 내무반으로 통제과, 행정과, 고시과, 지도과 사병이 사용했다. 졸병들이 번갈아 가며 내무반 요원들의 식사를 타 와서 배식해야 하고 내무반 청소와 저녁에는 불침번, 초소 보초병으로 차출되어 보초를 서기도 했다. 제7내무반도 규율이 엄해서 선임하사와 고참 병장들이 반원을 집합시켜 놓고 자주 매를 들었다.

가장 참기 어려운 것은 여름철 빈 헛간에서 받은 기합이었다. 팬티만 입은 병사들을 집합시켜 놓고 부동자세로 장시간 훈시를 하면 수많은 모기떼들이 발가벗은 몸을 물어뜯었다. 너무나 가려워서 몸을 움직이거나 손으로 긁으면 부동자세를 위반했다고 하여 발로 사정없이 걷어찼다.

병사들에게 새 모포가 지급되면 어떤 선임병은 몰래 몇 개를 팔아서 술값으로 쓰거나 잡비를 마련했다. 모포가 없어졌다고 신고하면 왜 관리를 못했느냐며 기합을 주고, 집에서 돈을 가지고 와서 새 모포를 구입 보충하도록 하였다.

　나는 졸병이므로 장교식당 배식요원으로 차출되어 ROTC 장교들에게 식사 배식도 하고 식기세척도 했다. ROTC 장교 후보생도 나의 훈련 시기와 마찬가지로 많은 구보, 쉴 새 없는 교육 등으로 배가 무척 고팠던 것 같다. 그 당시 ROTC 1기 장교가 훈련을 받았는데 서울대학교 지질학과를 졸업하고 훈련을 받던 한 모 소위는 하도 배가 고파서 밥을 많이 배식해 달라면서 나에게 몰래 100원을 주기도 했다.

　초소에 나가서 보초 근무를 설 때 하도 잠이 와서 M1소총을 메고 철모를 쓴 채 나무에 기대어 졸기도 했다. 그러나 순찰장교에게는 발각 되지는 않았다. 그 당시 군대생활을 하면서도 잡비가 생기는 근무처도 있었다. 제일 좋은 보직처가 군수처였다. 이 부서에서는 부산 공병기지창에서 자재를 수령할 때 일부를 팔아서 잡비를 마련하는 것 같았다. 우리 부서는 교육용 백지 전지를 연으로 수령하는데 선임병이 이 백지를 몇 연씩 밤에 끌어내 몰래 철조망을 넘었다. 이것을 김해 시장에 내다 팔아서 술도 사먹고, 외출경비도 마련했다.

　내무반의 거의 모든 병사는 배가 고파 죽겠다며 자기 집에 편지를 해 돈을 보내달라고 했다. 돈이 송금되면 일요일에 외출을 나가서 연애도 하고 술도 사 먹었다. 우리 내무반의 고시과는 교육을 받는 장교와 사병들의 성적을 관리하고 시험문제를 출제하며 시험지를 만드는 부서였다. 선임병은 장교들을 상대로 금품을 받고 사병들의 성적을 조작하여 후방에 배속 되도록 했다. 그래서 제일 잘 나가는 부서는 고시과였다. 우리 부서는 교육프로그램, 교육감독과 집행 등 일만 많지 실속이 없는 부서였다. 기껏해야 백지 몇 연 팔아먹는 것이 대부분이었다.

이렇게 하여 이등병, 일등병, 상병 생활을 보내고 나도 고참 병장이 되었다. 그러나 내무반의 고참병 생활보다도 제대 후 내 진로가 더욱 걱정이었다. 그 당시 월남전이 발발하여 그 전부터 월남파병이 시작되었다. 우리 통제과 과장님인 박 중령도 진급하여 비둘기 부대 공병대대장으로 발령을 받아 월남으로 갔다.

교육집행 책임자로 오소령이 부임하였는데, 그의 책상 서랍에는 《삼위일체 영문법》 책이 있었다. 야간에는 오소령의 책을 몰래 꺼내 영어공부를 했다. 오소령은 내가 자기 영어책을 몰래 꺼내서 공부를 하고 있다는 것을 알고도 아무 말을 하지 않았다. 나는 영어공부는 물론 지형학과에서 가르치는 측량학, 공병학과에서 가르치는 역청공학, 수리 실험 등도 공부했다. 돈이 없으니 일요일이 되어도 외출도 못하고 뒷산에 올라가 민간인들이 주는 음식을 얻어먹으며 저녁에 내려오곤 했다. 매달 우리 과장인 최대위의 봉급에서 외상으로 빵과 콩, 술을 사먹었다. 후에 이 사실이 발각 되어 과장한테 죽도록 얻어터지기도 했다.

내가 제대할 무렵 월남 취업 희망생의 시험을 우리 교수단에서 준비하였다. 모집 직종은 불도저, 그레이더, 페이로더 등 중기 운전원이 대부분이었다. 중장비 학과 병사들만 가능한 직종이라서 그 시험에 응시할 수가 없었다. 우리 내무반의 신입 병사들 중 서울공대 건축공학과에 다니다가 입대한 사병도 있었고, 자기 아버지가 변호사로 재직 중인 사병도 있었다. 나는 내 자존심이 상해도 제대 후를 생각해 그 신입 병사들에게 잘 해 주고 취직 자리라도 부탁할까 했다.

서울공대 건축공학과에 다니는 손인현이라는 신입 병사는 우리 통제과 과장이 특별히 관리하는 병사로 매일 출근하여 자기 공부를 하도록 배려하였다. 우리 담당인 허남주 대위는 고참 대위로 전역이 얼마 남지 않아서 모든 일을 나에게 맡겼다. 아주 성질 고약한 고참병들도 전역을 했고 나 같은 사람이 고참병이니 아주 쉽게 내무 생활을 할 수 있었다.

4. 육군 공병학교 병장 전역과 취업

영어콘사이스 하나 들고 군에 입대한지도 30개월이 지나 병장으로 만기제대하게 되었다. 이제 내 인생의 시발점에서 사회로 첫 진출을 앞 두고 갈등이 심했다. 어떻게 해서라도 대학을 졸업해서 훌륭한 직장을 선택해야 하나 가정 형편은 좋지 않았다. 내가 돈을 벌어 대학을 졸업하던가 아니면 농촌에서 농사일을 하는 것 밖에 도리가 없었다. 대학 복학을 위하여 교무과에 가서 문의했더니 3년 전에 미납한 1학년 2학기 등록금을 완납하고 2학년에 복학하면 된다고 했다.

집에 와서 형님들과 대책을 의논하였으나 속 시원한 답을 얻지 못했다. 그래서 공무원 채용시험을 보려고 모집 광고를 찾아보았다. 다행히 군 당국에서 국군 인력 대체용으로 민간인 군속을 대대적으로 모집하고 있었다. 대구의 2군사령부에서도 많은 직종의 군속 공무원 4급, 5급을 뽑는 시험이 있었다. 5급 행정직 군속 시험에 원서를 내고 시험을 치렀다. 많은 인원들이 군속 시험에 응시하였으나 나는 높은 경쟁률을 물리치고 5급 군속 공무원에 합격하였다. 대구 2군사령부 공병참모부 행정과에 발령을 받았다. 공병참모부는 수도권 이남 공병장교들의 인사권과 4개 건설공병단의 시설설계와 시공감독 등을 하는 기관이며 공병부장은 준장 급이었다.

당시 내 월급은 7천 원으로 하숙비가 3천 원, 잡비 1천 500원을 제하면 월 3천 원~3천 500원은 저축할 수 있었다. 근무시간은 오전 9시부터 오후 5시로 아주 규칙적이었다. 업무도 그리 복잡하지 않아 조용히 공부하기에 안성맞춤이었다. 그러나 직업 군인들은 우리 군속 공무원을 자기 부하쯤으로 간주했다. 일을 합리적으로 하기보다 명령적이며 무조건 따르라는 식이었다. 어떻게 하든 군속 공무원을 그만두고 내 전공인 토목공학을 공부할 수 있는 직장을 찾아야겠다고 생각했다.

1년만에 굴욕적인 행정직 군속 공무원 생활을 마치고 내 전공인 토목공학을 공부할 수 있는 직종을 찾았다. 공병참모부에서는 공병부 시설 참모부로 보직 발령을 내주어서 내 전공과 관련된 도로 설계 등을 맡았다. 당시에는 제2군사령부가 대구 동인동에 있었는데 효목동으로 옮기는 공사가 대대적으로 이루어졌다. 그 일을 영천에 있는 1205건설공병단에서 총괄하고 민간 건설업체도 참여했다.

그동안 모아 놓은 돈으로 대학에 복학하기 위해 1967년 밀린 1학년 2학기 등록금을 납부했다. 주간에는 군속으로 돈을 벌기 위해 군인들과 같이 일을 하고 야간에는 학교에 나가 강의를 들으며

2학년 학업을 마칠 수 있었다. 전후반기 학점 이수를 위한 시험을 치렀는데 몇 개 과목만 복습을 하여 시험을 치르고 다른 과목은 강의만 듣고 시험을 치르는 경우가 대부분이었다.

밤낮 없이 어렵게 일을 하며 공부했는데도 2학년 학점은 거의 다 인정을 받았다. 이제 대학 3학년이 되었다. 하지만 이런 식으로 공부를 하면 대학을 졸업하더라도 다른 공공기간과 대기업 입사시험을 치르는데 많은 문제점이 있다고 생각되었다. 본격적인 공부를 위해 군속 공무원을 사직해야겠다고 마음을 먹었다.

대학 강의 때마다 교수님들은 여러분이 대학을 마치고 민간건설회사에 취직을 하면 월 2만 원에서 3만 원을 받는다며 열심히 공부해서 좋은 기업에 취직하라는 독려의 말씀이 있었다. 군속으로 있으면 월 7천 원~8천 원을 받는데 3배의 봉급을 받는 직장이 앞에 놓여 있다. 내 인생 제2의 출발은 자신에게 달렸고 노력하기에 따라 달라질 수 있다고 생각했다. 그래서 2학년 기말시험을 치르고 제2군사령부 공병참모부 행정과에 사직서를 제출했다.

야간대학에서 강의를 듣는 동료 학생들은 대부분 낮에는 직장에 나가서 일을 했다. 유형별로 보면 세무공무원, 동사무소 서기, 초등학교 교사, K-2비행장의 군 장병들이 대부분이었다. 내가 단지 학위를 받기 위해 공부를 했더라면 다른 직장으로 옮기기 어려웠을 것이다. 그대로 군속으로 남아서 안일한 생활을 했을 것이 아닌가. 나는 언젠가 군속 공무원을 그만두고 전공과 관련된 직장으로 옮겨 일을 해야 한다는 굳은 신념이 있었다. 그래서 더 큰 것을 위해 생활이 보장된 군속 공무원도 과감하게 사직할 수 있었다. 아주 잘한 결정이라고 생각한다.

그 동안 저축한 국민연금저축과 일부 퇴직금을 수령하여 대봉동에 자취집을 마련했다. 김천 출신의 유재칠이라는 친구와 자취를 하면서 본격적인 대학공부를 시작했다. 살 길은 오직 공부밖에 없다고 생각하여 열심히 했다. 유재칠이라는 친구는 주먹도 세고 마음이 착해서 나에게 잘 해 주었다. 그러나 이 친구도 가정형편이 어려워 대학을 그만두고 집안일을 돕기 위해 김천으로 내려가게 되었다. 이제 혼자 자취생활을 해야 했다. 한 달에 한 번씩 전과 다름없이 예천에서 쌀과 된장, 고추장을 얻어 와서 아침, 저녁으로 콩나물과 된장국으로 식사를 했다.

자취집 아주머니는 참 좋으신 분으로 내가 돈을 조금 주면 큰 단지에 가득 김치를 담가 주셨다. 그것을 반찬으로 매일의 끼니를 마련할 수 있었다. 그러나 주인아주머니에게도 걱정거리가 있었다. 남편은 건물을 짓는 대목수였는데 매일 건설현장에 다니면서 집을 비우는 일이 많았다. 주인아주머니 몰래 새로운 여자를 사귀어 딸아이를 낳았다. 그래서 가정불화가 자주 일어났다. 결국 주인집 할머니가 합의하에 새 여자를 돌려보내고 손녀딸을 얻어 양육하고 있었다.

퇴직금으로 받은 국민연금도 거의 다 떨어지고 다른 길을 모색하지 않으면 안 되었다. 그래서 중학생 과외공부를 지도할까 하고 대구에 있는 중규 큰누나에게 과외 지도를 원하는 학생이 있으면 소개해 달라고 부탁했다. 곧 연락이 왔다. 희망하는 학부모가 몇몇 있다고 했다. 자취집 큰아들과 경숙이 누나 큰아들, 또 다른 학생 3명을 합해 모두 5명이 매일 저녁 나의 자취방에서 영어, 수학 지도를 받았다. 매월 과외 지도로 받은 돈으로 나의 자취 생활비와 책값, 학원비 정도는 마련할 수 있었다.

대학공부는 가급적 주간에 나가 강의를 듣고 야간에는 아이들을 가르쳤다. 열심히 공부하여 3학년 1학기 시험성적이 우수하여 장학금을 받게 되었다. 그렇게 생활하는 동안 나의 경제생활도 차츰 나아져 큰 어려움 없이 지낼 수 있었다.

자취집은 여러 명의 학생들이 세들어 살았다. 주인집 옆방에는 대구상고 학생이 있었다. 아래채 첫 번째 방은 의성에서 온 초급대학생이 있었고, 중간 방이 내 자취방이고 그 옆방에 선산우체국장 딸이 자취를 하고 있었다. 나는 밤이 늦도록 공부를 하는데 옆방의 속삭이는 소리가 여간 신경 쓰이는 것이 아니었다. 대구상고 학생이 자정이 넘어 옆방의 선산우체국장 딸의 방으로 들어가 밤새 사랑을 속삭이는 것이었다. 매일 그런 상황이 계속되다 보니 딸의 부모 귀에도 들어가게 되어 자취방도 옮기게 되었다. 그 당시 자식을 혼자 객지에 보내놓고 부모가 많은 걱정을 하는 것을 보았다.

나는 시사영어 학원에 나가 영어공부도 하고 교양과목 학점 취득을 위하여 영어영문과에 가서 학점도 취득했다. 1963년도 청구대학 공학부 토목공학과에 입학하여 1970년 영남대학 토목과를 졸업하기까지 7년간을 학업으로 보냈다. 1967년에 복학을 했더니 1963년에 입학한 동기들은 ROTC 장교로 군복무를 하고 있었다. 나이 많은 대학생인 나는 4년이나 어린 학생들과 같이 강의를 들으며 대학생활을 하였다.

제3부

대학 복학과 취업준비

'그래. 난 진지한 비판의 무대에 나를 올려놓고 싶어.' 라고 말하는 사람은 아무도 없다.

그렇지만 남에게 주목받기 위한 유일한 방법은 바로 그렇게 하는 것이다.

우리는 비판을 싫어하기 때문에 많은 경우 그냥 숨어버리거나 부정적인 피드백을 회피하려고 하는데 이것은 아이러니컬하게도 성공하지 않겠다는 약속을 하고 있은 건지도 모른다.

만약 난관을 헤치고 나가는 유일한 방법이 주목받는 것이고 비난을 피하는 유일한 방법이 안전하게 행동하는 것이라면 무엇을 선택해야 하는가?

– 세스고딘의 《보랏빛 소가 온다》 중에서

1. 둘째 누님의 동생사랑

어머니 말씀에 의하면 둘째 누님은 막내인 나를 극진히 사랑했다고 하셨다. 늘 어린 나를 등에 업고 마실을 나갔고, 사랑으로 돌보았던 것 같다. 그 누님이 결혼해서 첫아이를 낳았다. 아기 백일잔치를 축하하기 위해 암탉 한 마리를 잡아서 안고 어머니와 함께 누님 집으로 갔다. 당시는 전시라서 방의 불빛이 밖으로 새어나가지 않도록 모든 창문을 천으로 가리고 생활을 했다.

내가 학교 다닐 때는 자주 누님 집에 가곤 했다. 누님이 어렵게 모은 돈도 좀 받았고, 양식도 얻어서 자취방으로 가져가곤 했다. 내가 대학 4학년 때 취업준비로 고향에 자주 가지 못하고 밤낮으로 공부만 하고 있을 때였다. 하루는 누님이 큰 암탉 한 마리를 안고 대구 자취방으로 찾아오셨다. 잘 먹지도 못하고 오직 주인집 아주머니가 담가준 김치만 먹고 있을 때였다. 누님이 방문한 것도 눈물겹지만 귀한 닭고기로 허기를 채운 일은 평생 잊을 수가 없다.

누님이 가지고 온 닭을 잡았다. 약령시장에서 인삼 몇 뿌리를 사솥에 넣고 끓였다. 정말로 맛있는 삼계탕을 끓여 먹었다. 태어나 처음 맛본 인삼이었고 기운이 불끈불끈 솟아날 것만 같은 보양탕이었다. 더욱 반가운 것은 서울에서 대학을 졸업하고 대구의 자기누나 댁에 들른 중규를 만나 같이 삼계탕을 먹을 수 있었다는 사실이었다.

누님과 함께 밤새 어릴 때 고향의 추억이며 어머니에 대한 기억, 나의 노력에 대한 칭찬과 위로 등 많은 이야기를 나누었다. 누님은 이튿날 다시 고향 예천으로 돌아가셨다. 이런 누님의 성원과 사랑으로 나는 더욱 용기를 얻어 충전된 기분으로 공부를 할 수 있었다. 언제나 누님의 사랑을 잊지 않고 앞으로도 오래 오래 기억할 것이다.

누님은 시골에서 태어나 많은 일을 하면서도 잠시도 쉬는 일이 없었다. 이제 83세인 노인임에도 아직도 농사를 도우며 바쁜 나날을 보내고 있다. 위 수술을 받고 잘 못 되어 재수술을 받기도 했다. 어떤 때는 고열로 한 달 간을 입원한 적도 있지만 아직도 건강하게 지내고 있다. 부디 건강하게 오래오래 좋은 일만 있기를 기원한다.

2. 대학졸업과 취업시험

당시의 대학생들이 대부분 어렵게 공부했겠지만 나의 대학시절은 너무나 험난했다. 등록금을 마련하지 못해 외상으로 시험을 치르고, 학비 마련의 수단인 직장생활을 하기 위해 야간대학으로 학적을 옮겼다. 퇴직금으로 등록금을 마련하기 위해 직장을 사직하고 학비를 마련하기 위해 과외지도를 했다. 취직시험에 전념하기 위해 유일한 수입원인 과외지도를 그만두어야 하는 악순환의 고리였다.

대학생으로서 여자친구를 사귈 수 있는 여유도 없었고 기회도 없었다. 옆을 돌아볼 틈이 없어서 오로지 공부만 했다. 내가 처한 환경으로 볼 때 모든 과정은 잘한 선택이라고 생각한다. 조금도 후회한 적은 없다. 특히 직장을 그만두고 공부에 더 매진하여 장학금을 받았고, 대학을 졸업하고 취직시험 준비에만 열중한 일은 아주 잘 한 판단이라고 본다.

4학년 기말시험을 치르고 취직준비를 하던 중 서울에서 철도청 4급 공무원시험이 있었다. 철도청 시험을 치르기 위해 내 생전 처음 서울을 찾았다. 1970년 1월 대구에서 열차를 타고 밤새도록 달려 용산역에 도착했다. 역 앞 식당에서 시래기국밥을 사먹고 시험을 치렀다. 합격했다. 우리 대학에서 6명이 응시하여 3명이나 합격했다.

대구로 돌아가자 학과 교수님도 칭찬해 주셨다. 그러나 나는 철도청에 입사하지 않았다. 주위에서 철도청은 경쟁자가 많고 승진이 어려우며 봉급이 민간 건설업체보다 대단히 적다고 했다. 그래서 철도청을 포기하고 민간회사로 들어가기 위해 시험 준비를 계속했다.

1970년 당시 우리나라 세금납부 상위 그룹은 신진자동차그룹과 현대건설, 삼성그룹이었다. 현대건설은 대부분 대학 추천으로 입사를 하고, 삼성그룹은 건설회사가 없어서 극소수의 인원만 모집

했다. 신진자동차그룹은 자동차 판매로 많은 돈을 벌어 여러 분야의 자회사를 가졌고, 신규건설회사 법인설립도 마치고 새로운 인력 수요가 기대되는 회사였다.

우리 대학에서는 나만 이 그룹 입사시험에 원서를 냈고 공채시험을 치렀다. 시험은 필기시험과 면접시험으로 나누어 실시하였다. 다행히 필기시험에서 높은 점수를 받았다고 김경찬 교수님이 말씀해 주셨다. 면접시험만 남아 있었다.

면접시험에서 좋은 점수를 받으려면 신진그룹과의 인맥이 대단히 중요하다고 생각하고 대책을 궁리하던 중 청구대학 1학년 때 기말시험을 외상으로 치르도록 도와준 최영박 교수님을 뵙고 상담해 보기로 했다. 형제처럼 같이 지낸 동생 중규가 최교수님의 5촌 당숙이기 때문에 함께 교수님 댁으로 갔다. 내가 시험을 치른 과정, 필기시험 성적 등을 이야기 했더니 교수님께서 마침 잘 아는 임원이 한 분 있다며 알아보겠다고 하셨다. 그 말씀을 듣고 돌아와 최종합격자 발표를 기다렸다.

발표가 있던 날 서울로 올라가 최종 합격자 명단을 확인했더니 5명 모집에 당당하게 내 이름이 올라 있었다. 그리고 합격자는 곧 입사수속을 하라는 공고도 게시되어 있었다. 하늘을 날 것처럼 기뻤다. 이제 입사가 결정되었으니 1970년 3월부터 정식으로 봉급 2만 5천 원을 받을 수 있게 되었다. 직장도 결정 되었겠다, 이제 학위수여식만 끝나면 생전 처음으로 서울에서의 생활을 하게 되었다.

학위수여식에 갔더니 학우들 중 일부는 졸업 후 ROTC장교로 입대한다고 했다. 제대하여 늦게 공부한 나만 취직이 결정되어 학우들에게 많은 부러움을 샀다. 어렵게 공부를 하여 학사학위를 받았으나 학위수여식장에서 나를 반겨주고 칭찬해 주는 이는 중규의 큰누나인 경숙이 누나뿐이었다. 쓸쓸한 졸업이 될뻔 했는데 경숙이 누나가 꽃다발을 사와서 내게 안겨주는 바람에 그나마 위안이 되었다. 부모님이 살아계셨다면 얼마나 기뻐하셨을까? 너무 외로웠지만 서러움에 젖어 있을 틈이 없었다.

중규 어머님, 아버님께도 인사를 하고 취직을 알려드렸더니 친아들 이상으로 칭찬해주셨다. 고생을 하며 어렵게 공부한 성과가 나왔다고 좋아하셨다. 물론 고향 형님들에게도 알렸다. 이제 더 이상 형님들의 도움 없이도 살아갈 수 있게 되었다고 말씀 드렸다.

내가 대학을 졸업하고 취직을 한 모든 과정은 주위의 많은 분들이 도와주셨기에 가능했다. 도와준 모든 분들이 너무 고마워 언제까지나 감사하고 또 감사한 마음을 잃지 않고 살고 있다.

제 4 부

첫 직장생활과 중요사업 수행

우수한 말(馬)을 감정하는 능력이 뛰어난 사람이 아들에게 좋은 말 고르는 방법을 알려주었다.

"좋은 말이란 이마는 불쑥 솟아올라 있고 눈은 툭 튀어나와야 하며 발굽은 누룩을 쌓아 올린 듯 두툼해야 한다."

그 말을 그대로 받아 적은 아들은 좋은 말을 찾겠다고 돌아다니다가, 어느 날 두꺼비 한 마리를 잡아왔다.

기가 막힌 아버지가 아들에게 말했다.

"네가 가져온 말은 잘 뛰기는 하겠지만 수레는 끌지 못하겠구나."

주나라의 말 감정사였든 백락이란 사람과 그 아들의 이야기다.

– 막시무스의 《날마다 조금씩 부드러워지는 법》 중에서

1. 신진자동차 그룹의 신입사원 연수교육

1970년 공채로 합격한 신입사원은 100여 명 정도로 서울대, 고려대, 연세대, 부산대, 영남대, 충북대 출신이 많았다. 각 대학 졸업생들은 첫 직장으로 신진자동차그룹을 선택했다. 우리 신입사원들은 신진그룹 자회사를 돌아가며 3개월간의 연수교육을 받았다. 첫 번째 간 곳이 부평 신진자동차 공장이다. 우리는 조를 편성하여 자동차 조립생산 라인에 들어가 직접 조립해보고, 자동차가 만들어지는 전 과정을 살펴보았다. 두 번째 간 곳은 인천한국기계공업주식회사로 선박엔진을 해체 조립해 보고 각종 기계제작 과정을 견학했다. 세 번째는 부산버스제작 공장에서 버스가 조립 생산되는 과정을 알아보았다.

우리 신입사원들의 전공은 경영학, 기계공학, 화학공학, 건축공학, 토목공학 등 다양했다. 내가 전공한 토목공학과는 서울대 출신 1명, 한양대 1명, 부산대 1며, 영남대 1명 모두 4명이 합격해서 한

조가 되어 연수교육을 받았으나 전공과는 다른 분야라 별로 관심을 가지지 않았다.

네 번째로 간 곳은 서울 본사에 있는 연수과 주관으로 매일 신진 그룹 임원과 간부들이 나와서 회사를 소개하면서 신진의 비전, 신입사원으로서의 회사생활, 첫인상 등에 대하여 교육을 했다. 항상 고객과 대면할 때 미소를 띠고 명랑하게 대하라는 강의가 인상 깊었다.

당시는 현대자동차에서도 회사를 설립하여 포드자동차 부품을 수입해서 조립하는 사업을 시작한 때였다. 그룹 임원에게 현대자동차에서도 자동차를 생산하는데 신진자동차와의 경쟁에 대해 질문을 했더니 그 임원의 대답이 포드자동차는 차체가 크고 연료 소모가 많기 때문에 우리와는 경쟁이 안 된다고 했다. 그러나 현재는 어떤가. 신진자동차는 사라지고 현대자동차가 세계에서 빅5에 해당하는 대형회사로 성장하였다. 아무리 훌륭한 기업이라도 기술개발과 경영에 소홀히 하면 망하고 시대에 맞는 경영방침과 기술개발에 힘쓰는 회사는 살아남게 되어 있다.

이제 3개월의 모든 연수교육을 마쳤다. 100여 명의 신입사원들은 신진자동차, 신진자동차판매, 한국기계공업, 경향신문사, 대원강원, 하동환자동차㈜ 등에 배치되었고, 나는 예상한대로 신설법인인 신원개발에 발령을 받았다. 신원개발에 입사한 동료는 토목공학을 전공한 사람이 서울대, 한양대, 부산대, 영남대에서 각 1명씩 모두 4명이었고, 건축공학 전공은 연세대, 한양대, 부산대 출신이 각 1명이었다. 기계전공으로 고려대 1명, 전기전공에 서울대 1명, 기타 충북대 농업전공 1명이 신원개발에 발령을 받았다.

우리 회사는 시청 앞 서소문동 삼정빌딩 9층에 자리를 잡고 있어서 나는 돈암동에 하숙집을 마련하고 회사생활을 시작하였다. 하숙집 룸메이트는 연세대 건축과를 졸업하고 설계사무실에 다니는 친구였다. 룸메이트는 이불빨래를 자주 하지 않아 이가 많았다. 나는 그 친구 이불에 닿지 않게 하려고 몸에 이불을 돌돌 말고 잠을 잤다. 이라도 좀 잡고 이불을 덮었으면 좋을 것을 목욕도 자주 하지 않고 내의도 자주 갈아입지 않아서 이 번식이 대단히 빨랐다.

봉급을 월 2만 5천 원이나 받으니 하숙비를 내고도 많은 돈이 남았다. 농협에 적금을 들고 목돈마련 준비를 했다. 나의 이력서에 군복무하고 군속으로 육군공병부에 2년간 근무한 경력이 인정되어 인천한국기계공업주식회사 해안 매립공사 감독으로 발령을 받았다. 함께 입사한 연세대 건축과 출신 한 명과 같이 현장에 내려가 공사감독으로 일하게 되었다.

2. 한국기계공업주식회사 해안 매립공사

이 공사는 육지에서 흙을 운반해 와서 약 3만 평의 해안을 매립하고 바다가 접하는 면에는 돌을 쌓아 파도가 칠 때 매립한 흙이 유실되지 않도록 하는 공사였다. 그리고 매립한 후 곳곳에 하수관을 매설하여 단지 내의 배수가 원활하도록 하고 진입도로를 개설하는 작업이었다. 당시의 공사금액이 2억 5천만 원 정도이니 현재 금액으로 치면 약 2천억 대의 대규모 공사였다.

공사도급회사는 당시 한국기계공업(주)의 부사장 형이 운영하는 한흥개발이었다. 한흥개발은 본 공사를 도급한 후 또 다른 회사에게 일괄 하도급을 주고 소장 1명과 총무 1명만 현장에 파견하였다. 모든 공사는 하청업체가 맡아서 했다. 신입사원 감독인 우리는 너무나 불안했다. 부실공사를 한다던가 하면 감독 소홀로 문책을 받을 수 있기 때문이었다.

한흥개발의 현장소장은 우리를 햇병아리 감독이라고 얕보며, 감독을 무시하고 자기들 마음대로 공사를 하여 우리와 자주 마찰이 있었다. 인천 연안부두 앞이 매립공사장이므로 일일 간만의 차이가 최고 6~7m나 되었다. 만조 시 갯벌 바닥과의 수위는 7~8m까지 높아진다. 매립하였을 시 토사가 유실되어 한염부두의 수심이 낮아지므로 많은 민원이 유발될 수 있는 공사였다. 시방서에 의하면 매립토는 점토질이 아닌 마사토 같은 것으로 매립하도록 규정하고 지반을 잘 다져서 밀도 시험결과 80% 이상 텐시트 시험결과가 나와야 다음 층을 흙으로 매립할 수 있도록 규정하고 있었다.

먼저 바다가 접하는 경계부분에 가호안을 건설하고 조수간만에 의한 바닷물이 드나들 수 있도록 대형 흄관을 3군데 매설하고 바닷물의 유출입이 가능하도록 시공완료하고, 가호안의 내면부터 외부에서 선정된 토취장에서 토사를 운반 매립하였다. 매립토의 압력에 의하여 서해 갯벌이 바다쪽으로 약 2~3m 밀려나와서 기존의 해안 시설물에 심각한 피해를 줄 우려도 감지되었다.

감독을 맡은 우리는 현장 주위에서 하숙을 하고 있었다. 어느 날 저녁에 토공 업자 1명이 찾아와서 인천역 앞 용동에 있는 토취장의 토량반입을 허가해 달라고 하면서 대가로 현금 5만 원을 주는 것이었다. 나는 일단 그 돈을 돌려주며 현장조사를 해보고 가부를 통보하겠다고 업자를 돌려보냈다. 그 이튿날 현장을 답사해보니 운반거리도 설계 운반거리보다 반 밖에 안 되고 그 언덕의 흙을 파서 현장에 반입하면 아주 비싼 상가대지가 조성되어 업자로서는 꿩 먹고 알 먹는 좋은 사업이었다.

시방서에 반입되는 토질은 배수가 잘 되는 마사성분의 토질이어야 한다고 규정되어 있었다 그러나 이 토취장의 토질은 붉은 점토질이므로 반입을 허락하지 않았다. 그리고 운반거리가 계약에 기재된 거리보다 반으로 절감되므로 공사금액 감액의 요인도 있어 허락할 수가 없었다. 이 업자는 원청 한흥개발 소장에게 뇌물을 주고 일을 강행했다. 감독이 허락하지도 않았는데 불법으로 토사를 반입하므로 우리는 공사중단 통보를 했으나 한흥개발 소장은 감독의 지시도 무시하고 작업을 계속했다.

하는 수 없어 한국기계해안공장 반입 정문을 차단하였다. 그렇게 했더니 덤프트럭 40~50대가 약 300m나 줄을 잇고 멈춰 있어서 교통이 극심했다. 이어 경찰이 출동하고 또 한흥개발하청업체 십장들이 우리를 찾아와 때리겠다고 험한 인상을 짓고 공갈협박을 했다. 그래서 한국기계 시행자 담당의 중재로 일단 줄 서 있는 덤프의 토사는 반입하고 그 이상은 반입하지 않기로 합의하여 이 사건은 일단 정리되었다. 그 때문에 토사 반입공사가 3~4일 중지되었다.

한흥개발 하청업자는 다른 토취장을 개발하여 설계거리의 토사를 반입하면서 용동의 토사와 섞어서 반입하였다. 결국 용동의 토취장업자는 모든 토사를 우리 현장에 반입하고 대단히 큰 면적의 상가 자리를 조성하였고, 상가 건립으로 막대한 이익을 챙겼다.

가호안 공사는 바닷면에 임시로 마대 혹은 가마니 쌓기를 하여 토사유출을 방지하도록 설계되어 있었다. 그러나, 한흥개발 측은 마대나 가마니 쌓기를 하지 않고 비닐만 씌워 그대로 공사를 감행했기 때문에 우리 감독과 잦은 마찰을 빚었다. 그래서 한흥개발 사장이며 한국기계 부사장의 형인 엄 사장이 직접 현장을 찾아와 인천에서 최고급 일식집으로 우리 둘을 초대하여 잘 봐 달라고 요청하였다.

이처럼 감독과 업자 간에 불화가 자주 일어나니 한국기계 입장에서는 자기 부사장 형이 하는 공사인데 잡음이 많아 크게 난처한 입장이었다. 그래서 엄 부사장이 총무이사를 불러 감독을 만나 잘 이야기해 보라고 지시를 했다. 감독을 맡은 우리 둘에게 총무이사가 저녁을 사겠다고 하여 예약된 장소로 나갔다. 총무이사는 그 당시 일반인이 사기 어려운 청자 담배 한 갑을 주며 모든 일은 원리원칙만으로는 어려우니 한흥개발의 소장을 잘 봐 주어 차질 없이 공사를 하라는 지시를 했다.

공사는 2~3개월간 잘 진행되었으나 또 다른 사건이 벌어졌다. 이제 갯벌층도 반입된 토사의 중량으로 밖으로 어느 정도 밀려나고 토사 반입도 잘 되어 매립한 토사층의 두께가 2~3m를 형성하였다. 3m 이상부터는 토사반입을 하여 매 1m마다 흙을 쌓고 롤러로 다져서 들밀도 시험결과가 80% 이상 합격해야 다음 층을 쌓도록 설계되었다. 한흥개발은 현장에 조그마한 시프트롤러 한대만 반입해 놓고 그것조차도 가동하지 않고 토사층을 그대로 쌓아 공사를 강행하였다. 우리 감독은 1m마다 롤러로 다지고 들밀도 시험을 하지 않으면 공사를 중단시키겠다고 통보했다.

한흥개발 현장 소장은 덤프가 여러 대 반입되므로 덤프의 바퀴 다짐으로도 충분히 가능하다고 우기면서 막무가내로 공사를 강행했다. 그래서 또 다시 토목공사를 중지시켰고 다짐 시험이 실시되었다.

한흥개발 측과 한국기계 토목 담당이 설계에서부터 같이 작업을 하여 시방서 등을 어렵게 만들었다. 그리고 공사비를 부풀려 계산하고 발주하여 한흥개발 측에 많은 이익을 주었다. 토취장도 설계 시 가장 경제적인 가까운 거리로 설계를 해야 하나 일부러 먼 거리로 설계를 하였고, 다짐 작업도 하지 말고 일부에 성토를 하여 장기간의 침하에 대비하여 설계하였더라면 많은 공사비를 절감하였을 것이다. 우리 감독도 한국기계의 봐 주기식 설계 내역을 더 이상 감독할 수 없었다. 결국 신진자동차 회장인 김창원 회장 회사와 부실한 한국기계공업의 회사 자금만 들어가는 공사가 되었고, 부사장의 힘으로 동생인 한흥개발의 엄사장만 많은 이득을 남겼다.

결국 다짐 시험 준비만 해 주고 나는 동래에 골프장을 만들기 위해 준비 중이었던 현장으로 발령을 받았다.

3. 이성교제

일찍 부모님을 잃은 나는 양친의 사랑도 받지 못하고 자랐다. 일에만 열중한 나머지 정에 메말랐던 것 같다. 고등학교 때나 대학시절에도 이성교제 없이 외롭게 지냈다. 이제는 직장을 얻었으니 훌륭한 여성을 만나 결혼을 해야 했다. 당시에는 결혼이 무엇보다 중요했다.

나는 중규 동생 현숙이의 건국대 동기인 윤선이를 좋아했다. 현숙이가 동기들과 같이 찍은 단체 사진을 보여 주면서 윤선이가 참 예쁘다고 했다. 윤선이는 대학을 졸업하고 명동에 있는 미도파백화점에서 일을 하고 있었다. 너무 다정다감하고 "오빠, 오빠!" 하며 나를 잘 따랐다. 나는 매일 윤선이의 사무실에 전화를 해 안부를 묻고 나의 근황을 얘기했다.

윤선이의 집은 마포인데 아버지는 용산경찰서장으로 재직하시다가 그만 두었다고 했다. 어느 일요일, 윤선이가 직장에서 휴가를 얻어 내가 일하던 인천으로 오겠다고 했다. 그녀를 손꼽아 기다렸다. 윤선이가 인천에 온 날은 유별나게 많은 비가 내렸다. 나는 윤선이를 데리고 인천 송도로 갔다. 우리 둘은 한 우산 속에서 비를 피해가면서 많은 이야기를 나누었다. 내가 하고 있는 일을 들려 주기도 하고, 자연 속에서 자연을 극복하고 변화 시킨다는 말을 한 것 같았다. 그리고 건설현장의 비리도 얘기했다.

우리는 음식점에서 맛있는 요리도 먹었다. 그리고 나의 동료인 김종하에게도 그녀를 소개했다. 이제 저녁이 되어 헤어져야 했다. 버스 타는 곳까지 데려다 주고 내 주머니에 있는 모든 잔돈을 털어 윤선이에게 주었다.

이튿날 윤선이에게 전화를 해서 잘 올라갔느냐고 물었고, 그녀는 다음 일요일 자기집에 오라고 초청을 했다. 나는 쾌히 승낙하고 일주일을 기다려 마포에 있는 윤선이의 집 근처에 가서 전화를 했다. 윤선이는 예쁜 티셔츠를 입고 나왔다. 그리고 윤선이와 같이 그녀의 집으로 가 부모님께 인사를 하고 잘 차린 식사도 같이 했다. 윤선이 어머니는 내가 사윗감이 될 만한지 유심히 살펴보는 듯했다.

이렇게 몇 번의 만남을 가졌으나 윤선이에게 청혼하지는 않았다. 왜냐하면 윤선이의 성, 본이 나와 같았기 때문이었다. 당시의 가족법에 의하면 동성동본은 혼인신고가 불가능했기 때문이다. 그녀를 좋아했지만 헤어져야 하는 운명이기에 포기하고 말았다. 그리고 나도 부산 현장으로 파견되면서 그녀와 멀어지게 되었다.

4. 동래골프장 건설

1971년 가을, 동래골프장 건설을 위해 부산시 동래구 온천장 부산은행 2층에 현장사무실을 개설하였다. 나는 부산대학 입구에 하숙방을 마련했다. 건설현장은 부산시 동래구 두구동의 약 50만 평 임야에 18홀의 최신식 골프장을 건설하는 공사였다. 건설을 위해 삼각측량을 했고 다시 삼각점을 기준으로 50만 평의 임야에 좁은 간격으로 도근점을 만드는 측량을 했다. 다시 그 도근점을 기준으로 세부현황 측량을 완료하고 대지의 등고선이 그려지는 현황을 마련하였다.

기본계획은 항공측량에 의한 현황 도면를 기준으로 18홀의 골프 코스를 배치하는 lay out을 작성한 일본 기술진의 설계도를 참작하였다. 그리고 우리가 직접 세부 측량한 현황도에 다시 18홀 코스의 레이아웃을 확정하였고 각 코스의 토공사량을 확정하는 설계도를 완성하였다. 도근측량에 의해 각 코스에 내려진 도근점을 기준

동래 베네스트 골프클럽 – 클럽하우스 및 GOLF코스 전경

동래 베네스트 골프클럽 – 클럽하우스 앞 조경

으로 하여 벌목 작업을 하고 토목공사를 시작했다.

부산에 내려와서 3년간 하루도 쉬지 않고 열심히 뛰었다. 현장에서 신는 워커 신발 바닥이 다 닳아서 종잇장 같이 되도록 뛰었다. 그 당시 골프장 건설을 위한 최고 권위자로 우리나라 프로골퍼1호인 연덕춘 프로가 골프장 총감독을 맡았다. 그린시공을 위해 연 프로가 데리고 온 박씨, 최씨가 있었다. 이분들은 내가 열심히 뛰어 워커 바닥이 드러난 것을 보고 김창원 회장이 내려오면 워커 신발을 새것으로 사 주도록 부탁하겠다고 했다.

골프장건설을 위한 비리도 많았으나 나는 비교적 청렴결백하게 일했다고 자부한다. 골프장 코스 중 18홀은 전체 길이가 약 480m이고 폭이 45m 정도인데 전 지역이 암으로 덮여 있어서 조성비가 제일 많이 투입되었다. 이 코스는 부산업체인 신동양건설이 도급을 받아 시공한 것으로 기성측량, 준공측량 등 모두 내 손으로 공사비가 결정되었다. 너무나 강한 암이 나와서 그 당시 돈 1만 원

동래 베네스트 골프클럽 – 클럽하우스 조경

동래 베네스트 골프클럽 – 퍼팅장

권으로 코스 전체를 덮을 만한 금액이 투입되었다.

　나는 동래골프장 18홀 중 9홀부터 18홀 조성공사와 구조물, 배수공사, 그린시공 등을 담당하여 시공 관리하였다. 그린시공을 위해 일본 기술자와도 같이 일했다. 신진자동차그룹의 김창원 회장은 국내 최고의 골프장을 만들라고 지시를 했고, 우리도 심혈을 기울여 골프장 건설을 하였다. 삼성그룹의 이병철 회장이 특히 관심을 가졌던 골프장이었다.

　이병철 회장이 부산에 오면 동래경찰서에서 사이카를 탄 경찰들이 호위하여 현장을 방문했다. 이병철 회장은 각 홀 주변의 조경에 대해 특별히 관심이 많았고, 조언도 아끼지 않았다.

　나는 아직 젊었을 때라 낮에는 현장에서 열심히 일하고 밤에는 동료들과 부산 광복동으로 가 술도 마시고 재미있게 지냈다. 내가 하도 열심히 일하고 모든 업자들에게 친절하게 대했더니 그분들이 사윗감으로 삼겠다고 하였다. 특히 부산 광복동에 사무실을 가지

동래 베네스트 골프클럽 – 클럽하우스

동래 베네스트 골프클럽에서

고 최신형 장비인 불도저를 우리 현장에 투입하여 사업을 하고 있던 박 사장은 자기는 딸이 없지만 친구 딸이 있는데 선을 보자고 했다. 박사장 아들과 함께 그분의 친구가 살고 있는 합천으로 가서 선을 보기로 하였다.

박 사장의 친구는 그 당시 합천초등학교 교장이었는데 두 딸이 있었다. 딸들은 모두 개명대학에 다닌다고 했다. 서로 얼굴을 보고 연락처도 알려 주었다. 점심을 잘 얻어먹고 다시 현장으로 내려가 열심히 일을 했다.

나는 골프장 각 코스 잔디에 살수를 위한 수원지개발 설계도를 작성했다. 수원지로는 범어사 하류 하천 주위에 대형 집수정을 팠다. 주위에 콘크리트 벽을 친 탱크를 만들어 언제나 집수정에 물

동래 베네스트 골프클럽 – PLAY HOLE로 가는 길

부산 동래 베네스트 골프클럽 전경

동래 베네스트 골프클럽 전경 – 9HOLE TEE에서 본 9HOLE GREEN

동래 베네스트 골프클럽 – GREEN 주위 대나무조경

동래 베네스트 골프클럽 - GREEN 주위

동래 베네스트 골프클럽 - 18홀 GREEN 주위

동래 베네스트 골프클럽 - 18홀 FAIR WAY 및 GREEN

이 들어차면 골프장 배수지로 퍼올렸다. 배수지에서 다시 각 홀로 물을 공급하는 공사의 설계와 시공을 직접 담당하였다. 이렇게 3년간의 노력으로 골프장이 완공되었고, 또 골프 회원권도 분양하였다.

이 골프장에 투입된 금액은 약 30억 원으로 추산했다. 신진그룹은 이 골프장을 담보로 산업은행에서 60억 원의 대출을 받았다. 나는 업무팀과 함께 산업은행 직원들을 모시고 골프장을 설명하고 대출심사를 위해 접대도 하였다. 나는 이때부터 골프라는 운동에 대해 조금이나마 알게 되었고 관심도 가졌다. 그 당시 총감독인 연덕춘 프로는 7번 아이언을 가지고 공을 치고 코스점검을 하였다.

나는 골프장 시공으로 토목공사에 대한 설계, 시공, 견적도 알았고 많은 경험을 했다. 그러나 골프장 준공 후 회사에 불황이 찾아왔다. 회사는 구조조정으로 토목직 1명, 건축직 1명, 전기직 1명, 관리직 2명 등 구조조정이 있었다. 나도 구조조정 대상이 되어 다른 방계회사로 전출되거나 감원이 될 위기에 놓였다. 그러나 나는

동래 베네스트 골프클럽 – 주차장으로 가는 길

동래 베네스트 골프클럽 진입도로

동래골프장에서의 시공능력, 사람 됨됨이 등이 상부에 알려져 구제되었고 우리 계장이 감원되었다.

항상 자기가 맡은 일에 최선을 다하는 자세야말로 직장인의 기본이고 또 남에게 신뢰를 얻을 수 있는 자세야말로 대단히 중요한 가치임을 알았다.

5. 최 전방의 군 진지 구축공사 시공

우리 회사는 골프장 공사를 마치고 제8사단 경기도 일동 운천지역에 적의 탱크 진입을 차단하기 위한 운하건설, 도로 위의 콘크리트 터널, 운천 주위 산꼭대기에 방공시설 공사를 도급 받았다. 그당시 신진공사 하청을 도맡아 하던 김만군 씨에게 하청을 주었다. 김만군 씨는 건축은 잘 알고 있었으나 토목공사는 너무 생소해 많은 적자를 내었다고 했다.

나는 그 공사에 원청 감독으로 파견되어 일을 하였으나 별 할 일이 없어 28사단에서 비슷한 공사를 또 수주하여 연천 신망리 민통선에 있는 공사장 공구장으로 임명되었다. 100% 직영으로 아침에 일어나 하숙집에서 만들어 주는 도시락을 싸가지고 걸어서 현장에 가서 현장일꾼들과 같이 생활하며 공사를 했다.

그 지역은 군 작전지역이므로 많은 군 차량과 군인들이 들락거렸다. 공사는 하루도 쉬지 않고 착착 진행되어 무사히 공사를 마치고 이익도 얼마 남았다. 이 지역은 민통선 안이므로 경찰의 영향을 덜 받는 지역이어서 많은 범죄자들이 들어와서 일을 했다. 그들은 자주 동료 인부들과 싸움을 벌였고, 노임을 제 날짜에 주지 못할 시에 받는 고통은 대단했다.

6. 포항종합제철 연관단지 30만 평 조성공사

회사에 출근을 하니 기술담당 이사인 이봉춘 이사가 내일 같이 포항에 출장을 가자고 했다. 이유인 즉 신진그룹이 정부로부터 포항제철 옆의 송동에 기계공장 건설을 위해 약 30만 평의 공단을 분양 받았으나 몇 년이 지나도록 공단개발이 되지 않고 그대로 방치했으므로 많은 세금만 부담하게 되었다고 했다. 그래서 김창원 회장으로부터 가장 공사비를 적게 들여 우선 공단 조성부터 하라는 지시를 받았다고 했다.

공사비는 기계공장 부지이니 한국기계공업에서 부담하고 시공은 건설회사인 신원개발에서 시공토록 지시했다. 먼저 설계를 해야 하므로 대신측량공사에 측량 용역을 발주하였다. 용역회사와 같이 현장에 내려가 측량을 하여 현황도를 작성하였다. 30만 평의 단지를 여러 개의 블록으로 나누고 배수공사를 설계하였으며 부지조성도를 만들어 설계를 완료했다.

공사시공은 계획대로 발주처가 한국기계공업사이고 시공회사는 신원개발로 하여 공사금액이 정해졌고, 또 하청업체도 선정되었다. 당시 신원개발의 경리부장 친구인 이 사장이 하청업체로 선정되어 신원개발은 얼마의 이익만 챙기고 100% 하청을 주었다. 하청업체 선정 시 윗선에서 많이 개입하였고 하청업체도 큰 이익을

포항제철 연관 단지 동국제강

포항제철 연관 단지 동국제강 길

포항제철 연관 단지 동국제강 정문

포항제철 연관 단지 동국제강 공장

포항제철 연관 단지 주진입로

챙긴 것 같았다.

　나는 총 책임자로 내정되어 보조직원 1명만 데리고 현장에 내려가 공사감독을 하였다. 한국기계공업 측에서는 나와 같은 입사 동기인 인하공대 출신의 강성봉 씨가 자주 출장을 나와서 공사 진행을 감독하였다. 그 당시 신진그룹으로부터 하청만 맡으면 많은 이익을 챙긴다고 알려져 모두들 어떻게 하면 윗선과 연결될 수 있을까 열심이었다. 나는 감독이지만 하청업체로부터 작은 금품이라도 받으면 그대로 보고 되었고 또 통제가 심하면 모함을 받게 되어 처신하기가 어려웠다.

　이 공사도 가장 적게 드는 비용으로 공단조성을 마쳤다. 외부에서 토량을 반입하지 않고 자체의 성토, 절토의 양으로 부지조성을 완료하였고, 배수는 각 블록 간의 open ditch를 만들어 단지 조성을 완료하였다. 하청업자에게 최종 공사비를 결정짓기 위해 정산

포항제철 공장

을 하였다. 나는 당초 하청금액에서 많은 금액을 감액하여 정산을 하고 최종 품의를 얻었다. 그 결과 경리부장으로부터 많은 압력을 받았다. 이렇게 감액하고서도 하청업체는 많은 이익을 챙겼다. 포항지역에 있는 각 은행 지점장들은 30만 평의 공단조성, 공장건설 등으로 많은 돈이 포항으로 내려올 것으로 간주하고 우리와 선을 닿기 위해 노력하기도 했다.

그때는 모아 놓은 돈이 있었으면 포항에 투자할 곳이 많았다. 현재 개발되어 상가, 아파트, 건물 등이 들어선 죽도는 당시는 갈대밭이었다. 그 당시 평당 가격이 몇 백 원이었으니 만약 그 땅을 일부 사두었더라면 많은 돈을 벌었을 것이다. 포항에서의 생활은 그런대로 재미가 있었다. 현장에서 간섭하는 사람도 없었고 발주처인 한국기계 감독이 내려오면 포항 바닷가에 가서 바닷장어 회에 소주를 곁들이며 이야기를 나누었다. 어떠한 어려움도 없었다.

7. 부곡 철도차량 공장건설과 의왕-부곡 간 지방도로공사 건설

1972년 12월 부곡 철도차량을 인수한 한국기계공업은 최신시설의 철도차량 공장건설을 계획하고 있었다. 회사에서는 관계자를 파견하여 여관에서 겨울 내내 견적작업을 했다. 나는 도장공장 건설과 부대 토목공사의 견적을 맡아 견적작업을 했다.

공장신축 견적은 처음으로 하는 것이었으나 선배들의 도움으로 도장공장 신축공사의 견적을 하였다. 부대토목공사로 대형 중량물 운반을 위한 컨트리 클레인 기초공사, 각종 기계설치를 위한 기초공사견적, 도로, 배수구 등의 견적을 담당 완료하였다. 한국기계공업에게 견적을 제출하여 각종 공장건설, 부대토목 등 종합적인 공사금액이 결정되어 다음해 봄 공장건설을 착공하였다.

우리 회사의 공사 집행 방법은 어느 정도 이익만 챙기고 100% 하도급으로 시행을 했다. 그 당시 하청업체는 우리 회사 담당 전무인 박전무의 중앙정보부 동료인 삼풍건설 이사장이었고 100% 하도급으로 발주되었다. 나는 봄부터 이 공장건설의 토목담당으로 파견될 것으로 생각했다. 그러나 우리 회사가 시흥군청에 기부채납을 하여 그 돈으로 공사를 하기 위해 시흥군청으로부터 공사금액 2억 5천만 원의 금액으로 도급계약이 체결되었다.

나는 이 공사의 소장으로 내정되었다. 현장기사 2명, 십장 1명, 장비로는 한국기계공업이 중장비를 생산하기 위하여 미국 GM으로부터 샘플 장비로 들여온 페이로더 1대와 운전기사를 배정받아 시흥군 의왕면에 사무실을 짓고 현장 개설을 하였다. 나는 그 간

부곡철도 차량공장 정문 – 한국기계㈜에서 현대로템으로 상호 변경

의왕~부곡간 도로 노선 중 대절취구간에서 부곡쪽으로 가는 노선

의왕면 부곡간 도로 노선 중 대절취구간 노선

의왕명에서 부곡역으로 가는 노선 중 의왕면 구간 노선

포항제철 연관단지 조성공사의 책임자로서 무사히 공사를 완료하였고, 동래골프장 공사도 우수하게 시공하여 임원들로부터 많은 신임을 받았다.

회사 최고 임원인 박 전무께서 도로공사 책임을 맡아 부곡에 있는 철도차량 신축공사의 토목공사에도 신경을 써달라며 현장 책임자로 임명장을 주는 것이었다. 나와 우리 직원들은 시흥군청에서 받은 설계도면에 의거 측량을 완료하고 토공사를 시작했다. 토공설계는 대절토 공간의 토량을 깎아 약 3.5km의 노선에 기존도로를 확장하기 위하여 덤프트럭으로 토량을 운반하고 D7불도저로 기존 도로를 따라 확장하였다. 그리고 구간 구간에 흄관 매설, box culvert 등을 시공하였다. 예산 부족으로 아스팔트 도로는 시공하지 못하고 자갈도로 포장으로 설계되었다. 다짐 장비가 없어서 덤프트럭에 토량을 싣고 타이어로 노반을 다졌다. 자갈은 인덕원 저수지 하류에서 채취해 운반하여 토공노반과 같이 덤프트럭으로 다져 2차선의 자갈 도로를 완공하였다.

처음계획은 많은 예산절감을 계획하였으나, 적은 공사금액이므로 거의 100% 도급금액이 다 투입되었다. 공사 중 그 당시 레미콘 공급은 없었고 모두 현장 비빔 콘크리트임으로 중량배합 설계에 의거 많은 시멘트가 공급되었다. 현장배합 1:2:4의 비율로 시멘트를 사용하였으나 많은 시멘트가 남았다. 그래서 나는 우리 기사와 상의해 주위의 조그만 공사를 수주하여 그 남은 시멘트를 사용하고자 의논하였다.

그래서 의왕공장 입구도로와 한국기계부곡 철도차량 후문의 배수로 공사를 수주하였다. 물론 이 사실은 우리 기사와 나만 알고 본사에는 비밀로 했다. 또 부곡 철도차량의 모든 공사는 삼풍건설이 시공하였다. 삼풍건설도 소규모 공사는 별로 신경을 쓸 수 없었으므로 일부 금액만 챙기고 제3자에게 재하청을 주어 공사를 집행다. 삼풍건설 토목부장과 상의하여 배수로 콘크리트 ditch 공사 360m를 수주하여 시공하였다. 시공방법은 도로공사에서 남은 시멘트와 골재를 사용하고 도로공사에서 쓰고 남은 합판과 각재도 목수를 동원하여 콘크리트 ditch를 완료하였다. 삼풍건설로부터 일부분의 공사비를 받아 직원들에게 일부 돌려주고 회식을 하였다. 직원들은 수입이 있으니 나를 무척 좋아하고 잘 따랐다.

8. 결혼과 신혼생활

나는 부산 동래골프장 공사를 마치고 몇 달간 본사 근무를 했다. 서울에 다시 올라와 하숙집을 구하려고 했으나, 내 동생 같은 중규가 홍능에 방 2칸을 전세 얻어 현숙이, 형규, 중규 셋이 생활하고 있었다.

중규는 홍한화학공업주식회사 총무과에 다니고 있었다. 나는 중규와 같이 생활하기로 하고 저녁에 퇴근하고, 아침에는 중규 누나인 가숙이 누나 집에서 아침밥을 얻어먹었다. 매월 받는 봉급에서 60% 이상을 가숙이 누나 남편인 김선우 씨가 지점장으로 있는 청량리 농협에 적금을 넣었다.

나도 이제 직장을 얻었고 나이도 30살이니 결혼을 해야 했다. 인천에 있을 때 윤선이와의 결혼을 위한 연애도 되지 않았고, 부산에서 박사장 친구 딸과의 결혼도 내가 적극성이 없어 이루어 지지 않았다. 또 대학 입학 동기인 장대식의 마누라가 자기 친구와의 결혼도 주선해 주었다. 장대식의 마누라는 효성여대를 졸업하고 장대식과 결혼을 했다. 그녀는 좋은 친구가 있는데 한번 만나 보라고 했다.

이 아가씨는 경북 영덕에서 사업을 하시는 분의 맏딸이며 효성여대 국문과를 졸업했다고 했다. 나는 이 아가씨와 전화가 되어 일요일에 부산으로 놀러오라고 초대를 했다, 그래서 우리는 부산 동래 온천장에서 만났다. 해운대 동백섬으로 가 밤이 늦도록 학창시절 이야기며, 직장 이야기 등을 나누었다. 그리고 서면에서 늦은 저녁을 먹었다. 나는 호텔을 정해 그 아가씨에게 방을 얻어 주었다. 그 호텔 룸에서 세수를 한고 난 아가씨와 또 많은 이야기를 나누었다.

그러나 밤이 되어 내가 현장으로 돌아가야 할 때가 되었다. 그래서 그 아가씨를 혼자 호텔에 두고 동래 두구동 현장으로 가서 잠을 잤다. 그 이튿날 너무 바빠서 전화 통화도 못했다. 그래서 아가씨는 인사도 없이 영일로 돌아가고 말았다. 그 뒤 서로 몇 번이나 편지를 주고받았으나 나의 성의 부족으로 결혼으로 이루어지지는 않았다.

고향에 내려 갈 일이 있어 오랫만에 가족들을 만났다. 그리고 중규 부모님도 만나 뵙고 인사를 올렸다. 중규 아버님이 영주시 교육감으로 재직 중인 친구 맏딸이 있는데 선을 보고 올라가라고 했다. 그래서 나는 일요일 일찍 영주에 들러 영주교육감 댁에 전화를 했다. 전화를 받은 이가 현재 셋째 처남인 승림이였다. 승림이는 영남대학교 기계공학과에 다니며 아주 친절하고 예의 바른 대학생이었다. 승림이의 안내를 받아 부모님께 인사를 올리고 지금의 아내인 지겸자 씨를 만났다.

나는 교육자 자식이니 우선 가정교육이 잘 되었을 거라고는 생각했다. 또 선을 보긴 했지만 배우자 선정에는 큰 관심을 가지지 않았다. 망설이는 사이에 또 몇 개월이 흘렀다. 중규 아버님께서는 아주 집안 좋고 교육이 잘 된 규수인데 무엇을 그리 망설이냐며 야단을 치셨다. 나는 못 이기는 척하고 결혼하기로 결정했다.

1972년 3월 4일 영주 덕풍예식장에서 친지들을 모시고 결혼식을 올리고 부산으로 신혼여행을 갔다. 결혼 자금은 내가 적금하여 모아 놓은 돈으로 충당하고 살림집은 안암동 구가옥의 문간방 4평을 전세로 얻었다. 결혼 총 지출금액은 그 당시 화폐로 30만 원 정도였다. 내가 결혼할 당시에는 회사 사정도 좋지 않았다. 회사 경영진이 안일하게 경영을 하여 적자가 속출하였고 직원 감원도 계획하고 있을 때였다. 일부 입사동기도 감원이 되었는데 재취업하기도 어려운 시절이라 아주 곤란을 겪었다.

우리 부부는 살림살이라고는 이불 한 채, 비닐 장롱 하나, 밥솥과 밥그릇 몇 개가 전부였다. 다행히 나는 감원이 되지 않아 회사를 나갈 수 있었고 매달 봉급의 60%를 적금을 들어 저축했다. 결혼 후 5~6개월이 되었을 때 마누라에게 애기가 생겨 입덧이 심했다. 영주 친정집으로 보내고 나는 현장에서 생활을 했다.

우리 큰딸은 1972년 12월 28일에 안암동 우석대학병원에서 태어났다. 내가 예금한 적금도 약 50만 원 정도가 되어 더 큰 전세방을 얻기로 하고 삼전동에 있는 방 두 칸짜리 전셋집을 마련하여 이

첫째 딸의 청담중학교 졸업식에서

둘째 딸과 함께 제주도 여행 중에

신혼여행 부산해운대에서

마누라와 함께 제주도에서

사를 했다. 우리는 그 전셋집에서 다시 부활을 꿈꾸며 마누라는 열심히 가정살림을 했다. 나는 마누라와 헤어져 전국 현장을 돌면서도 착실히 저축을 했다.

1974년 4월 15일 혜화동 우석병원에서 둘째 딸이 태어났다. 나는 아들을 원했지만 딸이었다. 우리 부부는 딸 둘을 키우며 열심히 살았다. 나의 생활은 회사가 요구하는 대로 열심히 일했고, 마누라는 어린 두 딸을 키우며 집에서 편지 봉투 만드는 것 등으로 몇 백 원의 돈을 벌어 생활비에 보탰다.

우리 부부는 이제 더 자식을 갖지 않기로 했다. 왜냐하면 아이를 많이 낳아 제대로 교육을 시키지 못하면 부모로서 책임을 다하지 못한 것이라고 생각했기 때문이었다. 딸 둘이라도 잘 교육시켜 훌

도봉구 창동 단독주택 정원에서

룡한 사람을 만들자고 다짐했다.

이제 나의 적금 통장도 제법 늘어나 집을 하나 마련하기로 마음을 먹었다. 집을 보기 위해 마누라와 두 딸을 데리고 수유리, 창동 일대를 돌아다녔다. 왜냐하면 변두리여야 나에게 맞는 집을 구할 수 있기 때문이었다. 여러 곳을 돌아다니다가 창동 샘표간장 공장 뒤편 길옆에 있는 아담한 한옥을 발견했다. 그 집을 사기로 했다. 대지 55평에 건평 35평의 주택이었다. 마당 옆에는 깊은 우물이 있었고, 대문 옆에 화장실이 있었다. 화장실 옆에는 3평 정도의 정원이 있는 제법 고급스런 주택이었는데 당시의 구입 가격은 3백 5십만 원이었다. 이 집을 구입하기 위해서는 많은 자금을 더 마련해야 했다.

우리 가족 모두가 경주 불국사를 찾았다.

삼전동 전세금 50만 원, 적금 약 1백여 만 원 나머지는 다른 방법으로 마련해야 했다. 그 집이 방이 셋이므로 방 2개를 전세로 주면 30~40만 원은 받을 수 있었다. 그래도 부족액은 약 170만 원 정도나 되었다. 이 부족액은 마누라가 결혼 전 농협에서 벌어 놓은 돈 일부와 처가 집에서 차용하여 충당했다. 드디어 내 집을 마련했다.

우리 부부는 자식들 교육을 잘 시키기 위해 유치원에도 보냈고, 피아노 레슨, 미술학원에도 보냈다. 그리고 재테크를 연구했다.

9. 이란 항만공사 수주와 시공

1973년 말 신진자동차 회장인 김창원 회장은 대한민국 탁구협회 회장으로 피선되어 우리나라 탁구 선수단을 이끌고 사라예보로 날아갔다. 세계 탁구선수권 대회에서 개인단식, 복식을 우승하고 돌아왔다. 김창원 회장은 탁구가 인연이 되어 이란에 항만공사를 계획하고 있는 미국인을 알게 되었다. 그 미국인의 주선으로 코람샤 항만공사를 수주하였다. 모든 proposal 작업은 미국인에 의해서 이루어져 제1공구 200m 길이의 바지선이 접안하기 위한 시설과 제2공구 대형선박 접안시설 280m, 제3공구 대형선박 접안시설 380m 총 도급액 4천 3백만 달러 공사의 계약이 최종으로 이루어졌다. 대한민국 중동건설 현장개설 제1호로 계약이 되었다.

대한민국 언론은 김창원 회장의 비즈니스에 대하여 대서특필하고 신원개발 전체 회사차원에서 공사준비에 박차를 가하였다. 우리 회사는 서울역 맞은편 삼주빌딩 2, 3층에 이사를 하고 많은 전문가를 영입하였다. 그러나 신원개발의 임직원은 항만공사에 대한 경험이 없었으므로 모두 외부 영입으로 충당하여 프로젝트를 준비하였다. 당시 신원개발의 경영 상태는 좋지 않았다.

모든 공사를 신진그룹 방계 회사에서 수주하여 몇 %만 챙기고 100% 하도급 처리하여 시공능력이 떨어지고 일부 임원만 배부른 경영을 하였다. 그러나 나는 크고 작은 공사를 직영으로 집행하여 원가를 절감하였고 견적, 설계를 직접하여 프로젝트 집행에 자신이 있었다.

항만공사 현장 팀이 구성되어 우선 바지항 200m와 대형선박 접안시설 660m 건설을 위한 가설계 작업이 완료되었다. 시설 도면에 의거 송출인원, 구입장비, 자재 등을 위한 검토가 시작되었다. 공사 집행을 위해 건설부 항만국장을 지낸 이일선 씨가 부사장으로 부임하여 모든 공사준비를 국내에서 하고 이란 현지에 같은 건설부 출신이고 한국건업사장을 지낸 이문용 부사장이 영업을 위해 이란에 파견되었다. 이란 현지에 지사를 설립하였고 이란 항만청, 미국인 에이전트 등과 협의 영업을 개시하였다.

나는 공정관리 요원으로 임명되어 인하대학교 C.P.M 공정관리 교수인 원 교수와 프로젝트 집행을 위한 C.P.M 스케줄을 작성하였다. 가설계 도면에 의거 제1공구 건설을 위한 C.P.M 스케줄을 만들었고, 또 제2공구, 제3공구 C.P.M 스케줄도 만들어 이일선 부사장 앞에서 브리핑을 했다.

1차 계약 공기는 3년으로 공사물량 등을 참고로 하여 계획할 때 모두 가능한 공기였다. 그래서 C.P.M 스케줄을 만들어 이일선 부

필자(왼쪽 끝)와 현장 간부들이 함께 기념 촬영을 했다.

사장에게 넘겨주고 1975년 봄에 건축담당 1명과 함께 이란 코람샤 현장에 파견되었다. 당시 이란에 직접 가는 비행기 편이 없어서 우리는 태국에 가서 1박을 하고 그 이튿날 이란행 비행기에 탑승하기로 하고 출발했다. 이 세상에 태어나서 생전 처음 밟아보는 외국행이라 무척 두렵기도 하고 호기심도 많았다.

우리는 태국공항에 내려서 항공사가 주선하는 아시아호텔에 투숙했다. 호텔 입구에 들어서니 우리 민요 아리랑 노래가 나와 참으로 감격스러웠다.

그 이튿날 이란행 비행기를 타고 저녁에 이란공항에 내렸다. 먼저 이란 지사에 나와 있던 경리부장인 조부장이 공항까지 나와 우리를 이란 지사로 안내했다. 조부장은 너무 큰 공사이기 때문에 거금을 투입해야 한다고 하였다. 그러나 장비와 자재가 오지 않아 설계 승인도 완료하지 못했기 때문에 공사 착공을 위한 많은 시간이 소요되었다.

우리는 지사에서 마련한 코람샤 시내 챌새비하우스에 숙소를 정하고 방마다 각과 별로 사무실을 정해 일을 하였다. 자재, 장비가 mobilization 되지 않은 상태에서 모든 직원이 파견되었고, 기능공도 일부 파견되어 많은 예산을 낭비하였다. 송출된 직원과 기능공들은 현장에 나가 사무실을 짓고 장비를 임대하여 야적장 등을 건설하였다.

기능공들은 할 일이 없어 현지에서 자재를 구입해 파일항타를 위한 리더를 제작하기도 하고 양수기를 만들기도 했다. 클레인붐대를 제작하기 위해서 현장에서 앵글 철재를 구입하여 제작하였으나 일반 앵글을 썼으므로 클레인에 설치했을 때는 하중을 견디지

테헤란 박물관 앞에서

못하고 휘어져 실패했다.

사전에 파견된 현장소장은 매일 할 일이 없어 몇 달간 놀다가 본사로 원대 복귀한 뒤에 퇴사하기도 하였다. 이렇게 장비, 자재를 MOB하여 현장준비를 하는데 거의 일 년이란 기간을 낭비하였다. 이제 본격적인 공사를 진행해야 할 시점에 일년 계약으로 송출된 직원 일부와 기능공들은 다시 본국으로 귀국하겠다고 해 공사에 차질을 가져왔다. 모든 프로젝트 집행을 위해서는 계획이 중요하다. 특히 해외 프로젝트는 MOB(동원) 계획을 잘 세워 차질 없이 집행해야 한다. 이 코람샤 항만공사도 그 당시 공사금액으로는 대형 공사금액임에 틀림없고 공사물량은 공사금액에 비해 대단히 적은 물량의 프로젝트였다. 프로젝트 규모에 맞추어 인력을 선발하고 장비구입, 자재구입 등을 빨리 서두르고 집행하였더라면 성공할 수 있었던 프로젝트였다.

처음부터 우리나라에서 항만공사에 제일 경험이 많은 인재를 영입한다고, 많은 인재를 고임금 단가로 영입하였고 영입된 그들에게 일 년 동안 놀다가 그냥 귀국하여 일반 관리비만 낭비하였다. 장비구입도 주장비가 해상항만을 위한 장비임으로 인력송출 전에 order하여 장비와 인력이 동시에 도착할 수 있도록 하고, 설계 용역 발주도 동시에 실시해 승인을 받고 했더라면 많은 시행착오를 예방할 수 있었을 거라 생각된다.

처음부터 실제 공사집행을 위한 요원이 아닌 임원급이 지사에 파견되어 영업에 치중하였고, 부사장 2명, 이사 3명 등 많은 임원급이 새로 영입되었다. 그 결과 고위 임직원들의 자기역할이 프로젝트 집행을 위한 이해관계에 집착한 나머지 많은 loss를 가져왔다.

따라서 man-power mob 후 일년 뒤에 장비와 자재가 현장에 반입되었다. 설계 발주도 늦어 기본설계가 확정되고 장비와 자재가 도착했으나 당시 현장에 있던 고위직 임원과 간부들은 이미 귀국한 뒤였다. 회사에 충성도가 있는 직원과 다시 충원된 인원으로 본격적인 공사를 할 수 있었다. 나는 이 현장에서 공정관리를 맡아서 공정표를 작성하여 당시 현장 책임자인 이일선 부사장에게 보고하였고, 각 공구마다 돌아다니며 공구 책임자와 공법 등을 협의하여 공사 CPM 스케줄에 반영하였다. 밤낮을 가리지 않고 열심히 일하였더니 이일선 부사장이 이란돈 2,000리알의 특별 격려금을 주셨다.

당시 현장에 대대적인 인사 이동이 시작되었다. 지사장으로 부임한 이문용 부사장, 현장 총 책임자인 이일선 부사장, 이사 2명 등 모든 임원들이 귀국하고 신진자동차그룹에서 하청업을 하던 김만군 사장이 상무직함으로 현장소장으로 부임하였고, 중기부장 손일선 등이 주축이 되어 공사를 수행했다. 나는 공무담당으로 공사 스케줄 관리, 기성관리, 설계회사와의 설계에 대한 coordinator로서 일하였다. 현장에서 일어나는 많은 문제점을 파악하여 이란 항만청 주임 감독관에게 해결을 위한 서면 보고를 하였고 월말이면 한 달 동안 작업한 내용을 산출하여 기성금을 확정하는 등 아주 중요한 일을 했다.

감독관으로부터 공사 중지 명령 등이 발동되면 C.P.M 스케줄을 만들어 감독관에게 보고하고, 공사 중지가 되면 전체 준공 날짜에 미치는 영향에 대하여 소상하게 설명하여 이해를 구하곤 했다.

이 코람샤 항만공사는 이란경제에 미치는 영향이 대단히 컸다. 하역할 부두가 없어 모든 수출입 화물선이 외항에 정박하고 조그만 바지선으로 화물을 옮겨 하역하곤 하였으니 이 공사가 얼마나 중요한지 추측할 수 있다. 당시 이란은 팔레비국왕이 미국에 의존하여 정치를 하고 있었으며 아주 개방된 정책을 펴고 있었다. 경제개발의 열망은 있었으나 기본적인 인프라 구축이 되지 않았다. 특히 항만개발은 대단히 중요하였다.

이란 당국은 반다르코람샤항구, 반다르샤프르항구, 반다르아파스항구 등에 접안시설을 갖출 계획이었다. 당시 신원개발이 반다르코람샤 프로젝트를 착오 없이 준공하고 다른 항구 개발에 대한 의욕이 있었더라면 대형 항만공사 건설회사로 새로 독립할 수도 있었다.

해상 항타선 무로토 선상에서 현장소장, 제1공구장과 함께

암벽슬라브 CONCRETE 타설 전 감독관으로부터 CONCRETE 타설 승인을 받고서

코람샤 현장에도 인원, 장비, 자재가 모두 도착하였고 기본설계도 확정되었다. 그래서 밤낮을 가리지 않고 열심히 일을 하였다. 반다르코람샤항구는 이라크와 마주보는 대형 강이다. 강폭이 200~300m이고 수심도 깊어서 약 10만 톤 선박이 드나들 수 있는 아주 좋은 항구이다. 이라크 당국은 우리 건설업체가 밤낮을 가리지 않고 일하는 것을 지켜보고 있었다. 낮에는 해상에 길이 40m, 직경 700mm 파이프를 강바닥에 박는 항타 소리가 들리고 밤에는 용접으로 항구전체가 불빛으로 반짝이는 광경을 보고 감탄하여 이라크 움카슬 접안시설 공사계약을 요청하기도 했다.

2년간 열심히 일한 덕택에 공정률도 점점 가속이 붙어 제1공구 바지 접안시설이 완료되었고, 당초 2,3공구로 구분되었던 대형선박 접안시설도 약 540m 접안시설 하나로 합쳐 작업을 서둘렀다. 나는 작업을 위한 단계로 공법에 대하여 공구책임자들과 의논하였다. 왜냐하면 C.P.M 스케줄을 만들기 위해서는 공법이 선정되어야 하고 또 공사 우선순위를 결정해야 했기 때문이다.

첫째로 육상과 해안 접면에 steel sheet pile를 항타해야 하나 기존에 박혀있는 sheet pile이 토압의 힘으로 해상으로 기울어져 있어 현장공구 책임자는 육상에서 넘어져 있는 sheet pile 뒷면에 클레인이 서면 해상으로 기울어져 있는 sheet pile이 무너져 대형 사고가 유발될 수 있다고 했다. 그래서 먼저 해상에 설계도면대로 강관 파일을 박고 그 강관 파일 위에 임시 데크를 설치하고 그 데크 위에 클레인이 올라타 육상에서처럼 steel sheet pile을 박아야 한다고 주장했다. 서로 한 치의 양보도 없이 고집을 피우곤 하였다. 그러나 나는 너무 많은 공기가 소요되고 작업방법이 복잡하

신진자동차 입사동기인 배정호 씨와
함께 포즈를 취했다. 뒤에는 육상에
steel sheet pile을 항타하고 있다.

현장에서 허봉 계장과 함께

기 때문에 육상에서 steel sheet pile을 박아야 한다고 주장하며 현장 실측을 하였다.

실측 결과 기존의 steel sheet pile이 육지에서 해상으로 약 15도 밀려나 있고 클레인이 앉을 자리를 포크레인 등으로 정지작업을 하면 clearnce가 4~5m가 됨으로 절대적으로 안전할 것으로 판단했다. 내가 주장하는 이 방법으로 작업을 강행하여 약 580m의 steel sheet pile을 빠른 시일 내에 완료하고 해상작업도 원활히 할 수 있었다. 또 하나는 해상파일을 항타하기 위해서는 파일 위치의 측량이 정확해야 했다. 처음에는 해상 쪽 양 옆에 측량대를 설치하도록 계획하였으나 측량팀장의 지혜로 육상에서 파일 위치의 좌표를 계산하여 모든 측량을 정확하게 육상 측량하여 약 1,600개의 대형 강관파일을 직각 혹은 경사 pile로 쉽게 시공할 수 있었다.

이제 공사도 본격적으로 진행되어 일요일에는 쉴 수가 있었다. 우리는 저녁에는 코람샤 시내에 나가 맥주를 사서 여러 명이 둘러앉아 마시고 고국에 두고 온 가족 이야기, 이란 현지 여자들 이야기를 했다. 우리가 일어설 때는 빈 맥주병이 테이블에 가득하곤 하였다. 현지인들은 맥주 집에서 코카콜라 몇 병과 맥주 몇 병을 마시고 이란 특유의 춤을 추며 놀았다. 공사 진행을 위해 거의 1년 이상을 모두 열심히 일하였으므로 많은 스트레스와 고독감을 가지고 있었다.

어느 일요일에 회사에서는 원하는 모든 직원과 기능공들에게 자동차를 내어주고 하루 동안 여행을 허가해 주었다. 우리는 자동차 1대를 배차 받아 현장에서 약 300km 떨어진 아와즈 관광을 하기로 했다. 아와즈에 가기 위해서는 끝없는 사막도로를 거쳐야했다.

코람샤 어느 공원에서 이란 어린이들과 함께

그곳은 유전지대로 많은 원유가 생산되고 또 대형 공창(公娼)이 있다고 했다.

우리는 아침 일찍 출발하여 정오경에 아와즈에 도착했다. 오는 도중 도로 양쪽으로 수백m 떨어진 유전지대에서는 빨간 불꽃이 훤훤 솟아 오르는 것이 정말로 큰 유전지대라는 것을 실감할 수 있었다. 가까스로 대형공창인 여자 집에 도착했다. 이 공창은 정문에 군인이 보초를 서고 많은 가옥들이 줄지어 있는 사막 한가운데 있는 큰 동네였다. 많은 외국인들이 대형차를 몰고 와 하나 둘씩 동네 집집마다 들어가곤 했다. 우리도 차례대로 이 집, 저 집을 들락거리며 예쁜 여자를 찾아 다녔다.

이 공창은 이란 여자가 간음을 했거나 죄를 지은 사람을 모아 몸

AWAZ 유전지대 GAS가 분출하여 불을 뿜고 있다.

작은 배를 타고 수심을 측정하는 중이다. 옆에 대형 화물선이 정박해 있다.

을 팔아 살아갈 수 있도록 당국이 허가한 시설이었다. 방에 들어가면 대형 바스켓이 입구에 있고 그 바스켓에는 성교를 하고 닦은 휴지 조각들이 가득했다. 여자들은 대단히 예쁜 여자도 있었고 나이 많은 여자도 있었다. 젊고 예쁜 여자를 선택하면 단가가 비쌌다. 이 여자들은 너무 많은 남자를 상대하여 능숙하게 남자를 다루고 볼일을 끝냈다.

모두들 짧은 시간이나마 여자를 통해 스트레스를 풀고 양고기 집으로 갔다. 그곳에서 양고기를 먹고 아와즈를 출발해 오후 5시 경에 코람샤에 되돌아오곤 했다. 어떤 한 직원은 혹시 성병이라도 걸릴까 하여 자기 성기에 휴지를 감아 여자 것에 넣어 볼일을 보았다고 했다. 밤이면 서울 고국에서 보내 온 가족들의 편지를 읽는 것, 가족 사진을 보는 것, 신문에서 고국 소식을 읽으며 자기 나름대로의 생활을 했다.

나도 아내가 보내준 우리 첫딸 사진과 티셔츠를 받았다. 또 청담동에 있는 32평짜리 한양 APT를 분양 받았다는 편지를 받고 아내에게 답장을 쓰곤 했다.

10. 해외생활을 마치고 귀국 휴가

코람샤 현장에 파견된 후 1년 3개 월이 되어 1개월의 휴가를 받아 귀국했다. 나는 이란에서 현지화로 받는 돈과 특별 보너스로 받은 현지화를 열심히 모아 귀국 휴가 때 달러로 바꿔 가져 왔다. 아내는 내가 매달 송금한 돈을 저축해 많은 돈을 모아놓고 있었다. 그렇게 저축한 돈을 어디에 투자할까 고심했다. 당시 서초동 언덕에 극동건설이 소형 아파트를 분양하고 있었다. 평수는 15평으로 분양가는 약 500만 원이었다. 우리 부부는 그 아파트를 분양 받기로 하고 청약을 받았다.

자금 마련은 내가 이란에서 일년 간 번 봉급과 창동 주택 전세금으로 충당하고 서초동 극동 아파트로 이사를 했다. 우리는 그 극동 아파트에서 1년간 살다가 다시 팔고 창동 집으로 이사를 했다. 그 아파트를 판 돈으로 서초동 1625-10 주택지 102평을 평당 10만 원에 구입했다. 다시 나는 해외에 나가 열심히 달러를 벌었다.

11. 휴가를 마치고 코람샤 현장으로 복귀

나는 한 달 간의 본국 휴가를 마치고 다시 코람샤 현장으로 가 업무에 열중했다. 이제 코람샤 현장의 공정이 순조롭게 잘 진행되어 준공날짜도 멀지 않은 것 같았다. 회사는 아바단 정유공장(NIOC) 전용부두 10-berth를 수주했다. 공사기간은 MOB하여 2년간으로 장비는 코람샤에서 사용했던 해상 항타장비와 TUG boat, 클레인 등이 투입되었다. 코람샤 공사도 준공이 임박하였고, 모두들 마무리 작업에 여념이 없었다.

나는 아내에게서 등기 우편물을 받았다. 아내는 청담동의 한양주택이 대 단지 아파트를 분양하는데 창동 집을 팔아 32평을 분양받기 위해 청약을 하겠다고 했다. 나도 그렇게 하는 것이 좋겠다고 생각해 편지를 썼다.

코람샤 현장에서 현장소장에게 현황보고

창동 집은 너무 변두리니 우리가 살기 편한 강남의 최신식 아파트로 이사를 가자고 했다. 다행히 청약에 당첨되었다. 우리는 창동 집을 팔고 청담동 아파트로 이사를 하게 되었다. 코람샤 항만공사도 거의 마무리 되어 갈 즈음 회사는 나를 신규로 수주한 아바단 NIOC현장 공무과장으로 발령을 냈다. 그래서 다시 아바단 현장에서 일하게 되었다. 코람샤 항만공사 준공식에는 우리나라에서 남덕우 총리를 비롯하여 이란의 고위 관리들이 참석 성대하게 치렀다.

12. 아바단 NIOC 10-berth 확장공사 집행

아바단 NIOC 항만공사는 NIOC에서 지급한 H-pile을 고압의 sand blasting으로 녹을 제거하고 E-poxy rezin으로 coating하여 해상에 항타하는 작업이다. H-pile의 길이는 약 30~40m로 육지에서 10~20m 연결하여 해상에 무로토 장비로 항타하였다. 나는 H-pile sand blasting epoxy coating, H-pile 용접에 의한 splacing 작업을 하는 shop 책임자로 쌉장에 파견되어 각종 준비작업을 했다.

NIOC 내에서 매일 산소용접 등을 작업하기 위해서는 하루 전 감독 측으로부터 hot permit와 work permit를 받은 후에야 작업이 가능했다. 주임감독은 알바니아인으로 심술이 대단히 심하고 고집쟁이였다. 나는 주감독에게 밉게 보여 일주인 동안 현장에 출입금지를 당했다. 그래서 다른 직원 대신 사무실에서 공무를 보게 되었다. 감독이 너무 까다로워 공사 진행이 대단히 부진하고 공사 방법도 어려웠다.

특히 해상에 H-pile을 항타한 후 low water level 2m 이하까지 콘크리트로 덧씌우기를 해야 했다. 그래서 우리는 사각형의 강제 거푸집을 제작하여 거푸집 측면에서는 바닷물이 유입되지 않도록 용접하고 그 강제 거푸집을 H-pile 상단에 끼워 수심 (−)2.5m 까지 내려서 그 강제 거푸집에 콘크리트을 집어넣어 콘크리트 cap을 만들었다.

그러나 감독은 수중에 콘크리트 타설을 못하게 하므로 철재 거푸집 하단에서 스며드는 바닷물을 차단할 수 없어 설계 깊이 보다 0.50m 더 깊게 철재거푸집을 씌우고 수중에 시멘트 mortar를 투입하여 1차 바닷물이 유입되지 않도록 하고 설계 배합에 의거 콘크리트를 타설하여 cap 콘크리트를 완성할 수 있었다.

감독은 공기가 너무 지연되어 계약 날짜까지 준공을 못하면 지체배상금을 부과하겠다고 했다. 회사는 지체배상금이 부과되지 않도록 여러 방면으로 연구를 했다. 그래서 나는 공무 담당으로 모든 일을 그만두고 설계내용, 계약물량과 변경된 물량 등을 계산하여 당초 NIOC에서 제시된 공사물량과 세부설계에 의하여 변경된 물량과의 비교표와 변경된 공사금액, 공사일정 등에 대하여 비교분석하였다.

전체 분석결과 공사금액 1백 5십만 달러 증액, 공사기간 6개월 연장 가능이라는 판단을 내리고 공사비증액과 공기연장 6개월 요청을 만들어 NIOC에 제출하고 NIOC 고위층과 meeting하여 승인을 얻어냈다. 이 모든 결정이 이루어지니 감독관의 까다로운 면이 사라지고 협조도 잘 이루어져 무사히 공사를 마칠 수 있었다.

13. 아바단 NIOC 항만공사를 마치고 귀국

NIOC 항만공사를 마치고 쿠웨이트를 거쳐 귀국했다. 회사는 이라크에서 움카슬 항만공사를 약 4천만 달러에 계약했다. 또 리비아에서 빌라 400동을 건설하는 계약을 했다. 나는 본사에서 이란에 추가 공사를 위한 견적 작업을 했다. 회사는 이란 항만청에서 반다르샤브르 항에 각종 보세창고 건설과 그 주위 도로를 건설하기 위한 입찰 초청을 받고 견적작업을 했다. 보세창고 건설 견적가는 약 8천 5백만 달러이고 도로와 부대공사 견적가는 약 2천 4백만 달러였다. 입찰결과 보세창고 건설공사는 최저 낙찰자가 되었고, 도로공사는 반다르샤브르항 주위에서 도로공사를 하고 있는 스페인 업체가 최저 낙찰자가 되고 우리 회사는 2위였다. 그래서 NEGO 결과 보세창고 건설공사는 계약이 이루어졌고 도로공사는 스페인 업체에게 넘어가고 말았다.

회사는 다시 이란 창고 건설공사를 위한 토목, 건축, 전기, 설비 요원을 모집하고 철골 약 2만 톤 정도는 일본 닛소이와이에 제작 발주했다. 나도 이 project의 토목공사에 대하여 준비요원으로 일했다. 각급 직종의 직원과 기능공이 현장에 파견되었다. 육상에 항타할 콘크리트 파일 제작시설 등 우선 기초공사가 이루어졌고 각종 철근자재도 현장에 도착, 하역했다. 그러나 이란-이라크간 중동전쟁이 발발하여 현장에 로켓 포탄이 떨어지고 페르시아만을 운

이란 반달샤프르 현장에서

항하는 각종 선박들도 이라크 로켓에 맞아 많은 피해를 입었다. 해운회사도 페르시아만 통과를 주저하고, 해상보험료도 많이 올랐다. 그래서 회사는 반다르샤브르 공사장의 모든 직원을 철수하였다.

다시 이란은 무슬림 혁명으로 호메이니옹이 팔레비왕을 축출하고 혁명정부가 들어섰다. 이라크와의 전쟁도 발생하여 사실상 project 집행이 대단히 어렵게 되었다. 이란 혁명정부는 미국대사관의 미국인을 억류하였다. 미국은 이란 내 대사관의 미국인 구출작전을 펴서 많은 피해를 입고 외교관계도 단절되었다.

14. 10년간 일했던 신진그룹을 떠나 신흥건설로 이직

나는 신진그룹인 신원개발에 신입사원으로 입사하여 이제 직장경력 7년째인 중견 사원이 되었다. 신진그룹도 정치적으로 제정적으로 경영사정이 대단히 어려웠다. 직장경력 7년째 당시 나의 직함은 과장이었다.

어느 날 당시 해외사업부 상무를 하는 분이 전화로 만나자고 해서 약속된 장소로 갔다. 그 상무님이 한국의 무슬림 교도인 원길남 씨가 신흥건설을 인수하여 건설, 해운업을 하는 그룹회사라며 자기가 본부장으로 가게 되었는데 나도 같이 가자고 했다. 당시의 회사 사정도 좋지 않았고 직급도 한 단계 올려 차장으로 추천하겠다고 하므로 나도 동의했다.

당시 신흥건설은 국내 도로공사로는 현대, 대림 다음가는 큰 건설회사로 전라도 출신이 회장으로 있었고, 해외건설은 경험이 없으므로 해외공사 견적요원과 영업요원이 필요했다. 그래서 영업요원으로 신원개발에서 과장으로 있는 사원을 차장으로 승진시켜 스카우트 했다.

우리는 다 같이 신흥건설 해외사업부에 발령을 받아 해외사업을 위한 각 자료를 수집하고, 각종 project의 입찰에 참가하고 수주를 기다렸다. 그러나 6개월이 지나도록 입찰이나 수주를 한 건도 못하고 무기력하게 회사생활을 했다. 너무 무기력하여 나는 다시 회사를 옮기기로 작정하고 있을 때, 삼성그룹이 건설업에 진출하기 위하여 통일건설을 인수하고 해외 진출도 한다고 하기에 삼성종합건설에 이력서를 냈다. 부사장 면담을 하고 삼성그룹에 입사가 결정되었다.

제5부

삼성종합건설 입사와 중요사업 수행

당신이 살아가면서 무언가 잃어갈 것들에 대해 정녕 두렵습니까?
하지만 우리네 삶은 끊임없이 무언가를 잃어가는 반복 속에, 결국 완성되는
것입니다.
그러니 상실이란 '모두 끝났다'의 의미가 아니라 '아직도 계속되고 있다'의
증거가 됩니다.

– 엘리자베스 퀴블러로스의 《상실수업》 중에서

1. 1979년 12월 삼성그룹 삼성종합건설 입사

1979년 12월 나는 삼성그룹 삼성종합건설에 입사하여 삼성 뱃지를 지급받고 근무를 시작하였다. 이제부터는 다른 회사에 옮겨가지 않고 마지막 직장으로 생각하고 열심히 일했다. 아직 회사설립이 얼마 되지 않았으므로 해외 project는 없고 모두 국내 공사였다. 국내공사도 대부분 삼성그룹 방계 회사 자체 공사였다. 그러나 자체 공사도 너무 많아 현재 인력으로는 공사 집행이 불가능했다. 더구나 모든 project가 자체 설계, 견적하여 공사비가 결정됨으로 부서 내에 설계팀을 별도로 운영하였다.

경영진은 국내건설 책임자로 성균관대학 교수인 오 부사장이 임명되었다. 해외건설 책임자로는 해외건설주식회사 사장으로 계시던 김 사장이 부사장으로 내정되었다. 관리체제도 다른 회사와 차이가 있었다. 현장 감시요원이 임명되었고, 모든 공사 집행은 현장관리의 결재를 얻어야 했다. 한마디로 현장의 주인은 현장관리로 임명된 관리요원이 주인이고 모든 기술진은 머슴으로 대우받는 체제였다.

나는 본사 부서에서 약 1달간 근무하다가 거제조선소 건설을 위한 토목공사 책임자로 임명되어 거제조선소 건설현장에 파견되었다.

2. 삼성 거제조선소 1기 건설공사

삼성그룹은 고려원양 이학수 회장으로부터 거제조선소를 인수하여 1기 마무리 공사를 집행했다. 고려원양은 1기 공사를 현대건설이 도급하여 집행하다가 다시 삼성그룹이 인수하였다. 현대건설이 계약한 공사를 모두 타절 혹은 일부 준공처리하고, 모든 공사를 우리 회사가 인수하여 집행했다.

조선소 주공정인 도크 건설공사는 현대건설이 10만 톤 도크의 주 설비를 완공하고 우리 회사는 현대건설이 시공하지 못한 도크 내부시설과 의장완벽의 rail 설치, 강재 운반을 위한 캔츠리 클레인 기초, 트레버스 기초 등을 시공했다. 내가 담당한 토목공사 계약 건은 크고 작은 것을 포함하여 28개 계약 공사였다.

대부분 공사가 조선소 설비로 각종 기초공사가 대부분이고, 향후 신규공사를 위한 부지 마련, 공장간 전기설비 공급을 위한 공동구 설치공사였다. 또 30만 톤 도크 신규 수주도 예상되어 공사를 위한 준비에 착수했다. 향후 대량으로 투입될 콘크리트 소모량을 예측하고 공장내부에서 골재생산을 하고 모래는 해상 barge로

섬진강 모래가 투입되었다. 골재생산은 내가 담당하고 모래 검수
는 자재과의 관리책임자 소관이었다. 현대건설이 시공하고 타절한
공사는 많은 하자가 발생하여 1기 마무리 공사를 하는데 애로가 많
았다.

　나는 28개의 토목공사를 모두 직영으로 시공하고 골재 생산만
크랏샤 업자에게 단가계약으로 하도급 처리했다. 매월 말 생산된
골재 량을 측정하여 기성을 주고, 직영으로 시공한 공사는 모작도
급으로 목수 등 업자에게 단가 계약하여 월 말 시공량을 체크하여
노임을 주었다.

　당시 조선소 전체 소장은 건축전공으로 부장급이 소장이었고,
관리요원 책임자는 처음에 과장급이 맡았다가 차장급으로 대체 되
었다. 나도 과장으로 입사하였기에 건축소장이 나의 상위 책임자

거제 조선소 건설 현장 간부들과 함께

였다.

매월 말 본사로부터 노임으로 지급할 현금이 몇 부대씩 내려와서 각 공정의 하청업자에게 나누어 주었다. 매일 관리요원들은 건축소장, 토목 등 직급 책임자의 일거수일투족을 체크하여 본사에 보고했다. 누가 며칠 날 시내에서 놀다가 저녁 몇 시에 숙소에 들어왔는가 일일이 체크하여 경비에게 보고하도록 했다. 각급 직종의 하청업자로부터 비리는 없는지 늘 감시를 했다. 현장에서 공사를 위한 돈이 필요하면 소장에게 결재를 받아 관리요원에게 요청하면 관리요원이 거부하기도 했다. 필요한 돈은 모두 영세한 하청업자들의 선 투입에 필요한 금액이었다.

우리는 한 달에 한 번 씩 회식을 했는데 충무에 나가 일식 요정에서 술을 마시고 노래를 부르곤 했다. 일 년 간 공사에 모두 열심

거제 조선소 현장간부들과 남해안 유람

히 일했고, 삼성 체제에 적응하기 위해 노력했다. 그래서 삼성 체제에 적응한 사람은 살아남았고 적응하지 못한 사람은 퇴사했다. 특히 총 소장인 건축부장은 술을 잘 먹고 노래도 잘 불렀다. 그는 회의 시에 조선소 실무진과 약속은 잘 했지만 지키지 못해 신임을 잃고 퇴사하게 되었다.

나는 맡은 계약공사를 잘 집행하고 정산하였다. 일 년 간의 공사 집행으로 모든 계약공사를 정산하여 내가 맡은 공사에 대하여 모 작업자가 큰 적자를 보게 되었다. 모작업자는 일꾼들을 데리고 삼성본사 이병철 회장을 면담하겠다고 하여 본사로 가서 담당 이사를 면담하였다. 나는 오직 회사를 위해 일했고 모작업자와 계약한 단가로 공사비를 지불하였으나 물의를 일으키게 되니 모든 것이 나의 책임이었다. 다시 현장에 내려가 모작업자와 협의 사정을 파악하고 단가를 인상하여 적자보전을 해 주었다.

관리요원이 담당한 섬진강 골재도 1년 사용 후 정산을 하고 보니 많은 부족상태가 발생하였다. 물건은 100% 납품하였으나 실제 사용량은 10% 부족하였다. 조사한 결과 결국 부정으로 판단되어 자재과장이 책임지고 사직하게 되었다.

이제 일 년 간 내가 맡은 project를 모두 마쳤으니 본사에 복귀하겠다고 하였다.

3. 거제 삼성조선소에서 본사 복귀 후 타현장 지원근무

거재조선소 현장에서 1년간 근무하며 삼성 관리체제에 적응하고 다시 본사 토목부서에 출근했다. 토목부서에 와보니 전국에 걸쳐 크고 작은 공사 집행을 위해 많은 토목직 요원들이 현장에 파견되어 일하고 있었다. 공사장이 많다 보니 각종 안전사고, 시공 잘못으로 인한 문제점 등이 발견되었다. 나는 당시 담당이사의 요청으로 외주 공사인 포항제철 단지 내에 있는 구내 6차 공사를 수주하여 집행하고 있었다. 토목 부분이 잘 진척되지 않는다며 현장에 내려가 지원을 해 주고 문제점이 있으면 반드시 해결하고 올라오라 했다. 다시 포항제철 현장으로 내려갔다.

포항제철 현장은 공장 내부이므로 출입 패스가 없으면 현장에 들어갈 수 없었다. 또 일일이 work permit 와 hot permit를 받아야만 시공이 가능했다. 내가 담당해야 할 작업은 기계기초공사로 공장바닥을 파고 각종기계를 고정시킬 기초를 만들기 위한 콘크리트 타설 공사였다. 공장 바닥을 파면 많은 바닷물이 유입되어 콘크리트 타설을 위한 거푸집을 설치할 수가 없었다.

나는 포항제철 공장 내 폐기물 처리장에 가서 각종 철재를 수거해다가 철재 거푸집을 제작했다. 철재거푸집 내로 물이 스며들지 않도록 용접하고, 그 거푸집을 수중에 가라앉히고 콘크리트를 타설하여 어려운 작업을 마칠 수 있었다. 나는 지원 요원이었기 때문에 당시의 현장소장은 내게 아무런 관심도 없었다. 급한 일은 어느 정도 마무리를 짓고 당시 현장소장에게 보고도 없이 본사로 올라왔다. 현장소장이 전화도 없이 그냥 올라갔다고 본사 이사에게 보고하였다. 나는 이튿날 본사로 출근했다가 담당이사에게 꾸중을 들었다.

4. 삼성그룹인 삼성종합건설이—신진그룹 신원개발 인수합병

신진그룹의 신원개발은 이란, 리비아, 이라크에 진출한 해외건설 시공사로 무한한 가치가 있었다. 삼성그룹이 해외공사 영업망을 확충하기 위해서는 절대적으로 신원개발이 필요했다. 또 이병철 회장은 부산 동래에 있는 동래골프장에 대하여 시공초부터 관심을 가졌던 회사로 결국 삼성그룹이 신원개발을 인수하게 되었다. 인수팀이 해외현장을 실사하고 동래골프장도 실사하여 신원개발서 같이 근무하던 임원을 제외한 모든 직원이 삼성에서 같이 근무하게 되었다.

당시의 신원개발은 국내에서도 금강 광역상수도 공사를 수주하여 시공하고 있었고 몇 년간 계속되는 공사로 이익률이 좋았다. 해외공사는 이라크 움카슬 현장, 리비아에 장병숙소 빌라공사, 이란에 반다르샤브르 창고 공사 등이 있었으나 관리부재로 공사 진척이 잘 안 되고 적자가 발생하였다. 당시 삼성종합건설은 신원개발을 인수하여 해외 면허 보유회사로 사우디아라비아에도 지사를 설립하였다. 사우디에서 영업을 하여 대형 주택단지를 개발하고 주택 공사 수주도 준비하고 있었다. 나는 국내 포항현장에서 나쁜 이

미지 관계로 담당이사에게 미움을 사 해외사업부로 자리를 옮기게 되었다.

해외사업부에서 사우디아라비아 주택단지 공사에 대한 준비를 하다가 리비아 지사 공무담당으로 발령을 받았다. 다시 해외 현장 생활을 하게 되었다.

5. 리비아 지사 기술영업과 공무, 대형 항만공사 입찰준비

나는 다시 리비아 지사에 파견되었다. 리비아 정부는 마스라타에 제철공장을 짓고 공장 전용 부두건설을 위한 대형 항만공사가 예고되었다. 나는 그 항만공사 수주를 위해 입찰서를 구입하고 견적준비를 했다. 그 입찰서는 공고 전에 사전에 입수한 서류이므로 입찰서 검토를 위한 충분한 시간도 있었다.

이 공사는 리비아 마스라타 제철소 항구에 약 2.5km의 main breakwater(방파제)와 800m sub breakwater를 축조하고 10만 톤 선박이 접안하여 철광석을 하역 운반하게 될 항만 공사였다.

준설해야 할 물량이 약 1백 5십만m³, 방파제 건설을 위한 석재운반 설치 물량이 약 3백 5십만m³이었고 접안시설에서 공장으로 철광석을 하역 운반하는 시설이 약 350m 정도 되었다.

나는 준설 공사는 세계준설전문회사에 하청 발주하는 견적을 네덜란드와 일본 국영준설전문회사에 견적을 의뢰하여 받았고, 하역 설비는 일본회사에 의뢰하여 견적을 받았으나 확신할 수 없었다.

발주처용 해상장비인 tug boat 순시선 등은 네덜란드 노틀담에 있는 소규모 선박회사에 견적을 의뢰하여 가격 견적을 받았다. 주 공사인 석산개발, 석재료 운반 등을 조사하기 위하여 여러 차례 주위 석산을 조사하고 터기 회사가 같은 규모의 공사를 수주하여 시공하고 있는 트리폴리 항구를 수차례나 견학하고 공사 수주에 관한 연구를 했다.

나는 이 제철소 항만공사에 투입해야 할 석산을 현장에서 60~70km 떨어진 지역에서 찾았다. 그 석산은 과거 바다가 솟아올라 육지로 변한 곳으로 육안으로 볼 때 아주 강한 암석이 많이 매장되어 있을 것으로 예상하고, 석산 개발계획을 세웠다. 대형 피복석 생산을 위해 bench cutting 발파법, 중소규모 석재를 개발하는 법, 대형 크랏샤를 설치하여 골재생산을 하는 계획, 석재 운반을 위한 운반장비 검토 등을 했다.

석재운반은 대형 트럭으로 먼 거리에서 운반해야 하므로 운반장비 선정이 대단히 중요했다. 당시 터키 회사는 미국 장비를 구입 개조하여 대형 트레일러 형식으로 석재를 운반하고 있었다. 나도 미국 맥 장비 견적을 받아 견적에 참고 했다. 또 방파제 외항부분에는 대형 T.T.P를 제작하여 파고를 줄이도록 설계되었으므로 T.T.P생산 계획도 세웠다.

T.T.P 한 개의 무게는 35톤부터 60톤에 이르는 몇 개의 타입이 설계되어 생산단가, 설치비를 계산하여 견적을 해야 했다. 이 부분도 리비아 트리폴리항에서 터키 업체가 시공하고 있는 방법으로 제작, 설치비를 계산했다. 국내에서는 약 15~30톤의 T.T.P를 제작하기 위하여 60m 정도의 둑을 쌓고 T.T.P 철재 거푸집을 둑

에 따라 설치하고 레미콘 차량이 레미콘을 쏟아 부어 콘크리트를 타설하는 방법을 적용했다. 그러나 그곳의 공사는 대형 T.T.P이고 모든 생산시설이 자동화 되어야 하므로 자동제작 시설이 필요했다.

터키 업체는 캔츠리클레인을 설치하여 전기로 클레인을 조종했다. 한정된 공간에서 T.T.P form을 세우고 그 속에 콘크리트를 투입 후 어느 정도 굳으면 곧 form을 벗겨내고 curing compound를 살포하여 양생시켰다. 그리고 캔츠리클레인을 다른 곳으로 옮겨 또 다시 반복작업을 하는 시설이었다. T.T.P 거취는 barge 혹은 클레인으로 운반하여 armor석이 설치완료 되면 외부 피복선 주위에 서로 어긋나게 T.T.P를 설치하는 과정으로 견적을 하여 견적단가를 산출하였다.

접안시설 공사는 이란 코람샤와 아바단에서 시공한 경험을 바탕으로 해상장비를 조합하여 항타하고 파일에 부식방지를 위한 캐스틱 부식방지 방식을 사용하였다. 이렇게 조합하여 각 팀 별로 breakdown하였더니 이 프로젝트 견적가는 미화 2억 5천만 달러 정도 되었다. 따라서 리비아 정부도 본 공사의 입찰 예고일을 공시하고 다른 업체도 입찰참여 요청을 했고 우리 회사도 정식으로 입찰 초청을 받았다.

내가 견적 작업한 모든 사항을 본사에 보내고 검토를 요청했다. 첨부해야 할 기술적인 데이터가 너무 부족했다. 특히 하역설비에 대해서는 자신이 없었다. 나는 일본 IHI에 출장을 가서 담당부장과 미팅을 가졌으나 내가 생각한 만족한 답을 얻을 수가 없었다. 일본 미스이상사에도 들러 자료를 얻을 수 있으면 보내달라고 부탁했다. 그래서 최종 입찰금액으로 미화 2억 4천 5백만 달러의 내역서를 만들고 이 금액을 리비아 제철회사에 입찰서를 제출했다.

세계적인 회사 4개 정도가 입찰에 참여했다. 내가 벤치마킹한 터키 회사도 입찰에 참여했다. 입찰 후 본 공사 설계회사이고 기술 자문회사인 네덜란드 헤이그에 본사를 둔 헤리스회사에서 기술적인 미팅을 위해 네덜란드로 오라고 했다. 나는 내가 준비한 모든 데이터를 가지고 네덜란드 암스테르담에 있는 삼성물산 암스테르담 지점으로 출장을 갔다. 이 프로젝트의 연락처는 헤리스회사에게 삼성물산 암스테르담 지점으로 하라고 요청했다. 모든 업무 협조는 삼성물산 암스테르담 지점에서 잘 처리해 주었다. 그래서 나는 네덜란드 암스테르담에 있는 오크라호텔에 한 달 간 장기 투숙했다. 삼성물산 직원 1명과 헤이그에 있는 헤리스회사의 프로젝트 담당과 함께 미팅을 했다.

이 공사의 입찰 담당관은 우리 회사의 견적금액은 이야기 안하고 내가 걱정했던 하역설비 도면과 정확한 기술데이터를 제출하라고 했다. 내가 예상한대로 우리의 부족함이 여실히 드러났다. 나는 유럽에 있는 하역설비회사에 모두 연락을 취했다. 우리 회사가 리비아 제철소 항만공사에 최저 낙찰자이고 또 계약 가능성이 있으니 제철공사 하역설비 도면과 기술데이터가 있으면 견적서와 함께 보내달라고 했다. 다행히 연락이 왔다. 독일 뉴텐베르그에 있는 MAN회사로 이 공사의 미팅을 위하여 나를 오라고 했다.

나는 그 이튿날 아침 일찍 독일 프랑크푸르트를 경유하여 뉴텐베르그 공항에 도착했고, 또 MAN회사의 마이쟁거 매니저가 벤츠 차를 몰고 기다리고 있었다. MAN회사에 들려 마이쟁거 매니저에게 우리 삼성이 이 공사를 수주하기 위한 유리한 입장에 있고 입찰가격도 lowest라고 했다. 마이쟁거 매니저는 성공을 빈다고 하면서 하역설비에 대한 완벽한 설계도면과 기술적인 데이터를 주었고 아울러 견적서도 나에게 주었다. 견적가를 비교하였더니 우리 입찰가보다 12%나 더 낮았다. 우리 회사에서는 헤리스회사의 프로젝트 담당에게 이 프로젝트가 수주되면 독일 MAN회사를 우리의 vender로 활용하겠다고 하고 서류를 제출했다.

이제 입찰서 기술검토는 충분히 된 것 같고, 문제는 입찰가였다. 내가 보낸 입찰서에 대하여 본사에서는 어떠한 코멘트도 없었다. 그러나 본사 견적담당 부장은 현대건설에서 유사한 공사를 견적한 분으로 내가 견적한 내용이 어떠한 문제도 없다고 하였고 수주되면 좋겠다고 했다. 이제 리비아 제철소 고위 임원진과 우리 본사 임원진과의 프로젝트에 대해 고위층 회담이 예고되었다. 본사에서 미팅을 위하여 출장을 왔고 그 이튿날 고위층 회담을 했다.

미팅이 끝나고 리비아 제철소 당국은 내가 견적한 가격을 다시 수정하여 더 낮은 가격으로 최종적인 가격을 제출하라고 하였으나 우리 회사는 오히려 현재 입찰금액에서 약 4천만 달러를 더 올려서 최종가격을 제출했다. 그래서 최종가격을 수정하여 제출하였으나 1개월이 되어도 소식이 없었다. 리비아 제철 당국은 터키 업체를 선정하여 우리 입찰가보다 조금 nego하여 수주하였다고 하였고 터키 업체는 내가 계획한 석산 등과 같은 공법으로 성공적으로 본 공사를 준공하였다. 나는 직급은 과장이었으나 이 프로젝트만은 임원 이상으로 뛰었으나 실패로 끝나고 말았다. 너무 허탈하였다.

6. 신임 리비아지사 지사장 부임으로 영업력 확충

리비아 지사장으로 동아건설 사우디 현장에서 근무하던 윤 상무가 새로 부임했다. 신임 지사장은 건축 엔지니어 출신으로 프로젝트 수주에 대단히 열심이었고 영업력도 있는 분이었다. 윤 지사장이 부임하여 많은 프로젝트를 수주하였고 나도 윤 지사장의 노력에 일조를 했다. 우리 회사는 썰트-와단 도로공사를 거의 1억 달러에 수주하여 시공 중에 있었고, 미수라타 장병숙소 공사도 마무리 단계에 있었다. 기타 소규모의 프로젝트를 수주하여 시공하고 있었다. 신규공사 입찰예정으로 트리폴리 에어포트 확장공사, 미수라타 제철공장 건설공사, 미수라타 정유시설 공사 등이 입찰예고 되었다.

이때부터 본사의 견적팀도 많이 보강되어 프로젝트 견적에 열심이었다. 나도 프로젝트 수주를 위해서 현장조사, 물가조사 등을 하여 본사에 보고했고 입찰서도 검토했다. 트리폴리공항의 run way 확장공사에 대한 입찰일이 결정되었다. 나는 현장 조사를 하여 본사에 보고하고 본사에서 작성한 견적서를 검토하는 등 견적작업을 했다.

이 공사는 우리나라 대우건설도 입찰에 초청되어 우리 회사와 경쟁관계에 있었다. 본사 토목 견적팀은 꼭 이 공사를 수주하겠다고 하며 경쟁력 있는 가격을 산출하기 위해 노력했다. 입찰 일이 다가와서 본사 해외사업 본부장인 이진필 전무가 입찰 서류를 가지고 리비아 지사에 출장을 왔고 입찰서를 지사에 풀어놓았다.

나도 내 나름대로 견적 작업을 하여 본사 입찰서가 도착하기 전에 윤상무에게 입찰금액이 미화 9천만 달러 정도라고 보고했다. 윤상무도 이 공사를 수주해야 하는데 얼마로 입찰할지 고심 중이었다. 따라서 본사에서 입찰서류가 도착하였으므로 내 입찰가격과 본사에서 작성한 입찰가격을 Item별로 비교했다. 그 결과 본사 입찰 가격은 미화 7천 5백만 달러로 너무 저렴하였다.

윤상무와 나는 이 본부장에게 가격이 너무 낮으니 더 올려야 한다고 주장하기로 했다. 윤상무는 자기는 가만히 있을 테니 나더러 이 본부장에게 강력하게 주장해서 미화 1천 2백만 달러를 올려서 입찰하자고 말하라고 했다. 입찰 하루 전에 이 본부장, 윤상무, 나와 만났다. 나는 윤상무 지시대로 이 본부장에게 입찰가격이 너무 낮으니 미화 8천 7백만 달러 정도는 되어야 하고, Item별로 본사가 견적한 금액이 너무 낮다고 주장했다.

이 본부장의 입장이 아주 난처해졌다. 본사 견적부서에서 오랫동안 검토하고 사장까지 결재 받은 입찰 금액을 일개 과장이 주장하는 안대로 입찰금액을 수정하자니 너무나 난처한 것 같았다. 나는 철야작업을 하여 수정된 입찰금액을 작성 입찰일 아침에 다시 윤상무 결재를 받아 이 본부장에게 결재를 올렸다. 이 본부장은 어쩔 수 없이 내가 작성한 입찰서에 싸인을 하고 결국 내 안으로 입찰을 했다. 입찰 결과 우리 회사가 낙찰 가능하다고 알려졌고 1개월 후 결국 발주처 측에서 대우건설과 우리 회사를 협상자로 선정, 미팅을 가졌다.

입찰가 차점 업체인 대우건설이 최종입찰 nego가를 제출하고 최종으로 우리 회사와 에어포트교통성과 미팅을 했다. 미팅은 같은 날 대우건설 미팅 후 곧 우리 회사를 만난 것이다. 미팅 때 우리

리비아 cement 공장건설을 위하여 한국중공업 직원과 함께 지중해변에서

는 지사장, 영업부장, 나 그리고 영업사원이 미팅에 참석했다. 우리는 리비아 교통성 담당관의 메모내용을 옆 눈으로 주시했고 지사장은 담당자와 얘기를 나누었다. 옆 눈으로 본 결과 대우건설의 최종가격이 메모되어 있어서 나는 지사장에게 우리말로 우리금액을 고수하라고 했다. 그래서 우리 회사는 거의 입찰금액을 조금 깎고 계약에 성공할 수 있었다.

우리 회사는 이 공사를 집행하여 리비아 지사에서 본사 입찰가보다 늘린 금액만큼의 이익을 내었다. 만약 본사 입찰가 금액으로 계약하였더라면 이익 없이 적자를 보았을 것이다. 모든 프로젝트의 입찰금액 산정을 위해서는 현지 조사가 대단히 중요하고 현지 동업사들의 공사집행 방법도 참고가 된다는 것을 알았다. 물론 본사 견적팀의 자존심은 깎일대로 깎였을 것이다. 견적은 회사경영에 대단히 중요하기 때문에 정확한 판단이 요구된다. 당시 리비아 지사는 견적팀 인원이 절대적으로 부족했으나 현지사정을 잘 파악하여 프로젝트 수주에 성공할 수 있었다.

이 공항 활주로 공사 외에도 나는 트리폴리 안과병원 공사, 난세르 포리스트 공사 등도 본사 견적팀보다 가격을 조정하여 적자가 될 공사를 흑자공사로 준공하는데 많은 일조를 했다. 건설공사는 단가분석도 중요하지만 현장의 조건이 원가절감을 하는데 대단히 중요하다.

7. 마수라타 장병숙소 부대 토목공사 소장근무

마수라타 장병숙소 400빌라 건축공사는 준공되었으나 상하수도와 도로공사는 발주 되지 않아 입주가 불가능하였다. 그래서 부대토목공사가 발주되었다. 견적가는 미화 약 3천만 달러이었으나 리비아 당국이 예산이 2천 7백만 달러이니 이 금액에 공사를 마쳐 달라고 하였다. 예산을 검토한 결과 기존시설이 있는 MOB가 100% 완성된 공사이고 얼마간의 자재만 구입하면 공사금액이 아주 저렴하게 투입될 것 같았다. 계약을 추진하고 본사 견적팀에 nego된 금액으로 계약하겠다고 통보하였더니 공사금액이 너무 낮게 책정되어 적자가 예산되므로 수주 불가 입장을 피력하였다. 그러나 윤상무와 나는 밀어붙여 계약을 체결하고 내가 현장소장으로 내려갔다.

나는 토목 현장기사 2명과 공무 1명을 데리고 본사에서 송출된 기능공과 건축공사용으로 사용하던 장비로 공사를 시작했다. 매일 공사 성과를 분석하고 일일기성을 그래프에 기입하며 현장관리를 철저히 했다. 물탱크와 water tower 공사를 위한 목수일도 국내에서와 같이 단가 계약을 하여 원가를 절감하고 공정률도 올릴 수 있었다. 본사는 나의 성과를 참작하여 차장으로 승진 발령했다.

모든 토목공사가 본 궤도에 올라 있고 현장이 잘 정리되는 도중에 또다시 지사 기술영업과 견적 담당으로 새로 발령 났다. 신임 소장으로 우리 선배인 임 소장이 발령을 받아 본 공사를 아주 저렴한 원가로 마무리 지었다.

8. 리비아 지사 공사관리와 견적담당

리비아 지사도 이제 많은 공사를 수주했다. 설트-와단 도로공사, 마수라타 장병숙소 부대 토목공사, 트리폴리 에어포트 runway 확정공사, 마수라타 제철공장 토목공사, 마수라타 정유시설 탱크공사, 홈스 낙농공장, 트리폴리 안과병원 공사 등 크고 작은 공사를 집행하고 있었다. 나는 공사관리 업무로 각 현장에서 지사로 자재, 장비, 인력 등의 요청에 대하여 현장간의 협조업무를 하고 공사 진행을 도왔다. 또 계약공사 중 본 공사팀이 본사에서 송출되기 전에 일부 인원으로 현장에 나가 공사 진행을 도왔다. 특히 리비아 제철소 공장 토목공사 현장에 내려가 긴급한 공사를 발주처와 협의 공사 진행을 도왔다.

리비아 제철소 건설공사는 일본회사가 원청이고 우리는 토목공사를 하청으로 수주하였다. 일본의 원청사도 직원 2명이 선발대로 파견되어 공사를 진행하고 있었다. 나는 일본회사 직원의 공사 집행에 대한 열정에 감명을 받았다. 미스터 다나까라는 현장 엔지니어는 낮에는 스리랑카 기능인을 지휘하여 긴급한 공사 집행을 했다. 밤에는 하청업체인 우리 회사와 자주 미팅을 하여, 시급히 추진해야 할 공사에 대하여 의논하고 소요되는 예산도 합의하고 하였다.

우리 현장은 동아건설 토목직으로 있던 이 부장이 현장에 먼저 파견되었으나, 해외 현장 경험이 없고 현지인과 대화가 되지 않아서 2개월만에 교체되고 말았다.

9. 리비아 쿠프라–외나트 도로건설공사 현장조사

우리 회사는 리비아 교통성으로부터 쿠프라–외나트 도로건설공사 입찰초청을 받았다. 이 공사는 리비아 제2의 도시인 벵가지에서 약 150km 떨어져 있는 오아시스 도시인 쿠프라에서 약 350km 지점의 이집트와 차드 국경선까지 이르는 사막에 이차선 최신도로를 건설하는 일이었다. 많은 건설회사들이 입찰에 초청되었다.

당시 리비아는 차드국과 국경선에서 전쟁을 하고 있었는데 도로가 없어 헬리콥터로 물자와 인원을 수송하고 있었다. 또 국경지대에는 오아시스 같은 소규모 농토도 있었다. 견적작업을 위해 본사에서 2명이 지사로 출장을 왔다. 나는 본사 직원 2명을 안내하기 위해 현장 survey를 하기로 하고 벵가지에 출장을 갔다. 지사에서 리비아 군 당국에 도로공사 조사를 위한 차량과 안내 요원 협조를 요청했다.

우리의 요구가 받아들여져 그 이튿날 군부대에서 만나기로 했다. 벵가지 호텔에서 1박을 하고 이튿날 아침 7시에 군부대로 갔다. 군 책임자를 만나 우리의 요청공문과 답변서류를 주었더니 군 당국에서 랜드로버 1대와 운전원, 군인 1명을 지원해 주었다. 우리 회사 직원 3명과 함께 랜드로버 뒷편에 2개의 휘발유 통을 싣고 아침 8시경에 쿠프라-외나트를 향해 출발했다. 이 군인들은 쿠프라-외나트간 사막을 자동차로 자주 다니는 군인들이었다.

벵가지에서 쿠프라까지는 2차선 도로가 되어 있어 약 2시간 정도를 달려 쿠프라에 도착했다. 쿠프라는 사막 가운데 있는 오아시스 도시였다. 도시규모는 약 5천 여 명의 주민이 거주하고, 주업은 농사였다. 농장에는 지하에서 물을 뽑아 스프링쿨러로 채소 등에 물을 주고 있었는데 밭고랑으로 물이 넘치고 있었다. 사막에서 불어오는 모래 바람을 막기 위해 건조지역에서 잘 자라는 나무를 심어 방풍 수벽을 이루고 있었다. 군인들 이야기로는 이 쿠프라에 북한 한의사 1명이 오랫동안 거주하면서 주민들의 질병을 관리한다고 했다.

이제 쿠프라 출발점부터 외나트까지는 도로가 형성되지 않은 사막이었다. 우리는 바짝 긴장하고 군인이 운전하는 전방을 주시했다. 저 멀리 떨어진 곳에 물이 출렁이는 호수가 보였으나 달려가 보면 다시 삭막한 사막이었다. 바로 신기루 현상. 그래도 군데군데 오아시스가 있어서 일부 나무가 자라고 있었다. 3시간을 달려

간 지점에서 군인들이 말 하기를 여기에서 3시간 정도 더 가면 차드국경이라 했다. 이 지역에서 기이한 현상을 발견했다. 차드국경지역에서 낙타들이 먹을 것을 찾아 리비아 오아시스로 오다가 죽은 낙타 사체가 약 50~100m마다 줄지어 있었다. 이 낙타들은 오아시스를 찾아오다가 물을 먹지 못해 그대로 주저앉아 죽어 사막의 강렬한 햇빛에 뼈만 앙상하게 남아있었다. 그리고 우리는 이 길을 달려 이집트 군경지역의 외나트에 도착했다.

국경지역은 나무도 자라고 농토도 있었으나 산은 대부분 돌산이었다. 이곳에도 리비아 군인들이 몇 명 있었다. 군인들은 도시인 벵가지 등에서 너무나 먼 거리에 떨어져 국경을 지키고 많은 사람들과 접할 수 없기에 외로운 모양이었다. 그 군인들은 외국 사람인 우리를 만나 너무나 반가워했다. 그리고 점심으로 양을 잡아 귀한 간을 먹으라고 주었다. 식사 후 우리는 그들이 안내하는대로 주위를 둘러보았다.

군인들은 이 돌산에 산양이 많은데 총을 가지고 산양을 잡으러 가자며 우리를 동굴로 안내했다. 천연으로 만들어진 동굴 천정에는 지도 같은 것이 있었는데, 이 지도가 산양이 많이 다니는 곳의 안내도라고 했다. 우리는 총을 하나씩 들고 산양이 많이 다니는 길을 찾아 걸었다. 잠시 후 진짜로 먼 돌산에서 산양이 나타났다. 그래서 우리는 사격을 했으나 산양이 너무 빨라서 잡지 못하고 그냥 돌아왔다.

이제 오후 4시 벵가지로 다시 돌아가야 했다. 군인들이 차를 몰고 우리는 뒷좌석에서 사막을 달렸다. 저녁이 되었다. 사막에서는 일찍 큰 별이 나타나 이내 사라졌다. 군인들은 시계를 보지 않고

도 저녁별을 보고 시간을 예측했다.

만약 공사를 시작한다면 대단히 어려운 난공사가 될 것 같았다. 특히 사막을 횡단하는 도로 공사이므로 벵가지에서 각종 물자를 동원해야 하나 운송비가 너무 비싸고 각종 물자의 동원에 문제가 많았다. 사막은 높은 모래 언덕이 많아 바람의 방향에 따라 모래가 휘날려 새로운 모래 언덕이 생겼다가 없어지곤 하였다. 우리 현장 조사팀은 트리폴리 지사로 갔다. 공사의 어려운 점들을 감안해 견적을 내기로 하고 견적작업에 들어갔다. 그러나 이 프로젝트는 리비아 사정으로 입찰이 취소되었다.

10. 리비아 지사 파견을 마치고 귀국차 유럽여행

나는 리비아에서 2년간의 파견 근무를 마치고 귀국하는 길에 전기 엔지니어 한 분과 유럽여행을 계획했다. 그리고 독일, 프랑스, 스페인을 여행했다. 첫 번째 도착지는 독일 프랑크푸르트로 이전에도 업무차 자주 출장을 간 적이 있다. 또 프랑크푸르트에는 삼성물산 지점이 있고 그 지점에는 나와 같이 건설영업을 하던 친구가 있었다. 그 분의 이름은 최건국 씨인데 이건희 회장과 서울 사대부고 동기동창이다. 아버지는 건국 초기 외무부장관을 지냈으며 월북한 최덕신 장관의 아들이었다. 그의 어머니는 이북에서 적십자사 부회장으로 남북적십자 회담 시 남한에도 온 적이 있다.

최건국 씨는 나와 동갑이고 아버지 때문에 한국에 오지 못했다. 내가 프로젝트 때문에 독일에 가면 그 나라에서 제일 큰 필립홀스

유럽여행 중 독일 프랑크푸르트의 어느 공원에서

만 회사에도 같이 가 리비아의 대형 프로젝트 공동 입찰을 의논하기도 했다. 독일 프랑크푸르트의 겨울은 대단히 춥다. 우리가 연말에 프랑크푸르트로 출장을 가면 라인 강변에 있는 아주 훌륭한 사우나로 가서 함께 사우나를 즐기기도 했다. 그리고 사우나 옆에는 여자 집이 있었는데 그 집에는 독일 여자, 유고 여자 등 마음에 드는 여성을 택하여 화려하게 꾸민 방에서 성을 즐길 수 있었다. 특히 중동 남자들이 많이 와서 즐기기 때문에 중동건설 공무원들의 비즈니스 장소가 되기도 했다. 그래서 비즈니스를 위해 여성 접대도 널리 성행했다. 그 여성들은 연말에는 약 보름 간 스위스 등으로 스키여행을 한다고 했다.

우리는 역대 황제의 대관식이 거행되었던 Der dome도 관광하고 프랑크푸르트 시내에 있는 대공원도 관람했다. 나는 대공원에서 6·25 사변 후 유엔정전위원회 소속으로 우리나라에 와서 타이피스트로 근무한 경력이 있다고 하는 아이슬란드 아주머니를 만났다. 그녀는 딸과 함께 왔다고 했다. 그 딸은 나보다 2살 어리고 얼굴에 약간 검은 점이 있는 날씬한 아가씨였다. 아주머니가 자기 딸을 소개하여 같이 데이트를 하게 되었다.

나는 그 아가씨와 공원을 거닐며 대한민국에 대한 이야기와 나의 해외생활에 관한 이야기를 하고 사진도 같이 찍었다. 그때 찍은 사진을 내 사진첩에 보관하고 있었으나 마누라가 없앴는지 이제는 찾을 수가 없다. 그 아가씨도 이제는 할머니가 되었을 것이다.

우리는 독일여행을 마치고 열차 편으로 프랑스로 갔다. 프랑스 관광을 마치고 다시 유럽열차를 타고 스페인으로 향했다. 스페인 국경지대의 열차 안에서 입국수속을 하고 이튿날 아침 8시에 마드리드에 도착했다. 스페인은 많은 민족이 유입되어 서로 뒤섞이면서 독특한 문화를 가지고 있었다. 원래 살았던 민족은 이베리아인이라고 하지만 지중해를 지배했던 페니키아인, 카르타고인들과 후에 로마인의 지배를 받아 민족구성이 복잡해졌다. 로마의 지배로 그리스 왕국이 생겨났고 이후 게르만민족의 대이동으로 5세기경 서고트족이 들어와 왕국을 세웠다.

그 후 711년경 이슬람의 아라비아인들이 침입해 서고트 왕국을 무너뜨리고 800년간을 지배하게 되었다. 그 때의 유적을 보기 위해 코르도바 관광을 했고 프랑코총통의 묘지가 있는 지하터널 기념관도 관광했다. 마드리드, 고도 톨레도를 중심으로 한 중세에 번영했던 문화유적이 많이 남아 있었다. 그러나 관광지에서 거리의

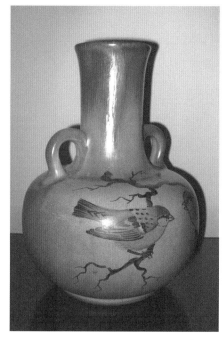

스페인에서 구입한 토기에는
참새 문양이 들어 있어 정감이 간다.
한국 토기와 비슷하다.

아이들이 구걸하는 것을 보니 이미지가 좋지 않았다.

또 이슬람왕국의 수도였던 코르도바로 갔다. 그리고 밤에는 안
달루시아의 타블라오라는 극장식 레스토랑을 찾았다. 그곳에서 밤
이 늦도록 전통무용과 집시춤이 합쳐진 격정적이고 정열적인 춤
플라멩코를 구경했다. 스페인 사람들은 낮 12시부터 오후 2시까지
는 쉬기 때문에 일하는 시간이 우리보다 매우 적다.

나는 백화점 쇼핑을 하여 스페인산 토기 하나를 샀다. 우리나라
참새와 같은 새를 그린 토기였는데 이 토기를 귀중한 소장품으로
아끼고 있다. 마드리드 시내에서 바이킹 광장을 구경하고 다시 열
차 편으로 프랑스로 갔다. 파리에서 대한항공 편으로 귀국했다.

11. 튀니지 정유시설 프로젝트를 위한 현장조사와 건설시장 조사

삼성물산이 정유시설 탱크설비를 공급하고, 우리 회사는 토목공사를 하는 미화 약 2천 5백만 달러 정도의 튀니지(Tunisia) 공사 수주를 계획하고 있었다. 나는 리비아에 들러 업무를 보고 튀니지 국경까지 자동차로 가서 국경선에서 출국수속을 마쳤다. 택시를 이용하여 튀니스에 있는 삼성물산 에이전트 사무실로 가서 미스터 Gamra를 만나 출장목적을 이야기하고 호텔에 짐을 풀었다.

나는 미스터 Gamra의 안내를 받아 튀니스에 있는 건설회사를 방문하여 토목공사에 대한 공사물량을 말하고 공사에 따른 견적을 요청했다. 또 본사에서 견적한 그 프로젝트의 입찰서류를 튀니지 정부 당국에 제출했다. 그리고 토목공사에 대한 견적도 현지 업자

튀니지의 수도 광장에서

로부터 받았다. 미스터 Gamra는 당시 튀니지 대통령의 조카였다. 그는 지중해 해변에 호텔을 가지고 있었는데 이 호텔에 팔레스타인 사무실도 있다고 했다.

미스터 Gamra는 나를 자기 집에 초대해 부모님께 소개하면서 후한 대접을 해 주었다. 건설시장 조사를 위해서 공사 발주가 예상되는 전력청 등 공무원도 소개해 주었다. 그러나 튀니지는 리비아보다 개방되고 사업하기에는 좋으나 재원이 없어 프로젝트 발주가 어렵고 발주했다 해도 투자사업 뿐이었다.

나는 약 15일간 튀니지의 유명한 곳을 관광하고 미스터 Gamra의 대접을 받은 뒤 귀국했다. 서울에 도착하여 감사편지도 보냈다. 그러나 튀니지 제정사정으로 그 프로젝트도 취소되고 말았다.

12. 이란 반다르샤프르 창고건설공사 재견적과 proposal

이란-이라크 간의 전쟁으로 중단 되었던 반다르샤프르 항의 Warerhuse와 transit shed 공사의 재개를 위한 협상이 이란 테헤란 지사와 이란 항만청간의 협의가 이루어졌다. 본사에서 토목건축 전문가 1명, 전기 1명, 장비 1명이 이란 현지 조사를 위해 출장을 떠났다. 토목건축으로는 내가 가고 전기에 최정묵, 장비는 한 과장이 맡았다. 독일 프랑크푸르트를 경유하여 이란 테헤란에 도착했더니 당시 이란 지사장으로 재직 중이던 백영수 상무가 우리를 마중하기 위해 공항까지 나와 있었다. 백 지사장과 함께 지사로 가서 저녁식사를 하고 텔레비전을 시청했다.

이란 군과 이라크 군은 서로 진지를 구축하고 박격포를 날려 보내는 등 대부분이 실전 뉴스뿐이었다. 거리는 온통 환자들을 실어 나르기 위해 엠브런스가 요란한 소리를 내며 거리를 달리고 있었다. 그러나 우리나라 건설업체인 대우건설은 테헤란에서 멀리 떨어져있는 반다르아바스 쪽에서 철도건설공사를 하고 있었다. 우리 현장 조사팀은 곧 이란 국내선으로 비행기를 갈아타고 반다르아바스 비행장에 내렸다.

다시 택시를 타고 현장에 도착 항만청 관계자와 만나 현장조사에 관한 사항을 설명했다. 그들이 마련해 준 막사에서 저녁을 먹고 밖에서 휴식을 취했다. 그런데 멀리서 포 소리가 울리더니 우리들 앞에 큰 불을 뿜어내는 미사일이 떨어졌다. 우리는 너무 무서워 숙소 안으로 뛰어들었다. 모두들 겁에 질려 있었다. 포 소리가 멈추고 어렵게 잠을 청하여 자고 아침에 일찍 일어나서 어젯밤 미사일이 떨어진 곳을 가보았다. 그러나 그 미사일은 이라크에서 쏜 것으로 200m 전방 바다에 떨어진 것 같았다.

아침을 먹고 현장조사를 했다. 이 항구에서 전쟁 전에 시공하던 많은 현장이 있었으나 아직 공사를 재개한 회사는 한군데도 없었다. 당시 신원개발이 철골자재 2만 톤을 일본 닛샤와이로부터 LC open 수입하여 하역해 놓은 철골자재는 군데군데 흩어져 정확한 재고파악도 불가능했고, 기초공사를 위해 파일제작을 하였던 시설도 모두 폐허가 되어 있었다.

점심때는 항구에 정박해 있던 한국선적의 화물선에 들러 선장을 만났다. 우리가 가지고 간 라면과 그들이 가지고 있는 맥주와 바꿔

먹으면서 이 선박이 걸프만을 항해하여 항구에 도착한 이야기를 들었다. 많은 선박이 이라크의 미사일 공격을 받아 심하게 훼손되었고 훼손된 부분을 수리하고 있었다.

우리가 다시 공사를 재개하려고 해도 자재와 장비 반입이 대단히 어려울 것이라고 생각했다. 걸프만을 통과하는 모든 선박의 해상운임도 전쟁 전보다 20% 이상 올랐다고 했다. 그러나 이 항구에서 다시 공사를 재개하여 신규수주를 하면 많은 프로젝트 수주가 가능할 것이라고 판단했다. 사업은 위기를 극복하면 반드시 기회가 온다고 하지 않았던가. 또 전쟁도 머지않아 끝날 것이라고 생각했다. 대우건설도 35℃ 이상의 폭염 속에서 철도공사를 하고 있지 않은가? 일단 좋은 조건과 좋은 가격으로 수주하고 시간을 두고 기다리면 전쟁도 끝나고 공사착공도 가능할 것이다.

모든 조사를 마치고 보고서를 작성한 뒤 이란 고대유적 도시 시라스를 거쳐 이란 지사에 도착했다. 그 이튿날 테헤란 시내를 관광하고 케이블카를 타고 테헤란 주위의 스키장도 관광했다. 우리는 그 이튿날 르프트한자 비행기를 타고 프랑크푸르트에 도착했다. 이튿날 하이델베르크 관광에 나섰다. 하이델베르크는 옛 벽돌집과 돌이 깔린 골목길, 언덕 위의 고성, 그리고 독일에서 가장 오래된 하이델베르크 대학 등 한마디로 중후한 느낌을 주는 고풍스런 도시였다. 14세기 이래 독일학문과 문화의 중심지가 되었으며 수많은 문학가, 예술가, 과학자, 철학자들이 이 도시를 거쳐 갔다.

프랑크푸르트에서 고속도로를 타고 달리면 1시간 10분 정도 거리에 네카강이 있다. 너무나 잘 만든 고속도로는 자동차가 달려도 흔들림이 없었고 콘크리트 포장 도로도 두께가 약 1m나 된다고 했다. 네카강 북쪽 언덕 중턱에는 산책길인 철학자의 길이 있고, 옛 다리 위에는 테오도르산과 여신 아테나 상이 있다. 비스마르크 광장에서 올라가 보면 왼쪽에 바로크양식의 궁전 팔레모라스가 보이는데 그 안에 박물관이 있다.

선사유물과 로마시대의 돌 비석과 역사적인 자료가 전시되어 있다. 또 이 도시는 하이델베르크 대학을 품고 있다. 독일에서 가장 오래된 대학으로 1386년에 설립하여 세계적인 명성을 얻고 있다. 우리나라 대학생들도 유학 와서 의학 공부를 하고 있다. 또 맥주공장도 구경하고 다시 프랑크푸르트를 경유하여 서울에 도착했다.

우리 조사팀은 현장에서 수집해 온 자료에 의거 견적작업을 실시했다. 견적은 토목, 건축, 전기, 설비로 나누어 실시하였다. 당시 신원개발이 수주한 금액은 미화 약 8천 7백만 달러로 전쟁으로 인한 공사기간이 2년이나 지나 있었다. 2년간의 물가 상승률과 당시 계약금액을 비교하여 새로운 견적서를 작성했다.

주 공정은 기초공사와 철골공사였다. 철골자재는 이미 현장에 도착하였으므로 전쟁으로 분실된 량에 대해서만 고려하면 되었다. 따라서 우리는 proposal 조건으로 정밀조사 결과 부족 부분에 대해서만 당시 단가 보다 20% 올려 요구하기로 했다. 기초공사는 모든 사항을 무시하고 신규공사로 견적하여 약 1억 5백만 달러의 견적 금액을 만들었다. 내부 결재를 맡은 견적서를 들고 영업사원 1명과 같이 다시 테헤란으로 갔다.

백영수 지사장에게 proposal 내용을 설명하고 완벽하게 서류를 만들어 그 이튿날 항만청에 제출했다. 그러나 전쟁은 끝나지 않았고 더욱 격렬해져서 테헤란 공항까지 이라크 미사일이 날아왔다. 공항이 폐쇄되고 독일, 프랑스 등 선진국들은 자국 비행기를 동원하여 자국민 수송을 하고 있었다. 우리도 귀국하기 위해 공항에 나갔으나 도저히 비행기 좌석을 잡을 수 없었다.

일본은 이란 주재 대사관 직원이 공항에 나와서 루프트한자, 에어프랑스 편으로 자국민 수송을 돕고 있었으나, 우리나라 대사관에서는 아무도 나오지 않았다. 하루 종일 공항에서 탈출경로를 모색하였으나 헛수고였다. 그래서 백영수 지사장이 카스피해에 며칠 머물다가 안정이 되면 다시 테헤란으로 오자고 했다. 우리는 테헤란에서 카스피 해안으로 차를 몰았다. 테헤란은 지대가 아주 높은 도시로 카스피해까지 약 100km 정도를 1시간 30분 정도 걸려 산

이란 카스피안 해안에서

이란 카스피안 해안에서

길을 내려갔더니 평지가 나왔다. 다시 30분간 평지를 달려 카스피해에 도착했다.

카스피 해안은 이란 부호들이 별장을 짓고 여가를 즐기는 오염되지 않은 천혜의 자연경관을 가진 곳이었다. 농촌의 가옥은 우리나라 초가집과 같고 곡식을 도리깨로 타작하는 것도 같았다.

우리는 남의 별장을 빌려 밤에는 난로에 장작불을 피우고 가지고 간 라면으로 식사를 마련했다. 그곳에서 여가를 즐기며 전쟁이 수그러들기를 기다렸다. 그러나 며칠을 기다려도 전쟁은 더욱 격렬해졌을 뿐 그칠 기미가 보이지 않았다. 더 이상 기다릴 수 없어 다시 테헤란으로 돌아가 이란을 빠져 나갈 궁리를 했다. 공항이 폐쇄되어 유일한 탈출 방법은 터키국경을 넘는 일이었다. 안전한 터

이란 카스피안의 해안을 배경으로

이란 카스피안의 숲속을 거닐면서

키로 가서 거기서 다시 독일로 가기로 계획을 세웠다.

그래서 이란 택시 운전기사를 불러 돈을 많이 줄 테니 터키 국경까지 갈 수 있느냐고 물었다. 택시 기사는 터키 국경까지 가자면 길이 대단히 험하고 또 눈이 많이 내려 힘들다고 했다. 하지만 우리는 돈을 많이 줄 테니 내일 새벽에 출발하자고 설득했다. 그래서 운전기사에게 이란 화폐로 20만 리알을 주기로 했다. 기사는 약 5~6시간이 걸릴 것이라고 했다.

이튿날 새벽 택시기사가 약속 장소에 나타나 우리들을 태우고 터키 국경을 향해 출발했다. 약 2시간을 달렸을까 뉴스를 통해 이라크 공습경보를 들었던 택시 기사는 차를 버리고 어디론가 숨고 말았다. 우리는 너무 당황했다. 공습경보가 끝나자마자 택시기사가 다시 나타나 우리를 태우고 눈이 내린 높은 언덕길을 달렸다. 약 5시간을 달려 터키국경에 도착했다. 우리는 약속대로 택시기사에게 20만 리알을 치르고 고맙다고 인사를 하며 조심해서 가라고 했다. 터키 국경 출입국은 이란인들이 전쟁을 피해 외국으로 빠져나가기 위해 인산인해를 이루고 있었다. 우리는 가방을 높이 들고 그들 틈에 끼어 밀리고 밀려 겨우 국경을 통과하였다.

터키 국경을 통과하니 날씨는 대단히 추웠다. 시골도시 정거장에 도착하여 앙카라행 버스 티켓을 샀다. 다행히 이 정거장에는 친절한 노인 한 분이 있었는데 6·25참전용사였고 우리에게 대단히 호의적이었다. 그분의 안내로 앙카라행 완행 버스를 타고 밤낮을 달렸다. 버스 안은 난방이 되지 않아 대단히 추웠다. 추위로 발이 하도 시려서 앞 사람의 엉덩이 밑으로 나의 발을 넣어서 온기를 찾았고 현지 버스 승객도 마찬가지였다.

밤낮을 달려 앙카라에 도착했더니 아침 8시반 정도 되어 학생들은 학교를 가고 있었다. 앙카라의 기온은 초봄 날씨 같았고 거리는 활기차 있었다. 우리는 앙카라 국제공항에서 점심으로 스테이크를 사먹고 오랜만에 배를 채웠다. 앙카라에서 루프트한자를 타고 프랑크푸르트에서 대한항공편으로 귀국했다.

귀국하였더니 본사 동료들이 많이 걱정했다며 우리를 위로했다. 이렇게 하여 그 프로젝트의 proposal을 하였으나 다시 공사 재개가 취소되었다. 우리 회사 이란 지사도 폐쇄되고 말았다.

13. 이라크 아브그라이브 도로공사 공사중단과 공사재개

삼성종합건설은 영국의 다국적기업과 이라크의 아브그라이브 도로공사를 일부 공동시공으로 참여하여 공사수주를 하고 시공 중에 있었다. 그러나 다국적기업의 부도가 발생하여 공사 중단 상태가 벌어졌다. 이 기업의 부도로 회사는 많은 어려움을 겪었다. 현장에 파견된 기능인력과 직원들도 모두 귀국하게 되었고 관리인원만 현장에 남아 장비와 자재를 관리하였다. 이라크 당국은 공사를 재개하지 않으면 자재, 장비를 모두 몰수하고 직원들을 추방하겠다고 하였다.

따라서 회사는 원청인 다국적기업의 모든 시설을 인수하고 우리 회사가 단독으로 이 프로젝트를 수주하여 시공하기로 했다. 그래서 국제변호사와, 사장과 임원진들이 대거 출장하여 이라크 당국과 우리 회사가 전부 인수, 재조정하여 시공토록 협의하였다. 따라서 나도 프로젝트의 공사재개를 위한 견적작업의 PM으로 임명되어 현장조사를 하고 또 견적 작업을 하였다. 당초 영국 다국적기업과의 계약금액은 미화로 약 9천만 달러 정도였다.

우리 회사가 이 공사 집행을 위해 구입하여 현장에 대기 중인 장비의 가격만 해도 약 2천만 달러나 되었다. 또 일부 자재도 약 천만 달러 정도 되었다. 만약 공사를 하지 않으면 자재와 장비 가격으로 3천만 달러와 계약 이행 보증금 5백만 달러를 손해 보게 되었다. 우리 회사와 이라크 당국과의 협상은 잘 된 일이었다. 따라서 약 1개월 가량 전체도면과 공사내역서, 시방서를 검토하여 모든 사항을 무시하고 견적 작업에 들어갔다.

이 프로젝트의 전체공사 개요는 box girder, 지하도 등 구조물 공사 부분이 당초 다국적기업으로부터 수주한 부분이고 나머지 도로포장, 배수로 공사 등이 다국적기업이 수주한 공사였다. 따라서 나는 이라크 현지에 출장하여 포장공사를 위하여 골재원과 보조기층재 채취 장소 등을 임시로 선정하고 운반거리를 측정하여 견적작업을 실시했다. 우리 회사가 수주한 구조물 공사도 문제점이 있는 것은 보완하고 포장공사를 위한 플렌트 설치 생산방법 등을 검토하여 약 2억 4천 오백만 달러의 전체 공사비를 만들었다. 이 견적서를 가지고 우리 회사 임원진들이 이라크 당국에 출장하여 nego하였다. 최종 nego 금액은 2억 4천 3백만 달러로 확정 짓고 신규로 계약, 공사를 재개했다.

초대 소장으로 국내 도로공사 소장이었던 최 소장이 내정되었고 각 공구장 등을 임명하여 현장에 파견하였다. 그러나 신임 소장이 현장에 파견되어 국내현장 집행방식으로 공사를 추진하였으나 진척이 되지 않고 관리비만 누적되었다. 이라크 당국은 이란과의 전쟁 중으로 많은 전투비가 투입되어 공사진척이 잘 되면 기성지불이 어려우므로 오히려 공사진척이 느리게 진행되기를 바라고 또 국민에게 전쟁 중에도 대형 프로젝트를 집행하고 있다는 긍지도 심어주기 위한 전략이었다.

회사는 공사 진척이 잘 안 되니 고정비만 투입되어 현장소장을 다시 전무급으로 경질했다. 현대건설에서 온 이 전무가 다시 부임하여 현장조직을 더욱 강한 팀으로 만들었고 공사를 진척시켰다. 새로 부임한 이 소장은 공정만회를 위하여 열심히 노력하였고 성과도 있었다. 그러나 이라크 당국의 공사준공을 위한 욕망이 부족하고 외국업체를 자국 내에 붙들어 놓겠다는 의도 때문에 고의로 공사진행에 무리한 조건을 붙여 승인을 미루고 매일 데몬스테스레이션 시공만 강요하므로 공사 진척이 어려웠다. 현대건설이 옆 공구에서 수주하여 시공 중에 있는 요르단 국경의 요시 도로공사도 마찬가지로 우리회사와 똑같은 전철을 밟고 있어 적자가 누적되었다.

공사의 적자가 누적되자 회사는 매일 원인분석을 하라고 독촉이었고, 비상경영체제로 돌입했다. 회사 남 사장은 매일 아침 7시에 회사에 나와 대책 회의를 하였다.

또 이란 이라크간의 전쟁으로 중동지역의 공사 기성관리에도 문제가 많았다. 리비아 현장과 이라크 현장의 모든 프로젝트의 기성금도 현금이 아닌 쿠르드 oil로 지급하였다. 새로 부임한 이 소장은 추진력도 있고 발주처와의 관계도 잘 하였다. 이 소장은 술도 좋아하고 발주처의 감독들에게 자주 선물도 주고 하여 그런대로 현장 추진을 잘 해 왔다. 그러나 또다시 소장이 교체되었다. 세번째 소장은 상무급으로 김 상무가 내정되었다. 그러나 내 생각으로는 다른 지역의 비슷한 공사 단가와 비교할 때 10% 이상 높은 단가이나 크게 문제가 되지 않을 것으로 생각했다. 이라크 당국의 정책이 빨리 공사를 완공하려는 의지가 부족했고 국내 문제이기 때문에 우리가 빨리 준공하려고 노력해도 안 되고 시간이 되면 해결될 것이라고 생각했다.

이란-이라크 간의 전쟁도 끝나고 안정이 되면 이라크 당국의 의지도 공사준공을 서두를 것이라고 생각했다. 회사는 이 프로젝트의 공사 준공을 위한 각종 장비와 자재가 100% 확보되어 있고 공정률만 올라가면 이익을 확보할 수 있을 것이다. 나는 현장에 출장하여 이 프로젝트에 대한 전체 마스터플랜을 작성하고 남은 공기와 손익을 검토했다. 아직 희망은 있었다.

그러나 새로 부임한 김 소장도 회사가 생각하는 공정률을 올리지 못했다. 따라서 공사기간만 자꾸 소모하다가 당초 계획한 구조물 공사를 위한 가설자재를 추가로 수입해야 할 단계까지 왔다. 현장에서는 교량구조물 가설재 doka form 몇 세트를 본사에 추가로 구매 요청을 했다. 내가 검토해 볼 때는 공사기간이 지연된 원인을 이라크 당국에 돌려 공기연장을 승인 받고 당초 계획된 가설재로 이제부터라도 순조롭게 공사를 진행하면 적자가 만회될 것이라고 생각했다.

우리 회사 생각만으로 모든 공사를 국내공사와 같이 밀어붙여 단기간에 많은 기성을 달성하겠다고 생각하고 인원들을 동원하였으나 이라크 당국의 slow motion 때문에 많은 lose time이 발생하고 적자가 누적되었다. 많은 적자가 누적되니 삼성비서실 감사팀에서 감사를 실시하였다. 결국 이 프로젝트의 당시 견적에 참여한 내가 공격 대상이 되었다. 그래서 비서실 감사팀에서 나에게 경위서를 쓰라고 해 공사부진 원인, 견적단가 등을 비교 분석하여 경위서를 제출하였고, 1개월 후 나는 대기 발령을 받고 보직을 잃었다.

14. 카티프 병원공사 토목부분 도면승인과 공사 추진 차출 파견

사우디아라비아 카티프 300bed 병원공사는 공사금액이 미화 약 4천만 달러 정도로 내가 현장에 파견되었을 당시 건축 골조공사가 거의 마무리 단계에 있었다. 기성금 수령도 용이하여 비교적 공사 진행이 순조로웠다. 그러나 건축 골조공사가 마무리 단계에 와 있었으므로 주위 부대 토목공사가 문제시되어 내가 이 문제를 해결하기 위해 파견되었다. 먼저 건축 300bed 병원동을 중심으로 주위 조경시설, 도로공사, 배수로 공사 등을 위한 lay-out, 단면 등이 해결되지 않았다. 우리는 먼저 전체부지에 대한 현황측량을 실시하고 그 현황도에 조경지역 구간만의 도로와 경계석 설치, 배수시설 등에 대한 도면을 작성하여 주감독의 승인을 받는 것이 우선이었다.

이 공사의 주감독은 파키스탄인이고 건축 감독은 수단인이었다.

먼저 전체부지에 대한 현황도를 작성하여 매일 체크를 받고 하여 현황도가 완성되고 또 주감독의 서명도 받았다. 이 현황도를 근거로 조경시설, 도로, 배수로 등에 대한 lay-out도 승인 받았다. 이제 남은 것은 각각의 시설에 대한 기본 단면 승인이었다. 수차례 단면을 만들어 가지고 협의하여 거의 모두 승인되었다.

나는 사우디아라비아 현장에 처음 파견되었는데 직원들의 후생 시설 등이 리비아 현장이나 이라크 현장보다 월등히 좋았다. 숙소는 모두 독방에 냉장고가 구비되어 매일 과일이 채워져 있었고 부식도 한국에서 중산층이 먹는 식사조건보다 나았다. 일과가 끝나면 테니스도 하고, 골프 연습장에 나가 연습도 했다. 일요일에는 바닷가에서 낚시도 했다.

특히 현대건설이 시공한 쥬베일 항구 옆의 담수화 plant 주위 바닷가에는 꽁치가 많이 모여들었다. 일요일에는 꽁치 낚시를 하여 저녁식사 때 꽁치국을 끓여 먹기도 했다. 일과 후 저녁에는 백화점이나 한국식당에서 쇼핑을 하고 회식을 하곤 했다. 정말로 사람대접을 받는 아주 자유로운 현장이었다. 나는 일과 후에는 주위 골프연습장에서 연습도하고, 일요일에는 쥬베일 부근 대림산업이 사막에 골프코스를 만들었는데 거기에서 골프를 하기도 했다.

이 골프장은 사막의 모래 위에 경유를 뿌려 롤러로 다져서 휴무일에 직원복지를 위해 만든 골프장이었다. 내가 이 현장에 파견되어 계획하였던 일이 거의 90%를 완성하게 되어 본사 복귀를 요청했다. 이제 병원공사도 준공을 위해 준비가 한창이고 회사는 준공 기념품으로 300bed가 그려진 금빛 모형도가 있는 기념품을 만들어 모두에게 나누어 주었다. 나는 이 공사 임무를 마치고 본사에 복귀하여 해외공사 토목부문의 관리 부장직을 맡아 일했다.

15. 해외공사 토목지원 팀장과 대기발령

사우디아라비아에서 1년간의 근무를 마치고 다시 본사 해외 토목공사의 관리를 담당하는 팀장의 보직을 맡았다. 토목공사에서 제일 문제가 되는 현장은 역시 이라크의 아브그라이브 도로공사였다. 현장소장이 최 소장, 이 소장, 김 소장으로 바뀌어 종전과 같이 본 공사의 진척은 안 되고 매일 연습공사에 시간을 낭비하고 있었다.

모든 승인사항이 지연되고 승인을 받기 위한 사전작업에만 인원이 투입되다 보니 기성은 오르지 않고 원가만 투입되어 아주 골치 아픈 현장으로 낙인 찍혔다. 본사 사장은 매일 대책을 내놓으라고 야단을 치고 본사 팀장인 나는 현장소장에게 전문을 보내 다시 대책을 내놓으라 했다. 그러면 sample 시공의 승인이 안 되어 늦어진다고 하면서 공사가 계속 지연되었다. 나의 담당 임원인 상무는 현장소장과 대학동기 동창이었다.

본사 담당 부장으로 잘못된 것을 지적하면 야단을 치고 나를 거치지 않고 직접현장과 협의하여 왕따 시키기도 했다. 해외 다른 현장도 거의 막바지 단계에 돌입했고 신규 수주도 어려웠다. 그래서 회사는 구조조정을 단행했다.

나는 이라크 도로공사 공전만회 대책을 수립하기 위해 밤 12시까지 일했다. 그러나 어느 날 인사명령이 떨어져 대기 발령을 받았다. 대기발령의 원인은 내가 이 문제의 도로공사 수주를 위한 PM으로 일했고 또 비서실 감사에서 수주에 대한 경위서를 작성하여 제출한 것이 원인으로 생각되었다. 또한 담당임원이 나에게 비협조적인 것이 원인이라 생각했다. 담당 임원은 내가 구조조정 대상이니 밤늦게까지 일하지 말라고, 어디 다른 직장을 찾아보라고 할 터인데 말 한마디 없이 대기발령을 내리니 너무나 원망스러웠다.

20년 직장생활의 종지부를 찍으려고 하니 한없이 걱정이 되어 잠을 이루지 못했다. 이 대형 프로젝트의 견적을 일개 부장 혼자서 결정할 수가 있겠는가. 또 회사 자산 3천만 달러와 계약이행 보증금이 몰수되는 상황까지 왔다. 견적금액이 타 공사보다 단가 면에서 월등히 고가이나, 현장 시공능력 부족, 이라크 당국의 공사 준공 지연작전을 어떻게 부장인 내가 책임져야 할 일인지 이해가 가지 않았다. 돌이켜 보면 소장을 자주 교체하지 말고 두번째 소장인 이 전무가 현장소장으로 계속 밀고 나갔더라면 성공했을 것이라 생각된다.

대기 발령이 나면서 내 책걸상을 모두 치워버렸다. 아침에 출근 도장을 찍고 나면 아무 것도 할 일이 없었다. 국내 현장에라도 가려고 하나 받아 주지도 않았다. 1달간 대기발령을 하다가 사표를 내고 회사 생활의 종지부를 찍었다. 이 회사에서 10년간 일한 퇴직금은 일 년 먹고 살 수 있는 금액인 1,200만 원이었다.

16. 삼성종합건설 퇴직과 전문업체 업무

삼성종합건설을 퇴직하고 나니 국내공사에 대해 내가 알고 있는 상식이 매우 부족했다. 국내에 전문건설회사가 있는 것도 몰랐다. 나는 OO개발의 사장이 자기와 같이 일하자며 제의를 해왔다. 그래서 집에서 놀기도 지루하고 하여 같이 일하기로 하고 출근을 했다. 회사에 출근하니 사무실은 약 40~50평 정도였고 겨울인데도 연탄난로를 피우며 본사 직원 2명만 근무하고 있었다. 공사외형은 H회사 아파트부대 토목공사 약 4억 원이 고작이었다. 회사사정은 매일 원청사 접대에 대부분의 시간을 보내고 있었다. 다행히 사장이 삼성건설과 줄이 닿아 출입등록을 하고 국도공사를 수주했다.

내 봉급은 삼성에 있을 때 받은 봉급의 반이었다. 이 봉급을 가

말레이시아 사라와크 제철공사 PROJECT FINAL MEETING을 마치고

지고는 생활을 할 수가 없었다. 나는 사장에게 이 봉급을 가지고는 도저히 생활이 불가하니 내가 공사를 수주하거든 면허만 빌려 달라고 요청했다. 그리고 회사의 다른 수주를 위한 견적과 공사관리를 무상으로 돕겠다고 했다. 나의 요청이 받아들여져 나는 공사 수주를 위해 뛰었다. 그리고 국내공사에 대한 집행방법, 공사 단가 등도 알게 되었다.

제 6 부

개인사업

시간이 지나면 부패하는 음식이 있고,
시간이 지나면 발효되는 음식이 있다.
인간도 마찬가지다.
시간이 지나면 부패하는 인간이 있고,
시간이 지나면 발효되는 인간이 있다.
한국 사람들은 부패한 상태를 썩었다고 말하고, 발효된
상태를 익었다고 말한다.
신중하라.
그대를 썩게 만드는 일도 그대의 선택에 달려 있고
그대를 익게 만드는 일도 그대의 선택에 달려 있다.

— 이외수의 《하악하악》 중에서

1. 충주 새한미디어 열병합발전소 기초공사 수주 시공

1987년 11월에 삼성에서 퇴사하여 사업구상을 하고 있을 때였다. 삼성중공업 기계사업부의 박부장이 나에게 전화를 했다. 충주 새한미디어에서 열병합발전소를 건설하는데 공사 규모가 약 1억 원이고 삼성중공업에서 발주한 공사만 하는 회사가 있는데 그 회사와 경쟁해야 한다고 했다. 그래서 나는 관련서류를 만들어 입찰에 참여했다.

참여업체는 우리를 비롯하여 3개회사였다. 나는 박 부장이 일억 원이라 하였으나 2천 4백만 원을 깎아 7천 6백만 원에 입찰서를 제출했다. 당연히 이 공사는 나에게 낙찰되었다. 나는 OO개발에 알리고 오직 나의 자금으로 공사를 집행하여 기성금이 수령되면 5%를 관리비로 주었다. 나는 공사집행을 위해서 생질이 군에서 제대하여 집에서 놀고 있다기에 나를 도와달라고 요청하였다. 그

랬더니 같이 일하겠다고 해서 충주에 하숙방을 마련해 주고 공사 준비를 했다.

골조공사는 충주에서 가설재를 가지고 있는 업자에게 주고 기타 모든 공사는 내가 인력을 동원하여 집행했다. 공사내용은 열병합 기초 공사이므로 많은 파이프랙과 터빈기초 공사로 대단히 정밀을 요하는 공사였다. 모든 지하 터파기 공사는 내가 임명한 토목기사가 측량한 지점에 장비를 동원하여 터파기를 하고 충주업자가 자기가 쓰던 가설재를 동원하여 거푸집, 철근조립, 콘크리트 공사를 했다.

충주업자가 가설재를 동원하여 공사를 하였으나 이익이 나지 않아 일이 제대로 되지 않았다. 나는 공사 지연으로 박부장에게 욕을 얻어먹고 또 OO개발에도 누를 끼칠까 걱정이 되어 내가 직접 충주 구조물 공인, 목수, 철근, 콘크리트 공을 동원하여 완전 직영으로 공사를 했다. 나도 작업인부들과 어울려 막걸리도 마시면서 힘차게 일했다. 특히 기계기초에 anchor box를 만들고 스티로폴로 조립하여 콘크리트를 타설하였더니 이 스티로폴이 위로 솟아올라 box가 형성되지 않았다. 맨손으로 콘크리트를 흠쳐 hole를 만들기도 했다.

이 열병합발전소는 새한미디어 공장 내에 있는 기존의 보일러실을 개조하여 만드는 것으로 실내의 공기는 매우 더웠다. 구조물이 완성되면 리어카를 몇 대 구입하여 다른 곳에서 흙을 파 되메우기 작업을 했다. 되메우기 구역은 공장 안이므로 차량 진입이 불가능했다. 매일 동원되는 작업인원은 고정인부 5명으로 나와 나의 생질을 합하여 7명이 모두 매달려 되메우기 작업과 거푸집 해체 작업을 하였다. 6개월간의 피나는 노력 끝에 기초공사를 마무리한 뒤 플렌트 팀에게 넘겨주고 우리는 철수하였다.

공사 집행결과 수지타산을 검토하였더니 그래도 이익이 1천만 원은 되었다. 다시 OO개발에 5% 수수료 정산을 완료하였다.

2. 서초동 제일빌딩 신축공사 집행

1976년 가을에 평당 10만 원으로 102평 주택지를 산 이 땅이 나의 재산 1호다. 나는 삼성에서 퇴직한 후 이 땅의 개발을 계획 했다. 연립주택을 지어서 분양할까 아니면 근린시설을 지어서 임 대업을 할까 하고 여러 가지로 검토했다. 한 달 고정 수입이 없으 니 근린시설을 지어서 사무실로 임대하여 고정수입을 마련하는 것 이 최상이었다.

나는 친구 설계사무실에서 도시계획 확인서를 발행하여 검토를 요청했다. 검토 결과 지하1층, 지상4층 합계 240평의 설계도가 작 성되었다. 세부설계를 하고 구청에 건축허가를 받아 근린시설을 착공하였다. 나는 건축기사를 한 명 고용하고 공사집행과 감독을 하도록 하고 직영으로 공사를 집행하였다. 공사집행 중 이웃집의 민원이 발생해 많은 고생을 하였다.

민원내용은 이웃집 축대인 옹벽이 우리 땅으로 15도 기울어져 있고 우리땅에 지하 터파기를 하면 붕괴위험이 있었다. 나는 이웃 집에 축대가 15도 우리쪽으로 기울어져 있으니 우리가 이 축대를 해체하고 신규로 똑 바로 시공해 주겠다고 약속했다. 축대를 해체하였더니 나쁜 이웃집 한 사람이 남의 재산 손괴로 나를 검찰에 고발했다. 벌금을 물고 원상복구를 했으며 자기들 마당에 철근 콘크리트 포장까지 해 주었다.

토목공사 수주를 위해 전국을 뛰었다. 건축공사는 건축기사에게 맡기고 아침저녁 현장에 들러 공사 진척을 확인했다. 두번째로 수주한 공사가 전라도 순천시에 있는 동방생명(현 삼성생명) 신축공사 지하 터파기 공사였다. 이 지하 터파기 공사는 중앙개발이 수주하여 인정건설이 하청업자로 계약하여 시공하였다. 그러나 하천부지라 흙막이를 위한 H-pile을 항타하여야 하나 지하 바닥에 많은 전석이 부딪혀 항타가 불가능했다. 작업을 포기하고 있었는데 내가 이 공사를 계약하여 일을 하게 되었다. 나는 H-pile을 설계된 지점에 심기 위하여 굴착기로 모든 전석을 제거하고 H-pile을 심을 장소를 드릴로 홀을 만들었다. 그리고 H-pile을 심고 토류벽을 만들고 토사를 굴착하여 문제가 많았던 이 공사를 마칠 수 있었다.

내 건물 신축공사와 외주공사 집행으로 그 당시는 대단히 바빴다. 나의 건물 골조공사도 마치고 아주 훌륭한 건물을 짓기 위해 고급자재를 사용하고 건물외관도 신경을 써서 지었다. 그리고 이 건물 지하실을 나의 임시 사무실로 하고 집기, 비품을 구입하여 버젓한 사무실을 꾸몄다. 건물도 준공하였고 토목공사 외주 수주 노력도 계속하였다.

1989년 드디어 준공을 하고 제일토건산업으로 임대사업자 등록을 하고 임대업을 시작하였다. 고정수입이 없었으나 월 임대료 약 1천만 원이 매달 입금되고, 내가 수주한 토목공사도 제법 재미를 보았다. 그리고 임대업 사업자로 등록하고 다른 토목공사를 수주

서초동 제일빌딩 전경

하여 이 사업자 등록으로 일을 했다. 다른 종합건설과 하청계약 시는 ○○개발 사업자등록을 빌리고 전문 건설업자로부터 하청 시는 나의 개인 사업자 등록을 사용하였다. 내 건물 4층에 25평짜리 새 사무실을 open하고 사업을 본격적으로 시작했다.

나는 이 건물의 준공으로 고정 수입도 발생하였고 토목공사 집행으로 삼성에 있을 때보다 대단히 진취적인 생활을 할 수 있었다. 현재도 이 건물을 보유하고 있으며 매월 1천 5백만 원의 임대수익을 얻고 있다. 나의 희망은 이 건물을 부수고, 최고급 자재로 아주 멋지고 아담한 건물을 재건축 하는 일이다.

3. 삼성전자 식당신축공사, 삼성코닝 지하물탱크 공사, 삼성코닝 연구동 터파기 공사, 충주전자 신축공사

나는 수원삼성전자 식당신축공사 지하 터파기 공사를 ○○개발 사업자등록으로 수주했다. 2천 5백만 원으로 수주하여 5백만 원의 이익을 남기고 1개월 만에 마쳤다. 삼성코닝 지하 물탱크 공사 구조물 공사를 중앙개발로부터 수주하여 개인 사업자 등록으로 약 2억 5천만 원에 수주하여 골조공사를 준공하였다. 또 수원삼성 전관 연구동 지하 터파기 공사는 ○○개발 사업자등록으로 삼성중공업으로부터 공사금액 4억 5천만 원에 수주하여 10% 이상의 이익을 남기고 준공하였다.

그리고 중앙개발로부터 충주의 삼성전기 자회사인 충주전자 신축공사장의 공장바닥과 배수로 공사를 개인 사업자 등록으로 수주하였다. 공사금액 약 2억 원으로 준공하여 공사 집행을 위한 자신감이 생겼고, 또 운영자금도 많이 모여 신규로 전문건설업 면허를 내기로 하고 당시 상위 그룹 회사인 토공, 철골, 비계 면허를 가진 금영건설을 인수하여 삼우토건㈜으로 법인사업자등록을 내었다

제 7 부

법인 설립과 본격적인 사업 수행

인내는 무사장구(無事長久)의 근본이요
분노는 적이라고 생각하라.
이기는 것만 알고 지는 것을 모르면 반드시 해가 미친다.
오로지 자신만을 탓할 것이며 남을 탓하지 마라.
모자라는 것이 넘치는 것보다 낫다.
자기 분수를 알아라.
풀잎 위의 이슬도 무거우면 떨어지게 마련이다.

— 토쿠카와 이에야스

1. 삼우토건 설립과 운영

1990년도에 삼우토건을 설립하여 토공, 철근, 콘크리트를 전문으로 시공하는 전문 건설업체를 설립하고 삼성중공업, 범양건업, 선경건설 등에 출입등록을 하고 수주활동을 전개했다. 사무실은 앞에서 기술한 바와 같이 제일빌딩 4층으로 하고 기술자도 새로 영입했다. 영업활동을 더욱 전개하여 라이프건설, 두산건설, 효자건설, 고려개발, 신한, 우방주택, 쌍용건설, 삼성건설, 남광토건, 대우건설 진덕산업 등 우리나라 1급 업체 모두에 등록하여 공사를 수주하고 집행하였다. 그리고 몇 개 건설업체로부터 품질 안전대상과 우수시공패도 수상하였다.

2. 가양동 유수지 배수펌프장 건설공사 수주시공

나는 전문건설업체를 설립하여 제1호 삼성중공업 토건사업부로 부터 서울시가 발주하고 삼성중공업이 수주한 가양동 유수지 건설 공사의 배수펌프장 구조물 공사를 수주하였다. 전문 건설업체 4개 사가 입찰경합을 하여 최저가인 약 30억 원에 수주하였다. 공사내 용은 가양동 유수지 내에 지하 터파기를 하여 대형펌프장을 건설 하는 공사였다. 비가 올 때 가양동의 빗물이 저지대인 가양동 유수 지로 유입되면 대형 pump로 pumping하여 외부로 내보내는 대형 구조물 공사였다. 공사 중 난관도 많았다.

지하 터파기로 올림픽도로 옆을 굴착하여 한강 수위 이하까지 파내려가 구조물을 설치해야 했다. 터파기 때 한강물이 많이 유입 되어 당초 공법인 법면 보호공 없이 시공을 하면 올림픽도로가 붕 괴될 위험에 있었다. H-pile을 설치하여 토류벽으로 시공할 때도 마찬가지로 한강물이 유입될 수 있었다.

나는 한강 올림픽도로 법면이 끝나는 5m 지점에 횡으로 steel sheet pile을 박아 물을 차단하고 올림픽도로 법면 끝에 보조 pile 를 박아 sheet pile과 보조파일 간을 steel wire anchoring하여 물막이를 시공토록 설계 변경을 요청했다. 그리고 육상 부분에는 H-pile을 오가로 drilling하여 H-pile을 심고 토류벽을 시공하는 설계변경으로 지하 터파기를 성공적으로 마칠 수 있었다.

어찌나 많은 한강물이 들어오는지 steel sheet pile을 박고 보조 파일에 steel wire anchoring을 하였으나 수압으로 steel sheet pile이 터파기한 쪽으로 기울어져 대단히 위험했다. 또 우수 방류

처리로 box culvert를 올림픽대로를 횡단하여 한강 수위까지 보내는 구조물을 설치해야 했다. 올림픽도로를 차단하고 굴착하여 box culvert를 빠른 시일 내에 시공하고 다시 복구하였다. 모든 작업이 시간을 다투는 일이라 매우 위험한 공사였다.

펌프장 터파기가 완료 된 후 배수펌프장 본체구조물 공사를 하였다. 버림 콘크리트를 타설하고 철근조립을 하여 다시 기초 콘크리트를 타설하였다. 그리고 연이어 배수펌프장 기초 column을 시공하였다. 철근을 가공 조립하고 거푸집을 설치한 뒤 column 콘크리트를 타설하였다.

그러다가 여름 장마가 닥쳐 모든 구조물이 흙탕물에 잠겨 며칠간 작업이 불가능해 졌다. 장마가 끝난 후 양수기 수 십대를 동원해 흙탕물을 외부로 펌핑하고 현장을 조사해 본 결과 콘크리트 column 주위에 흙탕물이 유입되어 부실 콘크리트가 되고 말았다. 그래서 모든 거푸집을 해체하고 콘크리트 column에 붙은 흙을 제거하고 강력한 epoxy수지로 보강 작업을 하여 아주 견고한 concrete column을 만들었다. 그 위에 배수펌프장의 슬라브 콘크리트를 타설하고 견고하게 방수처리를 하여 건축공사를 마쳤다.

펌프 시설공사도 자유롭게 이루어져 배수펌프장 공사를 가까스로 준공할 수 있었다. 또 설계변경과 물가인상 보상도 이루어져 준공 금액이 당초 계약금액보다 약 15억 원 증액된 45억 원 정도로 정산계약하고 이익도 챙겼다.

돌이켜 보건데 아주 위험한 난공사였으나 시공사를 믿고 적당한 공법으로 위기에 대처하였기에 성공할 수 있었다. 만약 시공사를

믿지 못하고 적합한 공법선정에 주저했더라면 많은 어려움을 가져
오고 공사도 성공하지 못하였을 것이다.

가양동 빗물 펌프장 전경

가양동 빗물 펌프장 보수공사

가양동 빗물 펌프장 지하 BOX시공

가양동 빗물 펌프장 유수지

3. 일산지역 택지개발 조성공사 수주시공

　일산 택지개발 조성공사는 삼성중공업이 대한토지개발공사로부터 수주한 공사이다. 가양동 현장의 어려움을 극복하고 시공한 우리의 능력을 인정하고 다시 입찰경쟁에 우리 사를 초청했다. 이 공사는 시공지역을 2개 공구로 분할하여 각각의 견적으로 입찰하였다. A공구는 우리나라 1위 전문건설업체인 삼호개발과 기타 업체가 입찰에 참여했다. B공구는 우리사와 다른 2개사가 입찰에 참여하였다. 입찰결과 A공구는 삼호개발에 낙찰되었고 B공구는 우

일산 택지조성공사 단독택지로 가는 길

리 회사가 낙찰되었다. 우리 회사를 입찰에 참여시키고 도와주신 구본국 이사장과 박양환 부장에게 다시 한번 감사의 인사를 드린다.

　나는 토목기술자로 많은 어려운 공사를 한 경험이 있고 또 어디에서나 나의 능력을 인정받았다고 생각한다. 토공사를 위해 우리나라에서 스크레파라는 장비를 가장 많이 보유한 자를 물색하여 토공모작 계약을 했다. 모작계약은 장비 별 시간당 단가와 토공 ㎥당 단가를 병행 계약하여 서로간의 분쟁을 예방하는 책임원가 제도를 도입했다. 계약 후 곧 경계측량을 실시하고 벌목작업을 마

일산 택지조성공사 중앙로 전경

일산 정발산동 825-5,6번지 나의 보금자리

나의 보금자리 가을 단풍

일산 동구 정발산동 825–5, 6 주택 장미꽃 및 정원

나의 보금자리 감나무 밑에서

나의 보금자리 가을 국화꽃

쳤다.

벌목작업을 완료한 후 탱크 같은 스크레파 5대를 현장에 투입하여 밤낮으로 흙을 깎고 운반하였다. 일주일쯤 작업하였더니 우리의 시공 area는 모든 것이 정리되었다. 그러나 대형민원이 발생했다. 다름이 아니라 우리가 시공하는 지역에 이씨 문종의 묘가 있었는데 하나도 없다고 하며 삼성중공업과 우리사를 검찰에 고발한 것이다. 그래서 공사는 중단되었고 이씨 문종 묘를 찾기에 열중했다. 다행히 묘 흔적을 발견하여 무사히 이장을 하고 삼성중공업과 우리사는 유족과 합의하여 약 4천만 원의 위로금을 주고 다시 공사를 재개하였다.

우리가 시공하는 택지 area는 26블록과 27블록이었다. 27블럭 area는 암산으로 제법 높은 산이었다. 매일 발파를 하여 암석을 덤프트럭에 실어 낮은 지역에 성토하고 구간별 배수구조물로 box culvert와 흄관을 매설하였다. 단지 조성을 위한 토공은 어느 정도 잘 진행되었고 우리나라 1위 단종업체인 삼호개발보다 우수하게 시공한다는 칭찬을 받았다. 단지 토공이 완성되고 도면에 의거 도로조성이 되고 도로경계선을 따라 경계석도 설치했다.

그러나 소규모 금액의 공사인 상수도공사에 대하여 대단한 실수를 저지르고 말았다. 우리직원의 측량 잘못으로 상수도관의 매설위치가 설계도면과 상이하게 시공되어 모든 상수도 공사의 재시공 명령이 떨어졌다. 나도 삼성중공업 본부장에게 많은 꾸중을 들었고 우리 회사의 명예도 실추 되었다.

나는 직원들에게 많은 적자가 나더라도 정확하게 측량하여 재시공 하라고 명령했다. 매일 시공하여 놓은 도로 밑을 굴착하여 상수도 파이프를 찾아서 정확한 위치에 매설하는 작업이 이루어졌다. 이렇게 시공 잘못으로 재시공비가 많이 들어 당초 생각했던 원가 이상으로 공사비가 투입되어 적자시공이 되고 말았다.

돌이켜 생각해볼 때, 아주 조그만 공사라도 정확하게 확인하고 측량하여 시공해야만 한다는 사실이다. 작은 실수가 전체 공사에 미치는 영향이 얼마나 큰 것인가를 경험했다. 이렇게 하여 공사를 어렵게 준공하였으나 적자를 보고 말았다. 토지개발 공사는 예정대로 준공되어 택지분양을 실시하였다. 상업지역이 평당 4백만 원, 택지가 평당 175만 원이었다.

나는 택지분양을 받기 위해 토개공 일산사업소로 갔다. 내가 간 시점의 택지는 이미 분양이 80~90%나 되었고, 정발산 밑 일부 지역은 고급주택을 착공하고 있었다. 나는 27블럭, 내가 생각하기로 가장 좋다고 생각하는 지점인 825-5와 825-6의 두 필지를 분양받았다. 계약금만 치르고 분할납부가 가능하였다. 분양 받은 땅에 H-pile 등 가설재를 야적하였다. 그리고 1998년 단독주택전문 설계사무소에 설계를 의뢰하여 목조주택 90평을 150평 대지 위에 신축하고 마당에는 감나무, 매실나무, 자두나무, 살구나무, 소나무, 대나무가 우거진 조경을 갖춘 주택을 지어 살고 있다.

4. 한국 지역난방공사가 발주한 일산 지역난방 공사 수주시공

일산지역 지역난방공사는 한국지역난방공사가 발주하고 삼성중

일산지역난방공사 중 일산 열병합발전소 입구(일산지역의 열 생산을 위한 시설)

공업이 수주한 일산 전 지역의 지역난방 파이프를 매설하는 공사였다. 우리 회사는 삼성중공업이 우리 회사의 시공능력을 인정해 주었고 토목 이사님과 부장도 우리를 많이 도와 주었다.

이 공사의 토공 터파기와 토류공, 압입공 등에 대하여 견적 입찰을 하였다. 또 파이프라인 매설 지점에 모래를 포설하는 공정도 견적에 입찰 견적을 내게 되었다. 토공사 견적참여 업체는 공사가 전 지역에 흩어져 있으므로 재미가 없다고 생각하여 별로 신경을 쓰지 않았다. 그러나 나는 어려운 공사일수록 메리트가 있다고 생각하고 견적에 정성을 다하고 우리 회사에게 낙찰되도록 노력했다.

그 결과 우리 회사가 공사금액 약 48억 원 정도로 낙찰되었고, 설비는 세보건설이 시공자로 낙찰되었다. 우리 회사가 시공할 부분은 택지조성이 완료된 area에 파이프라인 노선 측량을 실시하고 설계노선에 따라 터파기를 하고 모래를 포설하면 되었다. 그러면

일산 열병합발전소 정문

설비업체가 파이프 라인을 매설하고 다시 우리 회사가 파이프 위에 모래를 15㎝까지 포설한 뒤 되메우기를 하는 공사였다.

기존 도로를 횡단할 때는 압인공법으로 설비업체가 시공한 파이프를 밀어 넣어 연결하고, 깊은 터파기는 토류벽을 설치하여 난방 파이프를 매설하고 모래를 포설하는 공사였다. 이 공사는 여러 대의 장비를 동원하여 한꺼번에 마칠 수가 없는 공사이므로 설비공정에 맞추어 장비조합을 하고 포설할 모래는 콘크리트 용 모래가 아닌 일반 값싼 모래를 포설하여 원가 관리를 철저히 하였다. 다행히 지역난방공사 소장으로 부임한 분이 나의 대학 후배였고 어려운 일이 있을 때 설계변경도 잘 이루어져 흑자시공도 되었고 공정도 순조로웠다. 우리 회사에서 소장회의 때 이 지역 난방공사 소장의 칭찬을 많이 받았고 보너스 산정도 더 높게 책정하여 주었다. 이렇게 하여 전문업체가 발주처와 협의 설계를 변경하고, 공사가

일산지역난방공사 열병합발전소

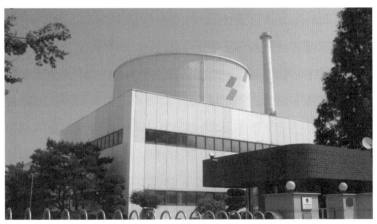

일산지역난방공사 중 열병합발전소 입구(모든 열배관 PIPE LINE의 시발점)

순조로워지니 시공사 소장도 좋아했다. 그래서 우리 회사는 당초 어렵고 힘든 공사로 생각한 일을 의외로 아주 성공적으로 마쳐 많은 흑자도 낼 수 있었다.

5. 범양건영이 발주한 고덕지구 빌딩 터파기 공사 수주시공

고덕지구 빌딩 터파기 공사는 행정안전부(구 내무부)에 있는 나의 친구 소개로 공사금액 약 2억 5천만 원의 금액으로 수주하였다. 이 공사는 개인이 고덕상업 지구에 빌딩을 신축하고자 범양건업에 발주하였다. 따라서 나는 범양건업에 출입등록을 하고 터파기 공사를 착공했다.

지하 18m 깊이의 터파기를 하기 위해 T-4 장비로 터파기 경계선을 따라 드릴링하고, 회사가 보유한 H-pile를 심고 토류벽을 만들어 지하 터파기를 하였다. 소규모 공사이나 보유하고 있던 H-pile을 사용하였고, 토류관을 구입하여 터파기를 하므로 장비임대료, 토류판구입비, 덤프운송료 등 공사비가 투입됨으로 비교적 저렴하게 공사를 마칠 수 있었다.

그러나 대지면적이 좁고하여 건물 기초벽과 아주 가깝게 H-pile를 심어서 해체하지 않고 지하 콘크리트벽과 합벽으로 시공하였다. 이 공사로 범양건업과 인연을 맺게 되었고, 시공도 성실하게 작업하여 다른 공사에 대한 입찰 참여도 하게 되었다.

6. 서울 지방국토관리청 발주 가남–장호원간 도로확포장공사 수주시공

우리회사는 서울지방국토관리청이 발주하고 선경건설이 수주한 가남~장호원간 도로확포장 공사의 토공, 배수공과 보조기층 포설 공사를 수주 계약하였다. 이 공사는 나의 친구 소개로 입찰에 뛰어 들게 되었다. 선경건설에 출입등록을 하고 처음으로 수주한 공사로 경기도 이천 방면 가남에서 장호원간의 국도를 확포장하는 공사로 도급 금액은 약 45억 원이었다. 기존 도로를 통과시키면서

가남–장호원간 국도 확포장공사 가남지역노선

공사진행을 해야 하므로 집행에 애로가 많았다. 토공은 대부분 대절토 구간이 없고 기존 도로 법면을 절취하여 노반조성을 했다. 장호원 구역의 토공은 장호원시 외곽 노선에 따라 노반조성을 하므로 비교적 수월하게 공사를 진행할 수 있었다.

몇 개 구간은 토지보상이 이루어지지 않아 착공이 늦어졌다. 대부분의 토지 소유주들이 서울 사람이고 이름이 잘 알려진 유명인사의 토지도 많았다. 나는 선경그룹에서 처음 수주한 공사이고 선경 측과 관계를 잘하기 위해 노력했다. 주말이면 현장소장과 선경임원들과 함께 현장 주위 한일골프장에서 골프를 치기도 했다.

가남–장호원간 국도 확포장공사 장호원 가기 전 노선

공사물량은 대규모가 아닌 소규모이지만 어려운 공사였다. 그러나 향후 선경건설에서 발주되는 추가 수주를 위해 불평 없이 열심히 일을 했다. 철저한 현장관리로 약간의 흑자를 보고 1차 계약분을 마쳤다. 그리고 교량공사와 법면보호공의 추가 수주를 하였다. 추가 공사금액은 약 8억 원으로 구조물 교량도 하자 없이 준공하여 약간의 이익을 내고 선경건설에서도 인정을 받았다. 그리고 다른 공사에도 입찰견적에 참여시켜 주기로 약속을 받았다.

가남-장호원간 국도 확포장공사 중 장호원 외곽을 횡단하는 OVER BRIDGE 입구

가남–장호원간 국도 확포장공사 중 장호원 시내를 횡단하는 OVER BRIDGE

가남–장호원간 국도 확포장공사 중 장호원 진입을 위한 OVER BRIDGE 입구

7. 나의 건강검진과 위암발생

나는 매년 11~12월이면 건강검진을 실시했다. 1997년에도 강남성모병원에서 건강검진을 실시하였다. 그 결과 아무런 이상이 없다고 했다. 나는 아침에 위가 쓰리고 하여 매일 갤포스 혹은 알로에를 복용하며 위 관리를 했다. 어려운 대학생활, 직장을 구하기 위한 스트레스, 퇴직 후의 나의 생활에 대한 스트레스 등 약 30년을 극심한 스트레스 속에서 생활하였다.

매일 아침 위가 쓰리고 아팠다. 나는 당시 강남 성모병원에서 위사진을 촬영하였다. 그러면서도 하루도 쉬지 않고 현장을 방문하였고 공사수주를 위해 열심히 뛰었다. 나는 범양건영이 발주하는 대구체신청 청사 신축공사 터파기와 부대토목공사 입찰초청을 받고 대구로 내려갔다. 현장 조사 중 아내에게서 전화가 왔다. 내가 위암 초기이니 공사고 뭐고 다 집어치우고 빨리 올라오라고 했다.

나는 당당하게 대처했다. 혹시 검진결과가 오진일 수 있으니 현대 아산병원에 입원하여 CT촬영을 하고 다시 검진을 하였다. 마찬가지로 위암초기이니 빨리 수술을 받아야 한다고 했다. 입원 10일 후 수술을 받기로 일정이 잡혔다. 수술할 날이 다가왔다. 나는 수술대에 누워 있었다. 10시부터 수술이 시작되었다. 수술실에 들어갈 때는 정신이 말짱하고 당당하였다. 그러나 전신 마취 주사를 맞고 이 세상 사람이 아닌 저승사람이 되어 있었다.

수술대에서 배를 20cm나 갈라 다시 위를 80%나 절단하였다. 위에서 나오는 위산을 받기 위해 코에는 큰 고무호스를 달고 그 호스를 통해 위산이 흘러 하루 1병 이상의 위액이 나왔다. 배를 가르고 위를 절단하였더니 절단 부위 안팎의 통증이 대단히 심했다. 나는 죽는 소리를 하며 아프다고 했더니 의사가 모르핀 주사를 놓아줘 간신히 버틸 수 있었다. 링거를 달고 약 10일간 아무 것도 먹지 못하고 병실에 누워 있었다. 아내가 다니는 성당의 교우들이 와 하나님께 기도하고, 성가도 불러 주었다. 나는 하도 통증이 심해 아버지, 어머니를 부르는 것보다 내 자신이 하나님께 기도를 했다.

이제 통증은 멈추고 정신이 드니 다시 회사가 걱정되었다. 휴게실에 들러 회사에 전화를 하여 공사에 따른 업무 지시도 하고, 범양건영에서 현장설명을 듣고 견적 입찰한 공사에 대해서도 발주처에 전화를 해서 협조를 요청했다.

그래서 나는 입원 후 20일만에 퇴원하여 전복죽 같은 간단한 음식을 조금씩 먹으며 건강회복에 신경을 썼다. 회사는 내가 약 1개월가량 비웠더니 신규 수주도 없었고 진행하고 있던 공사도 적자투성이었다. 견적 제출된 범양건영의 공사도 다른 회사에 넘어가고 대형공사인 중앙고속도로 터널공사도 지지부진하여 많은 적자를 내고 결국 이 공사마저도 해약하게 되었다.

8. 중앙고속도로 횡성구간 터널공사 수주와 공사포기

우리 회사는 도로공사가 발주하고 신동아건설이 수주한 중앙고속도로 횡성구간의 터널 632m 구간과 200m 구간의 터널공사를 약 65억 원에 수주하였다. 이 공사의 수주 경위는 70년도 신진그

중앙고속도로 남산터널 상하행선

룹에 같이 입사한 입사동기의 아버지 소개로 공사를 수주하였다. 입사동기도 그 사업을 위해 회사 전무로 영입하여 공사를 담당하도록 했다. 터널 632m 구간은 항시 물이 흐르는 강을 건너 절벽에 갱문을 설치하고 높은 산을 횡단하는 일이었다.

먼저 1차로 강변 절벽부터 갱문을 설치하여 굴착하고 다시 터널 반대편에 갱문을 설치하여 터널을 굴착하려고 계획했다. 터널공사의 갱문 설치 후 약 15m 정도까지는 하루에 1m 굴착 진도로 손익분기점이 되지 않아 많은 원가가 투입되었다.

우리 회사는 강을 건너는 진입도로를 위해 대형 흄관을 3면으로 강 한복판에 매설하고 가설 진입로를 만들어 진입이 용이하도록 하고 현장사무실, 화약고 등을 짓고 터널 굴진을 위해 갱문도 설

중앙고속도로 홍천 지나서 굴지터널 상하행선

치하여 공사에 들어갔다. 200m짜리 다른 터널도 시공측량을 마치고 가설숙소와 공구 사무실 등을 준비하고 일부 갱문 공사로 굴착하였다. 모든 작업이 준비단계에서부터 원가도가 많이 투입되었고 공정도 순조롭지 못했다. 착공 3개월 만에 약 2억 원의 적자를 내었다.

  친구는 일주일에 한두 번씩 현장을 방문하여 작업을 독려하였다. 이 터널 공사 중 7월에 많은 폭우가 내렸다. 기상관측에 의하면 과거 10년내 가장 많은 폭우가 내렸다고 하였다. 이 폭우로 강물이 범람하여 우리가 만들어 놓은 가설도로는 홍수로 다 떠내려가고 산사태로 화약고가 흙에 휩쓸려 무너지고 말았다. 게다가 건강도 좋지 않아 전복죽 같은 것을 조금씩 여러 번에 나누어 먹으며 매일 회사에서 어렵게 보냈다. 현장에는 사장이 안 나타난다고 아우성이고 장마로 비는 계속 내렸다.

현장의 극성에 못 이겨 나는 자동차 포니2를 이끌고 허리에는 복대를 하고 운전해서 현장에 도착하니 아무도 없었다. 동네식당에서 터널 기능공들이 몰려 있다가 내가 나타나니 노임을 달라고 멱살을 잡았다. 그들은 나를 춘천에 있는 노동부 근로 감독관실로 끌고가 노임 체불로 고발을 했다. 장마와 천재지변으로 훼손된 현장을 복구하는데 1달 가량이 더 걸릴 것 같았다. 나는 놀고 임금을 줄 수 없어 이 터널 기능공들을 해고하기로 했다.

그러나 이 기능공들은 또 부당해고로 또다시 근로감독관에게 고발하고 다시 춘천지점 검찰에 사건이 이송되었다. 나는 공사를 포기하기로 결심했다. 나의 친구 아버지의 위신보다 나의 건강, 나의 목숨이 더욱 중요하였다.

그래서 나는 이 터널공사와 회사마저 팔기로 하였으나 모두 불발로 끝나고 말았다. 따라서 신동아건설은 우리 회사와의 계약을 해약하려고 나를 불러 해약하고자 하였다. 그러나 나는 천재지변으로 이렇게 많은 적자를 보고 있는데 일부라도 보상이 되지 않으면 현장을 넘겨 줄 수 없다고 버티면서 현장을 원하는 다른 회사도 찾아보았다.

약 15일간 공사가 중단되고 나니 도로공사는 신동아건설을 압박하기 시작했다. 나도 보상이 되지 않으면 물러설 수 없다고 했다. 다행히 협상이 잘 되어 일부분의 보상을 받고 공사를 타절하고 현장을 철수하였다. 생각하건데 내 몸이 건강하면 이 공사를 잘 이끌어 나갈 수 있었을 것이다. 건강도 좋지 않고 또 원가압박, 공기지

연 등으로 많은 스트레스를 받게 되어 건강이 더욱 악화 되었는지 모른다.

친구와 그의 아버지에게는 대단히 미안하다. 또 친구가 내 포니2를 몰고 현장을 다녀오다가 가드레일을 받아 교통사고를 일으켰다. 다행히 목숨은 지장이 없었으나 차량 전체가 파손되어 대형 수리를 하였다. 모든 상항 판단이 나의 결정과 맞았다고 생각한다.

9. 선경건설이 시공하는 성남시 아파트 신축공사 중 부지조성과 터파기 공사 수주시공

이 공사는 성남시가 발주하고 선경건설이 수주한 성남 아파트 신축공사였다. 우리 회사는 내가 위암수술로 영업을 못하여 수주가 없었다. 더욱이 중앙고속도로 터널공사 타절 준공으로 회사가 대단히 어려운 상태에 있었다. 다행히 우리 회사가 가남-장호원 간 도로확장 공사를 좋은 품질로 준공하였기에 선경건설 토목부에서도 추가 공사 수주를 약속하였다. 토목부에서 우리회사를 건축부에 추천하여 공사를 수주하게 되었다. 이 공사의 내용은 성남시 언덕에 있는 시 소유의 부지를 계단식으로 조성하여 그 위에 약 300세대의 아파트를 신축하는 공사였다.

우리 회사는 많은 장비를 동원하여 암반이 많은 지반을 굴착기에 브레카를 부착하여 암반을 깎았다. 법면에는 옹벽공사를 위하여 터파기를 하고 옹벽구조물을 설치하였다. 이 지역은 민가가 인접한 지역으로 암반 굴착을 위해서는 발파를 할 수 없었고, 장비라고는 오직 브레카만이 가능했다. 따라서 우리 회사는 암발파를 위하여 고단가인 ㎥당 15,000원까지 받았다. 부지가 조성되고 APT 터파기 공사도 추가로 계약하여 어려웠던 시기에 도급액이 약 15억 원이나 되었다. 나는 이 공사의 수익금으로 직원들 봉급도 주고 다른 공사 수주도 추진하였다. 나의 위암 수술부분도 매일 소량의 죽으로 여러 번 반복 식사를 하며 어느 정도 건강을 되찾았다.

이 공사도 구조물 공사가 많았으므로 전문 기능인력 관리에 많은 고생을 했다. 한번은 약속기한보다 노임이 하루 지연되어 모든 구조물공 인력이 작업을 포기하고 나를 현장사무실에 감금하였다. 하룻밤을 현장사무실에서 보내기도 했다. 그러나 이튿날 노임을 지불하였더니 기능공들은 언제 말썽을 부렸느냐는 듯 다시 열심히 작업을 하였다. 현장건설 기능공들은 너무나 단순하고 이해심이 부족했다. 큰 목소리로 모든 것을 해결하려고 한다. 나는 이 공사를 잘 마무리했다. 선경건설 소장과 직원들이 잘 협조해 주어서 고맙다고 인사를 했다.

10. 서울지하철공사 송파구 마천동 구간 본선 터널공사 수주

서울 지하철공사가 발주하고 진덕산업이 수주한 지하철공사 송파구 마천동 구간의 본선과 터널공사를 공사금액 약 60억 원으로 수주했다. 이 공사의 수주 경위는 나의 대학 졸업 동기생이 우리 회사를 입찰 참여자로 추천, 입찰 견적하여 시공사로 선정되었다.

서울지하철 5호선 마천역 에스컬레이터

서울지하철 5호선 마천동 정거장 에스컬레이터

서울지하철 5호선 마천동 승강장

서울지하철 5호선 마천동 승강장 · 서울지하철 5호선 마천동 외부노선

당시 다른 모든 전문 건설업체는 난공사이므로 입찰참여를 그리 달갑지 않게 생각하는 시기였다.

나는 이 공사를 위하여 수주 몇 달 전부터 능력 있는 소장을 물색하여 선정하고 입찰견적도 참여하게 했다. 그리고 이 공사의 계약이 이루어져 송파구 마천동에 2층 구조의 현장사무실을 건립하고 공사를 착공하였다. 공사내용은 진덕산업이 지하철 노선을 따라 양옆으로 T4천공을 하고 H-pile을 심은 뒤 토류벽 공사를 한다. 그리고 나면 우리 회사가 들어가 지하철 터파기를 하면서 진덕산업과 지하철공사가 지급하는 H-pile과 복공판으로 가시설 공사를 한다. 그렇게 20m까지 굴착하여 지하철 본선 구조물을 시공하는 공사였다.

이 지역은 남한산성에서 내려오는 물줄기를 가지는 저지대였다. 약 7~8m를 굴착했더니 남한산성에서 나오는 물줄기의 용수가 너무 많아 수중 터파기를 해야 했다. 토사를 덤프로 운송하기 위하여 상차를 하였으나 거의 반이 물로 채워져 정상적인 작업으로는 약

10㎥ 정도 적재할 수 있는데 2~3㎥ 밖에 적재할 수 없었다. 또 물로 가득한 토사를 싣고 시내를 통과해서 운반하려고 하였으나 교통경찰에 지적되어 운반할 수가 없었다. 그래서 우리 회사는 현장에서 2km 떨어진 대형야적장을 빌려 거기에 물에 젖은 토사를 임시로 야적하고 물이 마르고 난 후에야 다시 덤프로 운반하는 이중작업을 하였다.

그리고 터널공사는 민원문제가 해결되지 못해 착공을 못했다. 우리 회사는 이러한 악조건에서도 열심히 작업을 했다. 물론 많은 적자가 발생하여 약 3억 원의 적자를 내었다. 연말에 현장조건 변경에 의한 설계변경요청을 했다. 그러나 설계변경요청은 받아들여지지 않았고 약간의 보상비만 설계에 반영해 주었다. 본선 구조물도 설계바닥이 다 나오고 구조물 공사준비를 했다. 그러나 계속해서 적자가 발생되어 진덕산업에게 현장조건 변경에 의한 단가 인상을 요구하였으나 받아들여지지 않았다. 따라서 난 공사를 포기하겠다고 하고 일시 공사중단을 했다.

진덕산업은 적자금액의 50%만 반영하여 줄 테니 공사를 계속하던지 포기하던지 하라고 했다. 공사 포기 시 불이익은 주지 않겠다고 약속했다. 나는 다시 전체공사에 대하여 향후 이해득실을 계산했다. 터널공사만 곧 착공되면 터널공사에서 본선에서 적자 본 금액을 만회할 수 있다고 생각했다. 그러나 민원이 곧 해결될 것 같지 않았다. 또다시 본선 터파기와 구조물에 열중하여도 적자가 누적될 것 같아 합의 타절하고 본선 잔여공사는 진덕산업이 직영으로 공사를 재개하였다. 안 될 공사는 일찍 판단하여 포기하고 손실을 줄이는 것이 우리 회사가 살 길이라고 생각했다.

11. 대구지하철 대명동과 안지랑정거장 간 지하철 공사 수주시공

대구지하철공사는 대구시가 발주하고 우방주택이 수주한 대구지하철 5-2 공구로 대구시 대명동과 안지랑 구간의 본선과 정거장 2개소를 건설하는 공사였다. 대구지역의 전문건설업체는 지하철공사 경험이 많은 업체가 없고 대학교 동기생이 임원으로 있으므로 그 임원의 소개로 우리 회사가 입찰견적에 참여하였다. 우방주택 기술진도 우리가 시공하고 있는 서울지하철 마천동 구간을 방문하고 어렵게 공사하고 있는 현장을 파악하였다.

원청 회사인 우방주택이 T-4를 동원하여 지하철 노선을 따라 천공하면 우리 회사는 H-pile를 연결하는 pile 스프라이싱을 했다. 그리고 클레인을 동원하여 천공된 hole에 H-pile을 심고 토류관을 사용하여 토류벽을 만들고 지하 굴착을 하였다. 이 지역은 제법 단단한 암이 많이 나왔지만 용수가 별로 나오지 않았다. 매일 낮에는 H-pile 버팀보를 걸고 하는 가시설 작업을 하고 야간에는 가시설한 지역 밑을 굴착하여 파낸 흙을 덤프를 동원하여 반출하였다. 다행히 많은 지하 발파를 하지 않아도 굴착기로 암이 잘 부서져 굴착이 용이하였다. 물론 토질은 암으로 판정되어 토사 단가는 ㎥당 650원~1800원이나 암의 단가는 ㎥당 4,500원~6,500원이므로 굴착에서 많은 이익을 남겼다.

가시설도 최고의 기능공을 동원하여 작업했으므로 한 치의 오차도 없었다. 나는 이 현장의 소장으로 나의 큰처남 친구를 내정하고 큰처남에게 자주 들려 현장관리를 하도록 하였다. 나 역시 매주 토

대구지하철 안지랑 정거장 4번출구

요일에는 대구현장에 출장을 가서 현장 공정 관리를 하고 공사원 가를 파악했다. 감독진과 우리 직원들을 독려하고 일요일이면 서울로 올라와 다른 현장을 챙겼다. 따라서 가시설 공사와 지하 터파기 공사는 순조롭게 잘 이루어졌으나 안지랑 정거장 지하굴착은 마찬가지로 암반이 많고 대구 앞산에서 내려오는 물줄기 용수 때문에 어려움이 있었다. 그러나 서울지하철 마천동 같이 토사가 아니므로 무리 없이 굴착을 마무리 할 수 있었다.

또 이 지역에는 한 변에 기존 아파트가 있었다. 토류벽을 만들고 지하 굴착을 했는데 아파트 변에서 용수가 나와 주위 바닥에 크렉이 발생하였다. 그래서 우리 회사는 원청과 발주처에 L/W공법으로 지하수 차단을 위한 공법을 제시했다. 이 공법의 적용으로 지하수는 차단되었고 터파기도 어려움 없이 마칠 수 있었다.

또 다음 공사인 구조물 공사를 모두 계약하였다. 계약 금액은 약

대구지하철 안지랑 정거장 출입시설

대구지하철 안지랑 정거장 승강장

대구지하철 안지랑 정거장 지하선로

대구지하철 대명 정거장 출입구

250억 원 가량 되었다. 감독청에서는 우리 능력을 능가하는 계약
이라고 하였으나 나는 우리가 충분히 할 수 있다고 의욕을 보였다.
그러나 구조물 공사이므로 목수, 철근 등의 기능공 확보에 대한 문
제점이 있어 정말로 힘에 부치는 공사였다. 감독측은 전체 구조물
공사를 완공하기 위해서는 목수, 철근공이 100여 명은 동원되어
야 하나 50~60명이므로 공기에 차질이 있다고 야단 극성이었다.
따라서 우리는 안지랑 정거장 구조물 공사를 포기하고 대구업자로
하여금 시공케 하였다. 지하철 구조물 공사는 많은 인력이 동원되
어야 하고 현금도 많이 투입되었다.

　우리 회사는 매달 기성금으로 우방주택으로부터 4개월 후 지급
되는 약속어음을 받았다. 다행히 회사는 현금능력이 되어 이 약속
어음을 은행에 예금하고 4개월 후 현금으로 받았다. 공사가 거의
마무리 되어 갈 때쯤 우방주택의 경영이 대단히 어려워졌다. 대구

대구지하철 대명 정거장 승강장(상행)

대구지하철 대명 정거장 개찰구

지역에서 모든 사람들이 우방주택이 오래가지 못할 것이라는 소문이 돌았다. 나는 우방주택으로부터 거의 매달 10억 원이라는 돈을 기성으로 4개월간 어음으로 받게 되었다. 만약 우방주택이 부도가 나면 우리 회사도 큰 곤란을 겪을 것이라고 생각했다.

그래서 나는 기성으로 받은 4개월짜리 어음을 우방주택 자회사인 우방상호신용금고에 꺾기 예금을 하여 약 6%를 공제하고 현금화하여 자금을 관리했다. 다행히 우리 회사가 공사를 준공할 때까지는 어떠한 사고도 없었다. 우리 회사도 자금관리를 잘했고 공사도 어떠한 하자 없이 성공적으로 마칠 수 있었다.

그 당시 대구시가 발주하는 지하철 타 공구에서 대형사고가 있었다. 우리가 시공하는 공구에서 약 2.5km 떨어진 공구에서 지하 굴착 중 굴착기가 도시가스관을 파손하여 대형 폭발사고가 발생하였다. 주위의 상가, 지나는 차량, 공사 중인 장비가 파손 되고 기능공들이 목숨을 잃었다. 지하 굴착 공사는 지상 4~5m구간까지 정말로 신경을 써야 하고 기존 구조물 보호에 최선을 다하여야 한다. 다행히 우리 회사는 원칙에 따라 시공했고 지하 2~3m까지는 욕심을 부리지 않고 잘 시공하였다.

12. 전주 광역 상수도 펌프장 구조물공사 수주 시공

우리 회사는 삼성물산에 출입등록을 하였으나 공사수주를 못하였다. 내가 근무한 회사로 모든 임원들도 잘 알고 있었으나 수주가

정수장 전경

힘들었다. 토목본부장 두 분도 내가 임원으로 모셨던 분들이었다. 그러나 수주를 위해 회사에 가서 인사를 하면 반갑게 맞이하면서도 사업상 대화는 불가능했다. 점심식사도 같이 할 수 없어 밑에 직원들과 점심을 먹고 그냥 돌아오곤 했다. 삼성물산에 수주를 하기 위하여 회사를 방문하는 것은 나에게 시간낭비였다.

하지만 나는 같이 근무한 동료들과는 관계를 잘 하였다. 주말이면 함께 골프도 하고 서로 안부 전화도 하였다. 다행하게도 우리 회사가 수주한 전주 상수도 펌프장 건설공사는 김 소장이 근무하면서 현장 발주한 약 15억 정도 규모의 공사였다. 이러한 연유로 구조물 공사에도 우리 회사를 견적에 참여시켜 계약자가 되었다. 공사계약을 하고 난 후 공무과장이 나를 불러 집행에 대해서 협의하자고 하였다.

내가 재직하던 회사의 어려운 구조물공사이지만 체면을 손상 시키지 않기 위하여 현장 요구대로 하겠다고 말했다. 공무과장은 전주 상수도의 다른 공사장에서 많은 적자를 본 업자가 있는데 현재 거푸집 등 많은 가설재를 가지고 있으므로 동업 시공하면 어떻겠느냐고 내게 제의를 하였다.

그래서 삼성물산 현장공무가 소개해준 구조물 업자를 만나 협의하였다. 그 업자는 현장부근에 많은 가설재를 가지고 있었고 다른 공구에서 공사를 하다가 많은 적자를 보았다고 했다. 구조물 공사이므로 가설재만 사용하여도 적자 만회가 가능하다고 하였다. 따라서 구조물 물량에 따라 단가 견적을 받아 서로 합의하고 거푸집 (자재+노무비), 철근가공조립, 콘크리트 타설, 비계, 동바리도 단가 견적을 받고 계약하였다.

서로 합의하에 계약하고 착공 1개월 후 기성물량에 의거 합의된 단가로 기성을 주었다. 그러나 기성금으로는 노임이 모자란다고 아우성이었다. 따라서 공사진행을 위해서 추가 노임을 지불하였다. 2차 기성에도 노임이 모자란다고 추가금액을 요구했다. 우리 회사는 더 이상 그 업자에게 끌려갈 수 없다고 보고 현장에서 노임을 직불하였다. 이렇게 노임을 지불하였더니 그들이 원하는 금액보다 적었다.

우리 회사에서는 업자가 투입한 가설재 값은 규정에 의거 지불했고 모든 노임은 직불하였다. 그 업자는 우리 회사와 맺은 계약서를 삼성물산 토목부에 제출하여 공사를 일괄하청에 재하청 받았다고 진정서를 제출했다. 나는 본사에 불려가 그 동안의 상세한 내막을 이야기 하였다. 그러나 공사는 차질 없이 준공할 수 있었으나 이 업자의 진정으로 많은 보상비를 치르고 별도의 이익을 내지 못한체 고생만하고 현장을 철수했다.

13. 서울지하철 7-22공구 동작구 대방동, 장승백이간 본선과 정거장 건설공사 수주시공

서울지하철 7-22 공구는 서울시 동작구 대방동에서 장승백이까지 연결하는 환기구 2개소와 터널 450m, 정거장 1개소를 건설하는 공사였다. 고려개발이 서울 지하철공사로부터 수주한 공사였다. 우리회사는 나의 친구 소개로 고려개발에 등록하고 입찰에 참여하였다. 고려개발은 부도로 어려움에 있었으나 대림산업그룹이 이 회사를 인수하여 공사금 수령 등에는 문제가 없었다. 따라서 우리 회사는 고려개발에 등록을 하고 현장설명에 참여했으며 고려개발이 정한 날짜에 견적 입찰서를 제출하였다. 입찰에 참여한 회사는 4개회사였다.

나는 이 공사를 꼭 수주하려고 대구지하철 공사 원가를 참고하여 비교적 저가로 입찰했다. 입찰결과 최저 낙찰사로 선정되어 계약을 하게 되었다. 지하철공사는 계절에 관계없이 일년 내내 공사를 하는 장기 공사이므로 겨울에도 기성 달성이 가능하고 회사 운영을 위한 물량이 안정적이므로 우리 회사로서는 메리트가 있었다.

따라서 우리 회사는 상도동 일반사무실 2층을 임대하여 현장사무실로 하고 본격적으로 공사를 개시했다. 처음에는 환기구 2개소를 건설해야하므로 초기 투입 원가가 많이 들어 적자경영이 되고 말았다. 환기구 공사도 지하 10m까지 굴착하였고, 정거장 공사도 고려개발 측에서 T-4를 동원하여 정거장 양 side를 굴착하였으므로 가시설 공도 투입되어 공사가 본격적으로 이루어졌다. 터널공사도 작업구 굴착이 약 10m 더 진행되어 갱문 작업도 가능해졌다.

장승백이 정거장의 굴착도 시작되었다. 장승백이 정거장의 토질은 암반으로 이루어져 굴착기에 브레카를 부착하여 매일밤 암반을 굴착하고 굴착된 암반을 외부에 반출했다. 굴착된 암반은 덤프트럭 업자가 반출하여 서울시 크랏샤장에 납품했기 때문에 덤프업자도 이익을 챙길 수 있었다. 본선 터널공사는 인력굴착을 택했다. 매일 2~3m 굴착을 목표로 하여 굴착을 하고 측벽에 볼트를 삽입하여 붕괴를 막았다. 터널굴착도 착공 후 150여 일이 걸려 432m의 관통을 보았고 장승백이 정거장까지 관통하였다.

우리 회사는 터널라이닝을 위해 시스템 form을 발주하고 이 시스템 form으로 터널라이닝을 콘크리트 타설하였다. 한 span이 5m로 2~3일만에 1 span씩 시공하여 가장 먼저 터널공사가 완성되었다. 장승백이 정거장 굴착도 거의 마무리 되었다. 장승백이 정거장은 출입구가 4개이므로 이 출입구 공사에 시간이 많이 걸렸다. 출입구 공사는 주위에 민가와 기존 건물이 인접한 곳에서 시공해야 함으로 주위 건물과 주택의 붕괴 위험, 가스관, 상하수도관 처치 등에 대한 애로가 많았다. 따라서 우리사가 계약한 공사 중 가시설 해체와 되메우기 공정을 제외하고 성공적으로 공사를 마쳤다.

서울지하철 7호선 장승백이 정거장 출입구

  고려개발은 우리 회사의 시공능력을 높이 평가하여 안전시공 모
범 업체로 포상도 하였다. 또 우리 회사는 환기구 2개소와 장승백
이 정거장 구조물 공사도 추가 계약하여 공사 도급 금액이 160억
원 정도 되었다. 장승백이 정거장은 정거장 구조가 곡선이 달린 구
조물로 정밀 시공이 필요했다. 당시 서울시에서 많은 지하철공사

서울지하철 장승백이 정거장 곡선 선로

서울지하철 7호선 장승백이 정거장 승강장(하행선)

가 발주되었고 또 공기도 서로 비슷하였으므로 한꺼번에 구조물 공사가 많이 발주되어 목수, 철근공의 동원이 대단히 어려웠다.

우리 회사도 구조물공사 때문에 목수반장이 몇 번이나 바뀌었다. 어려움은 있었으나 공기 내에 무사히 구조물 공사를 마칠 수 있었다. 나머지는 가시설 해체와 되메우기 공사였다. 그러나 인명 사고가 발생했다. 되메우기 공사 중 직영인부 1명이 흙에 깔려 사망하는 사고가 발생했다. 며칠간 공사가 중단되었고 유족들과 고려개발이 중재에 나섰다. 우리 회사는 협상안대로 유족에게 보상을 해야 했다. 따라서 회사는 유족에게 8천만 원을 주고 합의했다.

다른 옆의 공구는 삼익주택이 도급을 받아 시공하고 있었는데 장승백이 정거장과 연결되는 터널 약 50m가 관통 되지 않아 서울시 지하철 본부로부터 문제시 되었다. 고려개발 소장의 소개로 우리 회사가 삼익주택이 시공 못한 구간을 시공해 달라는 제안을 받았다. 우리 회사는 나머지 미시공 구간 터널 마무리 공사를 2억 원에 계약하고 공사를 마무리했다. 그러나 공사비 수령에 문제가 되었다. 계약 후 삼익주택으로부터 2~3회까지는 기성금을 어음으로 결재 받았으나 3개월 후에 현금화가 가능했다. 그러나 나머지 금액에 대해서는 기성이 잘 나오지 않았다.

얼마 후 삼익주택은 부도를 내고 은행관리 업체가 되고 말았다. 받은 어음도 현금화하기 곤란하여 우리 회사는 지하철공사에 대금 수령을 위한 진정서를 넣었다. 그러나 삼익주택이 채무자에게 청산하고 파산하게 되었다. 따라서 우리 회사는 약 5천만 원의 부도를 맞고 말았다.

그나마 고려개발 지하철공사에서는 약 1억 5천만 원의 흑자를

고려개발에서 우수 시공업체로 선정되어 감사패를 받음.

기록했다. 고려개발 소장의 말에 의하면 직영으로 시공한 대방동 정거장 공사는 우리의 하청금액 보다 더 많은 자금이 투입되었다 며 우리 회사는 어렵게 잘 버텨준 회사로 인정해 주었다. 나는 매일 회사에 출근해서 각 현장 소장에게 진행되는 공정을 보고받고 공법과 안전시공을 당부했다. 6시에 퇴근해 집에서 저녁을 먹고 일찍 잠을 자고 밤 12시에 깨어나면 서울지역 지하철 현장을 방문하여 야간 작업자들을 독려하고 지하에 내려가 작업을 감독했다. 매일 나의 생활이 이렇게 이루어져 모든 문제점을 파악하고 또 원가를 쉽게 예측할 수 있어 대단히 값싼 단가로 수주하여 성공적으로 공사를 마칠 수 있었다.

모든 사업의 성패 열쇠는 최고 지도자의 의자와 노력이 절대적으로 필요하다고 생각한다. 우리 회사도 이 프로젝트를 안일하게 시공하고 최고 경영자의 의지가 부족했더라면 적자운영으로 공사를 마치고 어려움을 겪었을 것이다. 당시 많은 지하철 현장에서 전문 건설업체가 공사 중 어려움을 겪은 나머지 부도를 내고 공사를 포기했다.

당초 고려개발에서도 대방동 정거장과 작업구 2개소를 전문건설업자에게 하도급 집행하였으나 그 회사가 부도를 내고 공사를 포기하였다. 뚜렷하게 시공의지가 있는 업체를 물색하지 못하여 고려개발이 직영으로 시공하였으나 많은 원가를 투입하여 가까스로 공기를 마칠 수 있었다.

14. 서울 외곽순환 고속도로 8공구 수주와 시공

서울 외곽순환도로 8공구는 도로공사가 발주하고 라이프주택, 두산건설, 효자건설이 컨소시엄으로 수주한 공사이다. 우리 회사는 라이프주택 협력업체로 선정되어 이 공사의 컨소시엄 주관사인 라이프주택에 입찰 시 부대입찰사(낙찰 시 하청업체로 선정되는 제도)

로 선정되었다. 컨소시엄 입찰을 할 때 우리 회사 단가로 반영된 입찰서가 도로공사에 제출되어 라이프주택 컨소시엄의 도급자로 선정되었다. 우리 회사는 부대 입찰규정에 따라 컨소시엄 회사와 정식으로 하도급 계약을 체결하고 공사를 착공하였다.

이 공사의 수주 경위는 경기고등학교 수학 선생님이신 김 선생님의 도움이 컸다. 라이프주택 사장이 김 선생의 제자였으므로 김 선생이 자기 제자에게 부탁하여 부대입찰 회사로 선정되었으나 입찰 단가는 그리 만족스럽지 못했다.

우리 회사는 시흥시 목감동에 현장사무실을 짓고 우수한 소장을

외곽순환고속도로 8공구 – 10공구 경계구간

외곽순환고속도로 8공구 절취구간

내정하고 공사착공을 하였다. 물론 회사의 원도급자는 라이프주택, 두산건설, 효자건설이었다. 공사협의, 계약변경 등 3사의 동의가 이루어져야 가능했다. 우리 회사는 도로노선 측량을 실시하고 벌목 등 장애물을 제거했다. 보상이 안 된 지역을 제외하고 보상이 이루어진 곳에 많은 장비를 투입하여 시공에 박차를 가하였다. 따라서 보상된 지역은 도로노선이 완벽하게 드러났고 기성도 많이 올렸다. 그러나 대금결재가 문제가 되었다.

기성금 수령을 위한 세금계산서가 발행되었고 두산건설, 효자건설 지분의 기성금은 수령되었으나, 라이프주택 부분의 기성금은 받지 못했다. 수령하지 않은 기성금이 몇 개월 누적되어 약 8~9억이나 되었다. 우리 회사로서는 공사를 중단할 수밖에 없었다. 약 2개월 가량 공사가 중단되었다. 우리 회사는 도로공사에 공사비 직

외곽순환고속도로 8공구 종점 가기 전

불요청을 하게 되었으나 라이프주택 채권자가 모든 기성금을 압류 처분하여 직불도 불가능했다. 약 3개월간 공사가 중단되어 컨소시엄 업체인 두산건설과 효자건설이 라이프주택에 공사포기를 요청하였고 이것이 받아들여져 두산건설이 컨소시엄 주관사가 되어 다시 공사가 본격적으로 이루어졌다.

착공 후 일 년이 지나 물가인상에 의한 에스커레이션도 적용되었다. 단가조정도 받아 우리 회사는 전체공사를 수주하고자 노력하면서 최선을 다했다. 라이프주택에서 수령하지 못한 기성금도 두산건설과 효자건설로부터 수령하여 자금사정도 좋아졌고 회사 전체도 대구 지하철 기성, 상도동 지하철 기성 등으로 많은 현찰이 쌓였다.

그리고 8공구 전체의 보상도 이루어져 더욱 공사가 활기차게 이루어 졌다. 두산건설 토목본부장인 선배도 우리 회사에 많은 도움을 주었다. 또 두산건설 본부장인 나의 선배는 자기의 초등학교 친구인 심 씨를 소개했다. 그를 우리 회사에 전무로 영입하여 현장을 관리하도록 하였다. 우리 회사는 두산건설의 협력업체로 선정되었고, 나는 현장관리를 위하여 자주 현장을 방문하는 등 최선을 다했다.

이제 8공구 전체가 착공되어 토공과 구조물 공사를 병행하여 실시했다. 그러나 8공구 전체를 우리사가 수주하기는 무리였다고 생각했는지 두산건설 소장이 나를 불렀다. 현장으로 갔더니 일부 구역을 다른 업자에게 맡겨야 한다고 했다. 나도 동의하였다. 그래도 우리 회사는 이 공사의 70%를 수주하여 시공하였다. 공사원가도 좋고 현장관리도 일사불란하게 잘 이루어져 두산건설로부터 칭찬도 들었다.

또 두산건설은 외곽순환고속도로 10공구를 동부건설과 컨소시엄을 형성하여 수주 시공하고 있었다. 그런데 하청업자가 부도를 내서 어려움에 처해 있었다. 우리 회사는 10공구의 하청업체가 시공하다가 남은 공사도 수주하고자 두산건설에 나머지 공사를 견적하여 낙찰사로 선정되었다. 외곽 순환고속도로 8공구의 최종 정산 도급 금액은 약 200억 원으로 무리 없이 공사를 마칠 수 있었다.

우리 회사가 도급 받아 시공한 공정은 토공, 배수 구조물, 옹벽, 법면 보호공, 일부 경계석 설치, 보조기층 건설공사였다. 기성금액도 어음이 아닌 현금으로 결재되어 IMF보호 아래 있던 시기에 현금을 금융시장에 활용하여 이자수익도 대단히 많았다. 회사전체로 다른 현장 기성금까지 합치면 월 15~20억 원이나 되었다.

공사 중 가장 어려웠던 공정은 목감동 지역에 농경지를 횡단하는 box culvert를 시공하는 일이었다. 지반침하로 시공한 box culvert가 틈이 벌어지고 침하가 일어나 보상시공을 하느라 원가가 많이 투입되었다. 이 구조물 공사에도 특수공법으로 epoxy 수지로 하자 부위도 시공하고 보강하여 추가적인 하자를 방지할 수 있었다.

15. 서울 외곽순환고속도로 10공구 수주와 시공

도로공사가 발주하고 두산건설과 동부건설이 컨소시움을 형성하여 수주한 서울외곽 순환고속도로 10공구 공사 지역에서 우리 회사가 맡은 구역은 시흥 쪽이었다. 컨소시엄 주관사는 두산건설이고 동부건설은 참여사였다. 두산건설은 전문 건설업체를 선정하여 공사를 진행하였으나 이 업체가 토공 일부만을 마치고 부도를 내었다. 우리 회사가 옆 공구에서 공사를 잘하고 있기 때문에 두산건설 공사 재개를 위한 입찰견적에 참여하여 시공사로 선정되었다.

이 구간의 잔여 공사는 토공이 전체의 약 30% 정도 남았고 나머지는 모두 교량공사, 배수공사였다. 토공도 기존 도로가 있는 시흥인터체인지 공사가 대부분이었다. 토량도 외부에서 반입하여 노반을 조성하여야 하므로 장비 조합에도 애로가 있었다. 더욱이 시흥인터체인지 부분의 토공은 대단히 높은 법면의 암을 깎아서 인터체인지 공사를 해야 함으로 발파에도 어려움이 있었다. 예상대

외곽순환고속도로 10공구 시흥구간 통행료 납부 구간

로 암이 너무나 강하여 브레카시공이 불가능하였다. 암 발파 때 암석 조각이 멀리까지 퍼져나가는 바람에 지나는 차량에 피해를 주어 차량에 대한 보상을 해주어야 하는 사고도 발생했다. 교량공사가 대부분인 이 공사는 부도까지 겹쳐 공정이 부진하고 많은 난관이 예상되었다.

나는 외곽순환도로 8공구와 연관시켜 관리를 철저히 했다. 그러나 남은 공정이 대부분 배수 법면공, 교량 구조물공, box culvert 공이므로 많은 인력이 동원되어야만 했다. 적어도 하루에 120명의 기능 인력이 필요했다. 목수 반장을 3개 팀으로 나누어 운영해야

외곽순환고속도로 10공구 종점 전경

외곽순환고속도로 10공구 교량 상부구조

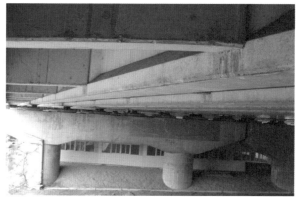

외곽순환고속도로 10공구 교량 하부구조

만 가능했다. 또 우리 회사가 시공하고 있는 7-26공구의 기능 인력도 이 공구에 참여시키고 3개 목수반장을 운영했다

목수반장 3개 팀은 1개월 가량 전력을 다해 구조물 공사를 수행하였다. 월말에 목수반장 기성을 계산했다. 목수반장은 많은 노임 적자가 나서 더 이상 현장을 운영하기가 어렵다며 공사 포기를 요청했다. 나는 목수반장을 설득하여 반장은 봉급으로 주고 동원되

외곽순환고속도로 10공구 인천, 안양 IC구간

는 모든 목수의 노임을 회사가 직불처리 하겠다고 약속하고 공사를 진행했다.

월말 노임 지불일은 정말로 아우성이었다. 목수반장은 자기봉급 외에 그가 동원한 목수 철근공 노임에 플러스알파를 붙여 요청했다. 나는 목수 개개인과 면담하여 노임을 직불로 지급했다. 직불결과 가공으로 작성한 노무자도 있었으므로 반장이 요청하는 노임보다 훨씬 적은 노임을 지불할 수 있었다.

두산건설 토목 본부장이 바뀌었다. 이 토목본부장도 나의 선배였다. 그러나 이 선배는 나에게 무리하게 많은 압박을 가했다. 처음에 자기들이 협력업체를 잘못 선정하여 부도를 내고 많은 공사기간을 낭비하였으나, 나는 매일 100여 명의 기능공을 동원하여 어렵게 일하는 우리 회사의 노력은 생각하지도 않았다. 또 7월에는 장마로 많은 비가 내려 조성된 노반의 법면이 깎여나가고 수해도 많이 입었다.

누가 뭐래도 나는 이 공사에 최선을 다했다. 어려웠던 구조물 공사도 마무리 단계에 이르렀고 보조기층 공사도 우리 회사가 맡아 잘 시공하였다. 나의 선배인 토목본부장인 김 전무는 구조물공정이 늦으니 더 많은 기능공을 동원하라고 하고 본부장 자신이 목수 1개팀을 추가하여 동원하였으나 이 목수반장도 일을 못하고 중도에 그만 두었다.

나는 이 공사를 성공적으로 마치고 두산건설 토목본부장인 선배를 찾아 뵙고 도와 줘서 고맙다고 인사를 했다. 그러나 이 토목본부장은 우리 회사를 아주 싫어했다. 이처럼 어렵게 공사를 하여 컨소시엄사와 최종정산을 하였다. 이 공사도 물가 인상율을 적용, 당초 계획보다 많은 공사물량을 더해 공사금액이 당초 계획 금액보다 많이 증액되었다. 도급 금액을 120억 원으로 수정 계약하고 공사를 성공적으로 준공하였다.

모든 프로젝트 수행과정에는 많은 어려움이 있게 마련이다. 이 어려운 난관을 잘 헤쳐나가고 대처하는 것이 경영자가 할 일이다. 공사장 고발 사건도 있었다. 주위에 폐기물을 땅속에 묻는다고 고발되기도 했고, 구조물 공사 중 안전사고도 수없이 발생하여 모두 보상해 주었다. 그리고 목수반장들의 횡포도 발견했다. 목수반장들은 중국 조선족들을 동원하여 불법취업을 시키고 노임청구는 국내 기능공 노임을 청구하여 자기들 이익을 챙기는 사실도 파악하였다.

16. 서울지하철 7-26공구 온수동 지하철역 본선 터널공사 수주시공

서울지하철공사가 발주하고 신한이 수주한 7-26 공구는 온수동에 역사 1개소와 본선 터널 약 150m 구간을 시공하는 공사였다. 이 공사는 당초 신한이 전문건설업체를 선정하여 공사를 수행하였으나 그 업체가 부도를 내고 공사를 포기하였다. 신한은 1차로 터널 150m에 대하여 업자선정을 위한 견적입찰을 실시하였다.

역사와 부대시설 공사가 걸린 1차 입찰에 성공하면 나머지 모든 공사를 우리 회사가 수주할 수 있을 것으로 예상했다. 1차 터널 150m 공사에 대하여 입찰결과 우리 회사가 최저 낙찰사로 선정되

서울지하철 7호선 천왕 정거장 출입구

서울지하철 7호선 천왕 정거장 승강장

었다. 또 얼마 지나지 않아 내가 예상한대로 정거장 수주업체가
부도를 내자 2차로 역과 부대시설 공사에 대해서도 입찰견적에 초
청되어 서류를 제출했다.

다행히 토목 본부장이던 최 전무가 신한에 새로 부임하였는데
최 본부장은 나의 대학교 동문이었다. 나는 이 공사 수주에 강한
의욕을 보였다. 동문인 본부장은 자기가 도울 수 있는 것은 도급예
정인 예상금액이고, 어느 업체가 얼마로 입찰할 지는 알지 못하므
로 알아서 견적하라고 했다. 입찰 참여사는 3개 회사였다. 나는 대
구지하철, 상도동 지하철 단가를 참작하여 견적금액을 산출하였더
니 본부장이 알려준 금액보다 훨씬 적었다. 따라서 나는 내가 견적
한 금액으로 견적입찰을 했다. 개봉결과 우리 회사가 최저가로 낙
찰되어 1, 2차 입찰에 모두 성공했다.

공사를 수주하여 시공준비를 하고 있는데 현장소장인 지 씨가 찾아와 회사를 위해 열심히 일할 테니 자신을 채용해 달라고 했다. 이력서를 검토한 결과 현장 추진능력이 있어 보여 봉급을 협상하고 현장 소장으로 채용하였다. 현장관리 토목기사도 현장소장이 추천하는 인원으로 구성하여 공사를 착공하였다. 마찬가지로 현장

서울지하철 7호선 천왕 정거장 환승 주차장 안내

서울지하철 7호선 천왕 정거장 지하계단

사무실을 짓고 완벽하게 공사준비를 했다.

공사 내용은 부도업체가 역사 양 side의 H-pile시공을 완료하였고, 버팀보도 3단까지 시공하여 지하 10m까지 굴착해 놓은 뒤였다. 우리 회사는 1차 수주한 터널공사의 갱문 설치도 하고 정거장 지하굴착도 버팀보 시공과 병행하여 순조롭게 공사를 진행하였다. 이 지역의 지반은 암반, 토사가 병행으로 발생하고 용수도 많았다. 모든 공정이 잘 진행되어 갱문 설치도 완성되었고 터널 굴착도 상도동 지하철 터널굴착과 같이 인력으로 진행하였다. 정거장 지하굴착도 마무리 되었고 구조물 공사도 착공준비 단계가 되었다.

당초 계약은 구조물공사가 포함되지 않았으므로 1999년 말 설계변경을 하였다. 1년 동안 물가인상률 적용, 추가 구조물 공사와 순환선 노선변경 등으로 많은 공사금액이 증액되어 도급금액이 약 170억 원 가량 되었다. 터널 굴착도 완료되었고 시스템 form도 상수동 지하철터널 공사에서 사용하였던 form을 일부 개조하여 사용하였다.

비교적 단거리의 터널이나 원가절감의 노력으로 적은 비용으로 본선 터널을 관통시켰고, 역사 구조물도 많은 물량이므로 알뜰하게 하여 많은 원가를 절감시켰다. 특히 온수동 지하철 역은 차량이 순환하는 선로 공사이므로 한꺼번에 많은 구조물을 시공하게 되어 있었다. 원가도 절감되고 목수와 철근 반장에도 이익이 되어 서로 win win 할 수 있었다.

물론 이 공사에도 많은 어려움이 있었다. 구조물 공사이므로 많은 기능공들의 안전사고가 발생했다. 원청사가 산재처리를 해주지 않아서 100% 보상으로 안전사고를 처리하였다. 또 구조물 시공에 대한 하자 처리도 보강공법으로 대처하여 심각한 하자를 예방할 수 있었다.

17. 서울지하철 6-8공구 신당동 구간 지하철공사 수주시공

우리회사는 서울시 지하철 건설본부가 발주하고 남광토건이 수주한 신당동 6-8공구 지하철 공사를 수주했다. 이 공사는 지하철 6호선으로 신당동 4거리를 횡단하는 역사 1개소와 본선 약 300m 를 건설하는 공사이다. 특히 지하철 기존 노선인 2호선이 신당동 4거리를 통과함으로 신규 시공예정인 6호선은 기존 지하철 2호선

서울지하철 6호선 신당역 지하철 승강장 및 선로

밑을 관통해야 함으로 대단히 위험하고 어려운 공사였다.

이 공사를 위해서 우리 회사에서는 under pinning 공법을 적용했다. 기존 지하철 2호선을 운행하면서 굴착해야 하므로 지하철 운행으로 인한 진동과 구조물의 하중으로 굴착 시 붕괴되면 대형 사고를 유발할 수 있었다. 이 공사의 수주 경위는 우리 회사가 많은 지하철공사(7-22공구, 7-26공구, 대구지하철)를 성공적으로 수행하고 있으므로 남광토건 공무부에서 회사의 실적을 파악하고 전화하여 6-8공구를 맡아 달라고 했다. 그래서 나는 남광토건 공무부에 들러 다시 회사를 소개하고 견적서를 제출하겠다고 했다.

남광토건이 제시한 내역을 검토하고 현장 조사를 해 본 결과 전문건설업체에서 이 공사를 수주하여 시공하다가 부도를 내어 공사가 중단되었다. 남광토건이 직영으로 조금씩 공사를 하고 있었는데 2호선 열차의 통과로 본선굴착도 어려울 것으로 예상했다. 지

서울지하철 6호선 신당역 승강장 전경

반의 토질은 암반이 아주 소규모로 발견되고 용수가 남산 골짜기에서 많이 내려왔으며 아주 강한 마사토가 대부분이었다. 마천동 지하철공사와 같이 남한산성에서 내려오는 물줄기와 흡사하였다.

나는 가시설 작업은 타공구에서 시공하는 유사한 단가로 견적하고, 수중 터파기의 왕마사 단가는 ㎥당 1800원~2200원을 견적했다. 이 왕마사는 덤프운반업자가 서울시 각 학교 운동장 조성공사로 사용하여 운송비를 줄일 수 있었다. 도급단가는 구조물 공을 제외하고 지하굴착, 가시설 설치, 해체, 되 메우기, 본선 under pinning공법 등을 합하여 65억 원에 계약하였다. 우리 회사는 주야로 작업하여 주간에는 가시설 설치와 지하굴착을 하였고, 야간에는 굴착된 마사토를 외부로 반출하며 열심히 일했다. 따라서 정거장 굴착공사는 완료되어 구조물 공사도 계약하였다.

난공사인 under pinning공법은 기존 지하철 양 side를 따라

서울지하철 6호선 신당역 선로

H-pile을 심고 H-pile에 브라켓을 설치하고, 기존 지하철 바닥에 차례대로 hole을 만들고 그 밑으로 H-pile을 밀어 넣어 양 side H-pile에 연결시켰다. 다시 기존 지하철 밑을 파 H-pile을 밀어 넣기를 반복하여 기존 지하철 바닥에 H-pile을 여러 겹으로 밀어 넣었다.

양쪽 pile과 H-pile을 연결하여 기존 지하철 구조물을 매달았다. 다시 대형 STL wire를 밀어 넣어 버팀보에 매다는 이중공법을 강구하고 지하굴착을 하루 1m 정도 굴착하고 다시 안전을 점검했다. 굴착을 마무리하고 본선 구조물을 설치하여 기존 지하철 밑을 concrete grouting하여 안전하게 시공할 수 있었다.

그러나 본선 구조물 시공이 부진하고 우리 회사가 동원한 목수 반장의 능력이 모자라 남광토건으로부터 공기지연에 대한 독촉을 받았다. 따라서 나는 이제 어려운 굴착공사는 다했고 구조물 공사

서울지하철 6호선 신당역 출입구

도 준비가 다 되었으니 남광토건에서 직영으로 하라고 했다. 나의
의견이 받아들여져 우리 회사는 구조물공사와 되메우기, 가시설
해체 등은 준공하지 못하고 타절 준공하였다.

18. 부산지하철 227공구 지하철 건설공사 수주 시공

우리 회사는 부산지하철공사가 발주하고 삼환기업이 수주한 부
산지하철 227공구를 수주 시공했다. 이 공사는 부산시 남천동에
위치한 구간으로, 역사 1개소와 본선 약 300m를 시공하는 구간이
었다. 본선은 남천동 지하차도를 횡단하여 수영만으로 연결되는
지하철 공사였다. 이 공사의 수주 경위는 나의 큰처남 친구가 삼환
카뮤의 사장이라 우리 회사 사업자등록을 부탁했다. 그래서 삼환

부산지하철 227공구 대남교차로

기업에 등록했고, 또 계약 담당자와 토목담당 임원이 내 고향 후배
였다.

계약을 하고 현장에 갔더니 현장소장이 친절하게 맞이하며 대단
히 어려운 공사라고 했다. 특히 남천동 지하차도를 통과하기 위해

부산지하철 227공구 남천지하차도

부산지하철 227공구 대남지하차도. 중앙에서 20m 깊이에서 지하철과 교차된다.

서는 많은 설계변경이 있어야 하고, 전문가의 자문도 많이 받아야 한다고 했다. 나는 현장경험이 많은 대구 지하철공사를 시공한 소장을 현장 소장으로 내정하고 준비하게 했다.

우리 회사는 많은 지하철 공사를 수주하여 시공한 경험이 많은 회사로 건설업계에 널리 알려져 있다. 처음에는 역사 공사부터 시작했다. 삼환기업이 먼저 T-4 천공을 하고 H-pile 박기까지 마친 작업장을 우리 회사에서는 지하굴착을 하고 토류벽을 만들며 가시설 공사만 하면 되었다. 대구지하철공사의 시공경험이 많은 가시설 기능공이 투입되어 공사도 순조롭게 진행되었다. 이 현장의 지반은 비교적 단단한 암이 발생되는 구간이고 용수도 심하지 않아서 굴착도 용이했다.

다른 현장과 마찬가지로 주야 작업을 하고 환기구 2개소도 천공하여 H-pile를 심고 굴착을 시작하였다. 이 환기구 2개소가 굴착이 완료되어야 본선 착공이 가능했다. 우리 회사는 늦은 공기를 만

회하기 위해 환기구 2개소에 각각 장비, 인력을 배치 굴착하여 굴
착심로 20m를 마치고 정거장 굴착 바닥까지 연결시켰다. 이제 난
공사인 남천동 지하도 구간을 통과하는 굴착만 남았다. 그러나 이
난공사 구간도 쉽게 해결되었다.

왜냐하면 부산시에서 남천동 지하도를 건설할 시 지하도 바닥
콘크리트를 타설하기 전에 일정 간격으로 H-pile를 깔고 지하도
콘크리트를 타설한 것을 알았다. 또 지하도 주위에 H-pile도 심어
놓아서 우리는 바닥에 깔린 H-pile을 양 side에 박혀있는 H-pile
에 걸고 굴착하면 되었다. 서울지하철 6-8공구 2호선 바닥 밑을
통과하기 위한 공법과 유사하였다.

하루에 1m 정도를 굴착하고 다시 안전을 점검했다. 순차적으로
굴착을 완료하고 지하차도의 차량을 운행하면서 구조물을 완성하
고 concrete grouting하여 남천동 지하차도 밑을 통과하는 구조
물을 건설하였다. 역 구조물도 단계적으로 시공하고 설치한 버팀

부산지하철 227공구 출입구계단

부산지하철 227공구 남천역 승강장

부산지하철 227공구 남천역 지하선로

보를 제거하였다. 다시 몇 단계의 과정을 거쳐 부산지하철 227공구를 준공할 수 있었다. 시공 중 삼환기업과 마찰도 많았다. 안전사고가 나면 산재처리를 해주지 않았고, 우리 회사더러 보상 처리하도록 했다. 건조 수축에 의한 크랙이 발생하면 시공자의 책임으로 돌렸다.

그러나 나는 크랙 발생에 대하여 강력히 항의했다. 크랙 발생의 원인은 건조 수축에 의하여 일어나고 이것의 원인은 지급된 자재인 레미콘과 설계에 책임이 있고, 시공자 책임이라면 콘크리트 재료비+시공비 중에서 시공비에 해당하는 부분만 책임이 있다고 했다. 공사 준공을 마치고 연간 물가 상승률과 추가물량에 따른 공사비 증액으로 약 130억 원에 준공 정산하고 공사를 마쳤다.

19. 광주 제2순환고속도로 산수터널공사 수주시공

우리회사는 광주시가 민자공사로 발주한 광주 제2순환고속도로 공사 중 광주시 무등산을 지나는 터널 680m 왕복 2개선 건설을 수주 시공하였다. 이 공사는 민자사업으로 대우건설과 아남건설, 광주지역 건설회사 등 4개 업체가 컨소시엄을 구성하여 민자로 시공하는 공사였다. 물론 이 공사의 컨소시엄 주관사는 대우건설이었다.

우리 회사는 아남건설의 추천을 받아 공사에 참여하기로 했다. 아남건설의 토목담당 전무는 삼성건설에 재직할 때 옆자리에서 같이 근무한 친구였다. 모든 공사의 주체는 주관사인 대우건설이 관

광주 제2순환고속도로 산수터널 상행선(APT지역)

장하였다. 기타 회사는 자기들 지분을 이용하여 시공업자를 추천
하겠다며 대우측에 강력히 주장하였다. 내 친구는 우리 회사를
아남건설의 추천업체로 주선했다. 물론 터널공사 실적도 제출되
었다. 다른 유사 공사의 실적도 함께 제출했다. 그러나 우리 회사
는 지하철터널공사 실적은 있으나 도로공사터널 실적은 없었다.
그렇지만 어려운 지하철 공사, 외곽순환 고속도로를 건설한 실적
이 인정되어 현장설명회에 참여할 수 있었다.

나는 아남건설 전무의 이야기를 듣고 사전 현장답사를 했다. 현
장은 광주시 무등산 출입구 부근의 산수동에 위치해 있었다. 터널

상행선 부근의 한쪽 side는 아파트가 즐비했고 주민들도 입주해 있었다. 터널 토피도 8~9m 밖에 되지 않았다. 터널 굴착 시 주위 아파트 주민들의 민원이 대단히 많을 것이고, 또 터널상단과 토피가 적으므로 지반이 연약할 시에는 NATM공법으로 굴진하는 것도 어려울 것 같았다.

현설 일이 다가왔다. 나는 회사전무로 있는 두산건설 본부장이 소개한 사람을 현설에 참가하도록 하고 출장을 보냈다. 현설 참여사는 각 사가 추천한 4개 업체였다. 특히 대우건설의 추천 업체는 우리나라에서 터널굴착장비를 제일 많이 보유하고 터널 시공 경험이 많은 회사였다. 우리 회사 전무가 현설에 참여하여 받아온 도면, 내역서 등을 검토하고 여러 방법으로 공사원가를 산정해 보았다.

첫째 방법으로 일반터널 공사에 적용되는 일반적인 단가로 내역서를 만들기도 하고, 둘째 각 Itim마다 자재비, 인건비, 장비비를 구분하여 break down하여 보았다. 세번째로 터널 전체 굴착을 터널업자에게 모작으로 시공하는 안으로 견적도 내 보았다. 또 터널 각 type별로 시공방법을 다르게 적용하여 단가를 산출해 보기도 했다. 아남건설의 친구가 이렇게 우리 회사를 위해 애를 써주었는데 어떻게 해서라도 수주하고자 노력했다. 심지어 대우건설 본부장이 대구 경북고 출신인데, 본부장 친구를 동원하려고도 했다.

따라서 우리 회사는 최종적인 견적 금액으로 132억 5천만 원의 내역서를 만들어 지정된 날짜에 대우건설 공무부에 제출했다. 이제부터는 대우건설 인맥을 닦기 위해 노력했다. 다행이 대우건설 공무이사로 있던 우리 선배가 신한 본부장으로 와서 그 본부장에게 우리 회사가 대우건설에 광주 제2순환고속도로 터널공사에 입찰했는데 좀 알아봐 달라고 부탁을 했다. 우리 선배인 본부장이 알아본 결과 타 업체보다 너무 저가로 입찰 견적했다고 했다.

우리나라에서 터널공사 경험이 제일 많은 대우건설이 후원한 경쟁회사의 입찰가는 우리 회사보다 약 20억 원 더 비싼 가격으로 견적되었다고 했다. 따라서 대우건설 공무부가 우리 회사를 불러 nego를 하였다. 또 당시 대우건설 공무 부장은 가격이 너무 적으니 금액을 깎을 순 없고 현장 소장과 협의 결정하겠다고 했다. 나는 신한 본부장에게 전화를 하여 우리 회사가 터널을 시공할 수 있는 능력도 있고, 잘 할 수 있으니 대우건설 소장에게 전화를 한번 해 달라고 부탁했다. 그 결과 금액이 너무 적으니 약 2억 원을 추가하여 계약하겠으니 안전하게 잘 시공하라고 하였다.

나는 도급금액 135억 원으로 산수터널 상하행선 680m 터널공사를 수주시공하였다. 우리 회사는 터널경험이 많은 소장을 선임하고 현장 공무와 관리부장에 내 6촌 동생을 임명 현장에 보냈다. 현장사무실과 숙소를 최신식으로 짓고 공사를 착공하였다. 내 동생은 건축기술사 자격증을 갖고 대농건설에서 소장으로 있다가 퇴사하여 우리 회사에서 관리부장과 공무부장으로 현장을 완벽하게 챙기면서 공사를 진행했다.

나는 주말마다 현장에 내려가 우리 직원들을 독려하고, 대우건

광주 제2순환고속도로 절취구간

광주 제2순환고속도로 산수터널 내부

설 소장과 직원들에게도 친절하게 대했다. 대우건설 소장과 직원들은 우리 회사 사원들이 공사도 잘하고 주말마다 내가 내려가 잘해 주었더니 회사 일에 협조를 잘 해주었다. 그리고 감리단장도 나와 같이 근무한 단장으로 우리에게 대단히 우호적이었다. 그러나 공사 중 견적 당시 예상한대로 매일 많은 민원이 몰려 공사를 방해하곤 하였다. 하행선 갱문 쪽의 민원인은 자기들 조경시설물을 보상하는 조건으로 2천만 원을 요구했다. 그 2천만 원을 보상한 뒤에야 갱문 공사를 할 수 있었다.

우리 회사는 매일 몰려와 공사를 방해하는 민원인들을 달래려고 선물도 주면서 그들의 환심을 사려고 했다. 또 소음방지를 위하여 터널 갱문 입구에 방음벽을 설치하여 내부에서 작업 시 소음이 밖으로 퍼지는 것을 방지하도록 하였다. 특히 주간에만 굴착을 하고 야간에는 굴착된 부분을 rock bolt를 박고 숏크리트 머신으로 타설하였다. 터널공사에서 숏크리트량이 대부분 설계보다 15~20% 상향 투입되었다. 왜냐하면 굴착된 면이 거칠고 숏크리트 타설 시 굴착된 부분에 부착이 되지 않고 그대로 지반에 떨어지는 loss가 굴착면의 작업방법에 따라 현저히 증가하기 때문이다. 또 배합설계 등에 따라 기능공의 기능도 서로 다르므로 굴착 시부터 loss를 줄이는 대책을 강구해야 했다. 따라서 시험 숏크리트 타설에 의거, 표본을 정하고 작업하는 것이 무엇보다 중요했다.

야간에 숏크리트을 타설하다가 터널 천정이 무너지는 바람에 타설공이 장애1급의 부상을 당하는 사건이 일어났다. 그래서 많은 보상비를 지불했다. 이러한 작업을 매일 반복하여 2년여 만에 상하행선 굴착과 숏크리트 타설을 모두 마칠 수 있었다.

그런데 시멘트 반입에도 문제가 생겼다. 현장에 숏크리트용 시멘트의 싸이로를 설치하고 전라남도 장성의 고려시멘트 공장에서 벌크카로 시멘트를 반입하였다. 우리는 시멘트회사의 양심을 믿고 벌크카로 시멘트를 운반하여 싸이로에 채우는 작업을 계속 진행했다. 1개월 사용분을 설계수량과 대비하였더니 많은 시멘트가 추가로 투입되었다. 추가로 투입된 이유를 조사하였더니 시멘트회사에서 벌크카로 운반하는 과정에서 처음부터 시멘트 량을 2~3% 줄여 계량하여 운반했다는 것을 알았다.

원인을 발견하고 시멘트회사에 직원을 보내어 계량 시 정확한 수량을 확인하고 반입하였다. 레미콘 계량도 마찬가지다. 원래 레미콘은 원청사에서 지급하는 자재이므로 하청업체는 레미콘 반입이 정확하게 이루어지는지 신경을 쓰지 않는다. 그러나 대량의 콘크리트 타설을 완료하고 월말에 기성 지불 시 레미콘이 설계수량보다 많이 투입되었으므로 추가 투입된 레미콘의 투입비를 하청업자에게 전가했다.

이유는 하청업체가 레미콘 타설 시 많은 loss를 발생시켰다고 했다. 실제로 우리 회사는 투입된 레미콘 수량을 현장에서 측정하였더니 반입시에도 2~3% 적은 수량으로 계량하여 반입된다는 사실을 알았다. 이 사실을 원청사에 이의를 제기하기도 했다. 이러한 loss가 많은 양의 콘크리트 타설시나 혹은 숏크리트 타설 시에 적용되어 프로젝트의 이익을 갉아먹고 있었다.

우리 회사는 상하행선 굴착을 완료하고 라이닝 form 4set를 구입하여 터널 상하행선 양쪽 side 갱문 입구에서 터널 중앙으로 라이닝 콘크리트를 타설하여 공사기간을 단축했다. 터널 라이닝 콘크리트를 타설 완료하고 준공 시에는 라이닝 콘크리트 면이 어떠한 크랙도 없이 깨끗하게 완성되었다. 그러나 1년이 지나면 아무리 라이닝 콘크리트 타설을 잘 해도 터널천정과 측벽에 크랙이 발생한다. 이 크랙 발생의 원인은 건조수축과 온도변화가 원인이라고 하나, 콘크리트의 배합설계, 모래, 자갈의 품질에도 원인이 있다고 한다.

모든 원청사는 크랙 발생에 대한 하자 책임을 하청업자에게 돌리고 하자보수 요구를 하여 원청사와 하청업체간에 분쟁이 발생하고 있다. 우리 회사는 공사단가 비율, 이를 테면 재료비(레미콘) 단가와 시공비 단가에 비율을 정하여 하자보수 금액을 정하자고 제안하여 서로간의 책임한계를 결정했다. 따라서 여러 악조건을 극복하고 3년 만에 터널 680m 상하행선을 완료하고 준공식을 하였다.

20. 전북 익산 국토관리청 발주 운암–구이간 도로확포장공사 수주시공

우리 회사는 전북 익산국토관리청이 발주하고 신한, 두산건설, 동아건설 등의 컨소시엄사가 공동 수주한 전주 운암~구이 간 도

전주–운암 구이간 도로 영암마을 대절취 구간

전주–운암 구이간 도로 성토구간 노선

로 확포장 공사 중 토공과 구조물 공사를 수주 시공하였다. 이 공사는 원청사가 입찰 시 협력사를 동반 시공자로 시공금액을 제시하는 부대입찰 방식이었다. 이 공사의 컨소시엄 주관사는 신한이었으므로, 업체선정도 신한에서 했다.

입찰 참여사를 컨소시엄 각 회사에서 추천하여 입찰견적을 했다. 4개 회사가 경합하여 견적 입찰에 들어갔는데 우리 회사는 신한의 추천업체로 입찰 견적하여 성공했다. 우리 회사는 신한의 협력사이고 온수동 지하철 공사도 성공적으로 시공했으므로 신한

전주–운암 구이간 도로 절취구간 슬라이딩 구간 법면 보호공

전주–운암 구이간 절취면 법면 보호공

임원진의 추천으로 입찰에 참여하였다. 당시 신한 임원 토목본부장과 상무가 공사를 수주하는데 많은 도움을 주셨다. 다시 한 번 감사를 드린다.

그 공사는 익산국토관리청에서 연차적으로 예산에 반영된 금액에 의거 집행하였다. 계약초기 그해에는 예산이 적게 반영되어 약 25억 정도를 집행하였다. 우리 회사는 익산국토관리청의 연차적인 편성예산에 관계없이 전체공사를 하기 위한 준비를 하고 우선 노선 내 보상이 완료된 지점부터 집중적으로 장비를 투입하여 공사에 박차를 가했다. 공사 내용은 높은 산을 절취하여 절취된 토량 약 80만㎥를 공사 노반에 사용하고 남은 토량은 전주시 쪽 다른 회사 공사구간에 운반하는 공사였다.

공사를 개시한지 일 년이 지난 후 몇 개 구역을 제외하고 모든 노선에서 보상이 완료되었다. 토공, box culvert, 교량, 배수로,

전주-운암 구이간 계룡터널 전경

전주–운암 구이간 도로 – 교량 위에서 본 계룡터널

전주–운암 구이간 도로 – 곡선부분

전–운암 구이간 도로 – 교량 슬라브 전경

법면공 등을 본격적으로 시공했다. 1개월의 기성금액을 6~8억까지 달성했다. 신한과 컨소시엄사는 각자 지분에서 우리에게 줄 기성금액을 약속어음으로 결재하였다. 그러나 IMF영향으로 신한이 부도위기에 처하게 되었다. 신한으로부터 기성금으로 받아 놓은 어음도 약 12억 이상이었다. 신한의 사장님을 찾아뵙고 대책을 협의하였다. 우리 회사는 신한이 시공하여 미 분양된 아파트, 오피스텔, 여의도 주상복합 아파트 등과 보유한 약속어음을 교환하기로 했다.

우리 회사는 여의도 주상복합 아파트 1703호를 분양 받고, 보유한 신한의 약속어음 11억을 돌려주고 대물 결재를 하였다. 졸지에 우리 회사는 여의도 63빌딩 옆에 90평짜리 주상복합 아파트를 보유하고, 보증금 3억 원에 월 2백만 원의 임대계약을 체결하였다.

신한의 경영 위기로 공사비 결재가 어려워지자 익산 지방국토

전주–운암 구이간 도로 양측 절취 구간

관리청은 원활한 공사진행을 위해서 우리 회사에게 매달 기성금을 현금으로 직불처리 하였다. 신한과 컨소시엄 사와의 공사금액도 전체 공사를 하기 위한 당초 부대 입찰 시에 적용된 단가와 금액으로 2차 계약 수정을 하여 계약했다. 계약서는 익산 지방국토관리청에도 제출되었다. 당초 우리 회사가 입찰견적 시 제출한 단가에 의거한 금액보다 부대입찰 단가에 의한 금액이 약 12억 원 정도 높게 책정되었다. 우리 회사 입장에서 볼 때는 12억 원이 증액된 약 260억 원의 정식계약이고 법적으로도 유효했다.

그러나 신한은 익산 지방국토관리청이 직불로 기성 지급시 우리 회사 은행계좌에 입금되는 기성금 중 약 12억 원에 해당하는 비율만큼 매월 신한 계좌에 입금을 강요하여 입금 조치해 주었다. 신한도 법정관리를 거치고 신경영주가 회사를 인수하면서 다시 기성 지급이 신한과 컨소시엄 지급결재로 전환 되었다. 우리 회사는 신

전주─운암 구이간 계룡터널 종점

전주–운암 구이간 도로 성토구간

한의 신경영주로부터 우수 시공 상패도 받고 회사의 이익과 컨소시엄사의 이익을 위하여 도로 전 구간에 걸쳐 열심히 공사를 집행하였다.

약 60% 정도까지 공정을 달성했다. 신한은 익산 지방국토관리청으로부터 작업장의 지반이 암에서 토사로 판명되어 설계변경에 따른 기성 수령금액에서 약 8억 원이 감액되었다며 우리 회사에게 6억 원을 환불조치 하라고 요구했다. 우리 회사는 말도 안 되는 요구라며 거절하였더니 신한이 우리가 시공한 기성금을 지불하지 않았다. 그래서 우리 회사와 신한과의 분쟁이 발생하였다. 나는 현장에 공사 중단지시를 내리고 신한에게 기성금 지불을 독촉했다.

우리 회사가 익산청 직불로 기성 지불시 신한이 돌려가지고 간 계약 단가에 의한 기성금 12억 원도 요구했다. 물론 두산건설이 신한에 요구하여 당초 계약 1년 후에 당시 우리 회사가 견적입찰한 단가에 의거 계약하여 한 공사에 2개의 계약서가 생기게 되었다. 약 1개월 이상 공사 중단 사태가 되었고 익산지방국토관리청도 신한에 입력을 가하였으나 신한은 우리의 기성을 계속 유보하였으나 최종협상으로 마무리를 지었다. 우리 회사의 현장 미불금액을 파악하여 신한이 지불하고 우리는 현장에서 철수하는 것으로 협상이 되어 되었다.

우리 회사가 이 현장에서 철수하고 다른 회사가 우리가 시공 못한 나머지 잔여공사를 계약하여 시공하였으나 기성문제로 다시 신한과 분쟁이 발생하였다. 그래서 법정으로 가서 해결하는 사태까지 발생했다. 나는 운좋게 그 현장을 종결짓고 나왔으나 기성금으로 받은 내가 시공한 부분에 대하여 신한이 하자보증 발급을 강력하게 요구했다. 하자 보증서를 발급하자 신한은 공사 도중에 우리 사가 시공한 구조물에 크랙이 발생하였다며 하자 금액으로 1억 8천만 원을 요구했다. 따라서 나는 전문가를 대동하고 현장조사를 집행한 결과 약 1천 5백만 원에 하자공사를 종결짓고 철수하였다.

멍하니 바라보고 있으면 코도 베어갈 세상이다. 그 이후부터는 현장 하자보수 요청이 있으면 거절했다. 왜냐하면 우리가 시공하고 하자보증 발급한 공사는 대부분 기성에 의한 보증서이므로 최종적으로 준공처리한 회사가 하자 처리를 해야 한다고 주장하여 하자 집행에 응하지 않았다.

21. 양산 어곡공단 조성공사 2공구 수주시공

양산 어곡공단 조성공사는 삼성물산이 개발한 사업으로 경남 양산시 어곡에 공단을 조성하여 기업체에게 분양하는 일이었다. 우리 회사는 삼성물산에 협력업체로 등록하여 두 번째로 수주한 공사로 계약금액은 약 40억 원이며 토공, 배수 구조물, 옹벽 등으로 구성되어 있다. 내가 근무했던 회사이지만 공사수주가 정말 어려웠다. 그러나 이번 공사는 당시 소장으로 근무한 분이 많이 노력하

양산어곡 지방공단 대절취 구간 보광시설

양산어곡 지방공단 진입도로

여 주었고 토목담당 임원도 우리 회사를 추천해 주었다.

다른 협력업체에서는 자기들 회사가 본사 토목본부장, 토목이사가 우리가 견적한 공구의 공사를 수주토록 하여 주겠다고 하였으므로 우리 회사가 이 공사를 포기하라고 압력도 가했다. 그러나 나는 본사 토목임원과 소장이 우리 회사를 추천하여 공사를 수주토록 했으므로 양보할 수 없다고 강력히 항의했다.

공사계약을 하고 내가 10년간 몸담아온 회사 사업이므로 공사를 잘 집행하여 이익도 남기고 또 나의 사업능력도 보여주고 싶었다. 그러나 예상과 달리 단지조성 지반은 점토질이 많은 토질로 비가 오면 며칠 동안 작업을 할 수 없었다. 암 발생도 적고 호박돌 같은 큰 덩어리의 암이 곳곳에서 드러났다. 더욱이 배수 구조물공사 중 box culvert 공사의 터파기 시 다량의 암이 발생하여 터파기 암반

양산어곡 지방공단 전경

단가가 단지조성 단가와 같았다.

터파기 발파, 포크레인으로, 브레카로 암 절취 등 단지조성 단가로는 도저히 작업을 할 수가 없었다. 그러나 우리 회사는 처음에 단지조성 토공에서 일부 남은 이익을 모두 터파기, 암 절취 등에 투입하였다. 또 설계변경으로 산 절취 부분이 상당부분 축소되어 토공금액이 감액되었고, box culvert 구조물, 옹벽 구조물 등 구조물 공이 대부분이었다.

나는 구조물 공사를 위해 양산에 거주하는 목수반장을 선임하고 모작으로 단가 계약을 하고 작업을 집행하였다. 매달 월말에는 작업반장들의 기성문제 때문에 현장이 시끄러웠다. 왜냐하면 계약된 단가로 기성을 계산하여 지불하였으나 적자가 나서 노임을 지불할 수 없다고 하므로 매일 출역 인원 점검표 수에 의거 평균 단가로 반장에게 노임을 지불하였다. 이렇게 노임을 지불하였는데도 불구하고 어느 날 목수, 철근공 10여 명이 봉고차를 몰고 서울 우리 사무실에 올라와 진을 치고 밀린 노임을 지불하지 않으면 내려가지 않겠다고 하므로 다시 추가로 노임을 지불하고 현장에 내려 보냈다.

매월 기성금을 산출하여 삼성물산에 제출하였으나 확정된 기성금은 우리 원가보다 적었다. 이 문제를 해결하기 위하여 내가 삼성물산에 몸담지 않았고 또 처음부터 삼성물산 임원들과 인과관계가 있었더라면 해결할 수가 있었을 것이다. 그러나 나는 이런 인맥관계가 이루어지지 않았고, 이 문제를 해결하기 위하여 대화 창구는 현장소장 밖에 없었다. 나는 이와 같은 문제점에 관한 해결을 쉽게 처리하는 다른 회사의 사장들이 부럽기도 했다.

나는 적자보전을 위해 추가로 건설 예정인 폐수처리장 공사를 계약하기로 하고 현장을 준비하였다. 공사금액은 약 12억 원으로 조그마한 지방공단 폐수 처리장이므로 규모가 적고, 모두 소형 구조물로 이루어져 구조물공도 어려웠다. 또 절취된 부분은 토압으로 산사태 붕괴 위험도 있었다. 그래서 설계에 대한 대책도 결정도 미루었다. 우리 회사는 시공 가능한 공사부분만 타절 준공하고 철수하기로 현장소장과 협의했다. 그래서 별로 재미를 못보고 현장을 철수하게 되었다. 모든 조건이 내가 생각한 것보다 최악의 상태였다.

22. 서해안고속도로 23공구 건설공사 수주시공

서해안고속도로 23공구 건설공사는 도로공사가 발주하고 범양
건영이 전라도 건설업체 2개사와 컨소시엄을 구성하여 수주한 공
사였다. 우리 회사는 부대입찰로 참여한 회사의 지분 40%를 포기
각서를 받고 수주한 공사로 공사금액은 약65억 원이었다. 현장은
전라남도 함평 외곽을 통과하는 약 3km의 본선과 함평 IC를 시공
하는 토공, 교량 구조물, 배수구조물, 보조기층 포설 공사이다.

1999년 11월에 계약하여 동기간에 현장사무실 건설 등 준비공사

서해안고속도로 함평IC

를 마치고 2000년 3월부터 노선측량과 장애물(묘 이장, 벌목작업) 이전 작업을 하였다. 장애물 제거를 마치고 토공작업을 본격화 하였다. 그러나 석기시대의 유물이 발견되어, 목포대학 유물 발굴팀이 2개월간에 걸쳐 유물조사를 시행하고 작업을 하였다. 함평지역은 농토가 비옥하고 한우가 전국에서 제일 유명하다고 하며 매년 나비축제, 난 축제를 하는 아름다운 지방자치단체였다.

　나는 매주 주말에 광주 산수터널 공사장으로 출장을 가서 현장을 확인하여 현안 문제점을 해결하고 다시 함평 현장에 들러 직원들을 독려했다. 그리고 현안 사항을 보고 받고 문제점을 해결하였다. 특히 교량건설을 위하여 대구경 현장 파일 기초공사를 외주처리하였다. 교량 pier 시공을 위하여 특수 form을 구입 현장에 반입하고 최적의 품질을 얻기 위하여 노력하였다.

　우리 직원들의 피나는 노력으로 공사 진행은 차질 없이 잘 이루어졌다. 그런데 또 현장에서 화재사건이 일어나 근로자 1명이 화상

서해안고속도로 함평IC노선

서해안고속도로 함평IC 서울방향

을 입어 사망하였다. 근로자의 부주의한 행동으로 일어난 사고였
지만 회사에서는 사망자의 보상을 위하여 1억 원의 보상비를 지불
하였다.

3년간의 노력 끝에 공사를 준공하였다. 3년간 회사 직원들의 봉
급과 운영비는 이 공사를 통하여 벌어들일 수 있었으나 이익은 얻

지 못했다. 범양건업은 우리 현장의 어려움을 감수하고 공사를 잘 준공하여 주어서 고맙다고 했다. 모든 공사를 수행하는데 있어서 원청, 하청과의 상부상조가 중요하고 항상 대화하고 문제점을 해결하기 위하여 서로 노력하는 것이 중요하다.

우리 회사가 시공한 구간인 서해안고속도로 함평 IC를 자동차를 타고 달리면 감회가 새롭다. 현장준공을 위하여 어느 하나 소홀함

서해안고속도로 교량통과 노선(서울방향)

이 없이 정성스럽게 챙기고 관리하였던 추억이 새롭다.

23. 연대 보증사 부도로 인한 피해

우리 회사는 신규공사 수주시 계약이행보증, 선급금을 받기 위한 선급금 보증, 하자 발생에 대한 보증 등을 위해 후배회사와 서로 공동으로 연대보증을 해주기로 약정했다. 그러나 후배회사의 경영 상태에 대해서는 그의 인품만 믿고 보증서 발급에 동의를 하고 연대보증을 해 주었다. 후배회사는 선급금 보증발행을 위해 약 2억 원의 연대보증을 서 달라고 협조를 요청해와 서로 연대 보증하기로 약정했기 때문에 선급금 보증서에 동의하여 주었다. 그러나 이 회사가 부도처리 되어 수령한 선급금, 미환급금에 대하여 우리가 변상처리하게 되었다. 그래서 약 1억 4천 8백만 원의 선급금 변재를 해 주었다.

그리고 다른 B후배 회사에서도 선급금을 수령하고 부도를 내는 바람에 약 1억 5천만 원의 선급금 변재를 해 주었다. 이 후배 B사는 당시 김대중 정부시절 실권자가 공사를 밀어주고 선급금을 많이 받도록 하여 계약이 성사되었다. 그러나 그 선급금을 공사를 하기 위한 준비작업에 지불하지 않고 실권자에게 공사 수주 대가로 지불하였으므로 실제로 공사를 집행하기에는 어려움이 많았을 거라고 판단했다.

두 회사 사장들은 부도 후 얼굴 한번 드러내지 않고 소식도 없었다. 공사수주를 위해 정치적으로 로비를 이용하면 큰돈을 벌 것 같으나 실제로는 엄청난 고생이 따른다는 것을 알아야 한다. 우리 사회는 서로 투명하게 운영되어야 하고 공정한 경쟁 속에서 이루어져야 한다고 생각한다.

우리 회사는 두 회사의 부도로 큰 손실을 보고 향후에는 남의 회사에 절대로 연대보증을 하지 않고 계약한 공사에 대해서는 내가 개인보증하여 주는 것으로 정책을 바꾸었다. 망해도 나 혼자 망해야지 남에게 피해를 주는 것은 도리가 아니었다. 그리고 위기가 왔을 때 내 전 재산이 걸린 사안이기 때문에 절대로 소홀히 할 수가 없었다. 결국 이런 방식으로 연대보증을 하다 보니 내 개인 연대보증액이 7~8억 원이나 되었다.

사업을 종료한지 10년이 거의 다 지나는 아직까지 연대 보증액이 3~4억 원이나 남아있다. 따라서 내가 집행하고 종료된 사업에 대하여 아직도 철저히 사후 관리를 하고 있는 셈이다.

24. 광주지하철공사 1-2공구 수주시공

우리 회사는 광주지하철 건설본부가 발주하고 경남기업이 수주한 광주지하철공사를 수주액 28억 원으로 계약했다. 우리 회사는 경남기업에 출입등록을 하고 수주한 최초의 공사로 공사 내용은 경남기업이 토공과 가시설 작업을 완료한 노선구간에 지하철 구조물을 시공하는 공사였다. 대부분 본선구조물 공사로 공사계약 단가는 다른 지하철공사 구조물 단가보다 약 10% 높았다.

우리 회사는 가설재를 투입하고 구조물 반장을 광주지역에서 물색하여 단가 계약을 하고 공사를 집행하였다. 이제 광주지역과 전라남도 지역에 공사 현장이 3개소로 늘어났다. 광주 산수터널, 광주 지하철, 서해안 고속도로 등 김대중 정부시절 우리 회사는 많은 공사를 수주했다.

광주지하철 소태정거장 선로

광주지하철 소태 정거장 승강장

공사 중 투입된 구조물 공에 대한 크고 작은 산재사고가 많이 발생하였으나 산재 처리하지 않고 모두 우리 회사 자금으로 진료 처리하였다. 공사 정산 후 모자라는 레미콘 문제도 서로 시비 없이 잘 해결되었다. 광주 지역의 구조물 반장들의 계약이행 능력은 부산지역 구조물 반장보다 강하고 열심이었다. 그러나 지정한 날짜에 노임이 지불되지 않을 시 현장이 대단히 시끄러워지곤 하였다. 우리 회사는 노임 지불 일을 철저히 잘 지켜 어려움 없이 공사를 준공할 수가 있었다.

이제 우리 회사는 전국의 지하철공사 중 대전지역을 제외하고 부산지역 2개 공구, 대구지역 1개 공구, 광주지역 1개 공구, 서울지역 5개 공구 등 계약 액으로 약 1200억 원 정도의 공사를 경험했다. 지하철공사는 대형공사로 공사기간이 길고 계절에 관계없이 작업이 가능함으로 우리 회사로서는 대단히 유익한 공사였다.

25. 부산지하철 230공구 수영만 민락동 지역 지하철공사 수주시공

우리 회사는 부산 지하철 건설본부가 발주하고 두산건설이 수주한 부산지하철 230공구 수영만 민락동 지역의 건설공사를 수주액 약 1백 4십억 원으로 건설공사 계약을 체결하였다. 공사내용은 역과 본선구간의 지하굴착, 가시설과 구조물 공을 시공하는 것으로 공사기간은 약 24개월이었다.

민락동 구간의 양 옆은 아파트와 주택 밀집지역으로 소음, 지반

붕괴에 대하여 세밀한 신경을 써야하는 공사구간이었다. 지반구성은 대단히 강한 암석이 많이 노출된 지역으로 용이하게 시공하려면 발파를 할 수밖에 없었다. 그러나 발파로 인한 진동으로 민원이 발생할 소지가 있어 우리 회사는 다루다 공법인 무진동 굴착 방법을 택했고, 일부 구간은 브레카를 대형 포크레인에 장착시켜 암반을 부수어 굴착하였다. 많은 가시설 공이 투입되었고 브레카 작업, 무진동 발파공법 등을 병행하여 주간에 암반을 파쇄하여 일정부지에 쌓고 야간에 덤프트럭을 동원하여 반출하였다.

매일 같은 작업이 반복되어 기성금도 많이 오르고 원가도 좋았다. 약 6개월간 주야간 반복작업을 하였더니 구조물 바닥이 나왔다. 구조물 바닥 완료를 약 60m 정도 완료한 후에 구조물 팀을 투입하기 위하여 준비를 하였다. 부산지역의 구조물 반장들의 횡포가 하도 심하여 구조물 반장 물색에 신경을 썼다. 나의 친구가 소개한 구조물 반장을 쓰기로 했다.

잘못 되면 친구에게 중재를 의뢰하여 해결하기 위해서였다. 서로 대화를 하여 견적서를 받고 단가계약을 했다. 나는 구조물 반장의 능력이나 공사경험에 대하여 아는 바가 없었다. 오직 친구만 믿고 구조물 반장으로 선정했다. 이제 지하 바닥도 약 100m 확보되어 구조물을 시공하기 위하여 많은 유로 form, 각재 등 가설재가 투입되었다. 모작 계약한 구조물 반장은 자기 형을 책임자로 하고 기능공을 투입하여 공사를 시작하였다. 공사 시작부터 기능공이 설치한 거푸집이 콘크리트 타설시 터졌다. 따라서 감독 측으로부터 구조물 공을 바꾸라고 했다.

하는 수 없이 구조물 반장을 바꾸기로 하고 모작 계약자에게

부산지하철 230공구 민락역 1번 출입구

부산지하철 230공구 민락역 출입구 계단

사정을 통보하고 월말에 작업한 기성을 사정하고 노임을 지불하
였다. 모작 계약자의 기성을 계산하였더니 약 3천만 원이 부족하
였다. 모작자의 임금을 지불하기 위하여 근로자 개개인에게 회사

가 직접 노임을 지불하였다. 왜냐하면 기성금 가지고는 노임이 부족하고 계약서에 의거 기성을 지불하면 많은 노무자들의 채불 사태가 염려스러웠기 때문이다.

그러나 모작 계약자는 부당하게 계약을 해약하였다고 소송을 제기했고 또 직불로 처리하였으나 일부 노임 채불이 발생하였다고 근로감독관에게 고발하기도 하였다. 이와 같은 모든 사건은 재판을 통해 무리 없이 해결되었다.

이제 남은 공정은 구조물 공정뿐이었지만 많은 노무자들이 동원되어야 계약 공기 내에 공사를 마칠 수 있었다. 많은 구조물 노무자들이 서울 다른 지하철 현장에서 우리 회사에 취업하여 모작 계

부산지하철 230공구 민락역 승강장 입구

부산지하철 230공구 민락역 지하선로

약을 하였다. 구조물 반장을 모두 투입시키고 철저하게 모작 기성을 관리하였다. 모작 기성에 적자가 발생하면 어김없이 근로자 개개인을 상대로 노임을 지불하였다.

수영만과 민락동 지역은 저지대이고 바다에서 유입되는 용수로 대형양수기로 연일 물을 밖으로 펌핑하여 구조물 공사를 하였다.

부산지하철 230공구 민락역을 지나 육상 본선을 거쳐 수영만을 횡단하는 해저터널

물론 지하철 양 side 측벽에 차수공을 시행하였으나 별 효과를 보지 못했다. 구조물이 지하 20m 바닥에서 한 단계씩 설치되고 설치된 구조물 측벽에 방수포를 설치하는 방수공사를 하였다. 그리고 흙으로 되메우기를 하고 다시 설치된 가시설 들을 해체하는 방식으로 몇 단계를 거쳐 구조물을 지하에 설치하였다.

공사 중 설계에 없는 대형 상수관을 설치하는 추가 공사가 발생하여 우리회사는 선 투자 형식으로 1억 원을 선 투입, 강관을 구입하여 설치하였다. 수영만 횡단공사는 일본 업체가 우리가 작업한 작업구를 통하여 수영만 입구에 갱문을 설치하고 세그멘트 공법으로 굴착하였다. 그리고 일본업체는 미리 제작한 지하철 구조물을 운반하여 설치하고 다시 굴착하는 반복 공법으로 수영만 바닥 밑을 관통하는 터널 공사를 완성했다. 굴착 공사 중 호박돌이 나와서

부산지하철 230공구 수영역 주위 센텀CITY

굴착이 되지 않아 많은 어려움도 겪었다.

이제 우리 회사가 수주한 본선과 역 공사는 구조물도 완성되었고 가시설도 거의 100% 철거했다. 모든 부분의 되메우기를 하고 노반을 다졌으며 기층을 포설하였고 포장공사도 마쳤다. 도로 주위의 보도와 경계석 설치도 완료하였다. 공사도중 원청인 두산건설이 우리에게 많은 스트레스를 주었다. 우리는 많은 인력을 투입하여 열심히 공사를 진행하였으나 두산건설 측은 인력이 모자란다고 연일 나를 불러 압박을 가하였다. 그러나 우리 회사는 공기 내에 모든 작업을 마칠 수 있었다. 그리고 추가 공사한 상수도 공사도 설계변경으로 추가로 계약하여 성공리에 준공하였다.

이렇게 급하게 공사를 진행하다 보면 하자가 나오게 마련이었다. 우리 회사는 두산건설 측이 요구하는 방식대로 공사를 추진하면 제일 걱정되는 것이 하자였다. 그러나 준공 후 크랙 발생 외에는 어떠한 하자도 발견되지 않았다. 크랙발생은 세계 콘크리트협회 등 모든 나라가 문제 시 되는 하자로 하자발생 원인은 건조수축 때문에 일어난다. 이것의 1차적인 원인은 콘크리트 재료인 시멘트, 모래, 자갈과 혼합재가 원인이고 공사 후 건조수축이 일어나지 않도록 하는 방법은 아직 밝혀지지 않았다.

콘크리트의 생성은 열 조절로도 불가능하기 때문에 어쩔 수 없는 사항이라고 생각한다. 그러나 모든 원청업체는 건조수축으로 인한 크랙발생을 하자로 간주하고, 하청업자에게 하자보완 요청을 한다. 반박하면 하자보증을 들고 나온다. 법원도 일부 하청업자에게 책임이 있다고 하여 약 50%의 책임을 요구한다.

하루빨리 건설업에 종사하는 모든 엔지니어들이 건조수축으로 인한 하자발생이 일어나지 않도록 새로운 소재를 개발해 주기를 바란다. 이 재료개발이 이루어지면 연간 수천억 원의 예산을 절감하는 효과가 있을 것이다.

26. 중부내륙고속도로 괴산 연풍 – 문경세제 간 고속도로공사 수주시공

우리 회사는 도로공사가 발주하고 코오롱건설과 범양건영이 컨소시엄을 형성하여 수주한 충북 괴산 연풍–문경세제 간 구간의 고속도로 공사를 수주 시공했다. 이 공사를 수주한 경위는 우리 회사가 범양건설이 시공한 서해안고속도로 공사에서 우수하게 공사를 준공하였고, 중부내륙 고속도로 공사에서 코오롱건설 지분은 일양 토건이 수주하여 시공하고 있고, 범양건영 지분은 미발주 상태에 있었기에 나는 범양건영에 들러 공무담당 임원에게 강력하게 시공 참여 의향을 이야기하고 범양건영 회장에게 인사하며 수주를 부탁했다.

나의 요구가 받아들여져 최종 도급액 약 3백억 원의 공사 수주를 했다. 공사내용은 토공, 대형 교량건설, 배수 구조물 설치 공사였다. 모든 도로 공사와 마찬가지로 건설을 하기 위해서는 도로 시공구간의 토지보상, 주위 민원이 문제가 되었다. 특히 연풍면 뒷산을 절취하여야 하나 산꼭대기에 성황당이 있어 그 성황당을 절취하면 마을 사람들이 모두 죽는다는 미신이 있어 더욱 어려웠다.

또 절취된 토사를 버릴 곳이 없어 주민들의 전답을 보상해주고

중부내륙고속도로 - 문경새재 터널전방 교량 600m 구간

중부내륙고속도로 – 연풍 IC로 가는길

중부내륙고속도로 – 본선구간

전답에 절취된 토사를 운반해 성토하여 주는 방법으로 잔토를 처리하였다. 그러나 주민들의 전답을 성토하였으나 암이 많아서 농업의 경작이 안 된다고 민원이 발생하여 장비를 투입하여 농민들의 경작지에 돌 고르는 작업도 하였다. 당초 설계에는 암이 많이

중부내륙고속도로 연풍 입구 - 교량 위에서 본 연풍터널

중부내륙고속도로 연풍터널 입구

중부내륙고속도로 성토지역을 지나는 교량

중부내륙고속도로 성토지역 교량 측면

발생하는 것으로 설계되었으나 약 3만㎥ 정도는 암에서 토사로 설계변경 되어 공사금액이 감액되었다.

　우리 회사는 주민들의 민원을 줄이기 위해 마을에서 제일 말썽이 많은 주민에게 현장 함바 운영권을 주어 달래기도 했다. 회사는 교량 건설을 위해서 교량 pier 기초 터파기를 하고 파일을 박고 pier 기초를 설치하였다. 문경세제 터널 입구까지 대단히 높은 교량 pier를 약 600m 구간에 시공하였다. 또 교량 pier 위에 설치될 PC빔 제작 야적장도 마련하고 수백 개의 PC빔을 제작했다. 제작장은 토공이 완료된 고속도로 구간에 설치하였다. PC빔 제작은 PC빔 전문업체에게 도급 처리하였다. PC빔 제작 공정의 원가도 비교적 양호하였다.

연풍면 산꼭대기의 성황당을 제외하고, 거의 모든 토공이 이루어졌고 성황당 절취를 위해서 동네 마을과 협상을 시작하였다. 코오롱건설과 범양건설 소장을 앞세워 연풍마을 주민과 협상을 하여 우리 회사가 주민들에게 약 8천만 원의 위로금을 주고 해결하였다. 민원이 해결되어 성황당의 토공도 공사가 시작되었다. 그리고 코오롱건설의 하청 업체인 일양토건이 부도가 나 공사를 포기

중부내륙고속도로 문경세제 터널 전방 교량 및 터널입구

했다. 우리 회사가 코오롱건설 부분도 수주하려 하였으나, 남은 모든 공사는 대부분 구조물 공사로 수주하더라도 이익이 별로 없을 것 같았다. 또 당시에는 우리 회사가 맡은 공사만 해도 벅찼다.

특히, 괴산으로 가는 장대터널 공사는 암반이 대단히 강하기 때문에 발파로 인한 여굴이 심했다. 우리 회사는 일양토건이 발파한 터널 굴착토까지 외부로 반출하여야 하는 공정이 계약에 포함되어 있었다. 굴착토를 운반하기 위한 덤프트럭의 싸이클상 운영에 문제가 많아 고생을 하였다.

PC빔 제작도 완료되었고 교량 pier 공사도 완료되어 교좌장치를 설치하고 대형 클레인을 동원하여 PC빔을 설치하였다. 교량 스라브 콘크리트 타설을 위한 특수 form도 신진가설산업에 의뢰하여 반입하였다. 이제 한 span만 스라브 콘크리트를 타설하고 마감을 하면 되었다. 공사는 순조롭게 잘 진행되어 토공도 마무리 단계에 있었다.

또 우리 회사는 법면 보호공으로 녹생토 공법으로 설계된 법면 보호공도 수주하고 법면 보호공도 전문 업체에게 하청 처리하여 고정적으로 10%의 이익이 발생하였다. 그러나 내가 수주한 이 공사의 계약을 내 의향대로 종결할 수 없었다. 왜냐하면 2002년도에 우리 회사를 인수한 인수업체가 준공을 해야 하기 때문에 내 손으로 준공할 수 없었다. 그러나 우리 직원들의 노력과 나의 노력이 흠뻑 담겨있는 이 고속도로를 달려 고향에 갈 때마다 공사과정을 회상하곤 한다.

27. 동해안고속도로 강릉지역구간 수주시공

우리 회사는 도로공사가 발주하고 두산건설과 한진중공업이 수주한 동해안 고속도로 강릉구간의 공사를 수주 시공했다. 이 공사는 입찰 당시 두산건설과 한진중공업이 컨소시엄을 형성하여 도로공사에 입찰시 우리 회사와 다른 1개 회사가 부대 입찰업체로 선정되어 수주한 공사이다. 공사금액은 약 60억 원으로 토공, 교량건설, 배수 구조물 공사이다. 계약 초기 우리 회사 지분보다 더 큰 규모로 부대 입찰한 회사가 약 1억 원을 줄 테니 우리 지분의 공사를 포기하라고 원청인 두산건설를 통해 협상 제의를 해왔다. 그러나

동해안고속도로 하행선 동해방면

나는 우리 회사가 부대입찰한 공사는 우리가 책임지고 준공하겠다고 고집을 부리고 협상을 거부하여 결국 우리 회사에게 수주되어 공사를 진행했다.

우리 회사는 현장 팀을 구성하고 현장 주위에 사무실을 준비하였다. 그리고 보상이 끝난 구간부터 벌목작업을 했다. 이 지역은 소나무가 군집한 지역으로 소나무를 이식하는 공사가 원청 측에 의해 이루어졌다. 나는 강릉공사 현장에서 소나무 2그루를 운반하여 현재 일산 우리 집 마당에 심었는데 지금도 아주 잘 자라고 있다.

이제 소나무 이식과 벌목작업도 완료되었다. 본격적으로 토공사

동해안고속도로 강릉IC

동해안고속도로 구성면 일대 상행선

동해안고속도로 구성면 하행선

를 집행했다. 교량 구조물도 pier 기초를 파고 pier 기초 위에 pile
을 박고 중부내륙고속도로 현장에서 사용했던 pier form을 운반
하여 교량 pier 건설을 하였다. PC빔도 전문업체에게 하도급을 주
어 제작하였다. 공사규모에 맞는 인력과 장비투입으로 도급예산과

동해안고속도로 구성 1교

동해안고속도로 구성2교

동해안고속도로 강릉구간 구성3교

균형을 맞추어가며 시공을 하였다.

2001년 7월 강릉지역에 대단히 큰 규모의 폭우가 3일간이나 쏟아져, 이 지역 민간인의 피해가 심했다. 우리 회사도 교량구조물을 시공하기 위하여 설치한 가설재가 홍수로 모두 쓸려나가는 큰 피해를 입었다. 우리 회사는 원청 측으로부터 수해 복구비를 일부 보상받고 열심히 공사를 진행하였다. 두산건설도 우리 회사를 많이 도와주었다. 그러나 2002년 우리 회사를 인수한 업체가 나머지 공사를 준공하여야 했다.

동해안고속도로를 횡단할 때마다 이 공사를 하기 위해 고생했던 생각이 떠오르곤 한다. 그러나 그 공사는 내 손으로 끝내지 못했다. 우리 회사에게 공사를 준 두산건설에게 지금도 미안한 마음이다.

28. 경부고속도로 영동구간 확장공사 수주시공

우리 회사는 도로공사가 발주하고 고려개발 컨소시엄사가 수주한 경부고속도로 영동구간의 고속도로 확장공사를 수주 시공했다. 이 공사의 수주 경위는 우리 회사가 서울지하철 7-22 공구를 우수하게 시공하였고 또 양산지역의 고려개발이 수주한 지하도 건설공사에 우리 회사가 부대입찰사로 선정되었기 때문이었다. 그러나 고려개발이 시공참여를 양보해 달라며 부대 입찰포기 각서를 요구하였다. 다른 공사를 수주하는 조건으로 공사참여를 포기하였기에 그 대안으로 우리 회사에게 준 공사이다.

경부고속도로 영동IC 지나 노선 계량 공사구간

공사금액은 약 70억 원으로 토공, 배수 구조물, 교량건설 공사였다. 우리 회사는 이 공사의 건설을 위해서 부산지하철 230 공사에서 사용하였던 현장사무실을 그대로 옮겨와 충북 영동에 현장사무실과 숙소를 건설하고 공사준비를 했다. 우선 기존 경부고속도로의 곡선구간을 직선으로 변경하기 위하여 신규노선 측량을 실시하였고 토공사를 진행하였다.

대형 box구조물도 시공하여 본격적으로 공사를 진행했고, 교량구조물 터파기도 교대로 실시했다. 기존 고속도로의 확장공사를 위해서는 대량의 공사를 동시에 할 수가 없으므로 초기 투입이 많이 이루어졌다. 우리 회사도 가설건물과 공사준비에 초기 투입이 많았고 초기 기성도 많이 이루어지지 않아 적자가 많이 발생하였다.

그러나 공사 준공을 위한 세부적인 전략으로 투입이 이루어지면 결국 흑자가 날 것이라고 확신했다. 그러나 이 공사도 우리 회사를 인수한 사장에게 맡기고 중도하차 하고 말았다.

제 8 부

주식 양도양수 계약과 고소, 고발, 국세청 세무조사

사서삼경 중 하나인 대학에 '진실로 하루가 새로워지려면 나날이 새롭게 하고 또 날로 새롭게 하라(苟日新 日日新 又日新)'라는 말이 있다.

어제와 똑 같은 오늘을 살고, 오늘과 똑 같은 내일을 보내면서 왜 자기는 성공하지 못하고 가난하게 살아야 하는지 한탄하는 사람이 되지 않기 위해서다.

이 세상에는 공짜가 없다. 노력한 만큼 성공하게 되는 것이다.

심은 만큼 거두게 되고 투자한 만큼 얻게 되는 것이다.

1. 삼우토건 주식양도, 양수계약과 고소 고발사건

나는 삼우토건을 설립하여 10여 년 간 많은 공사를 수주하고 집행하면서 사업체를 잘 꾸려 왔다. 어려운 위기도 많았으나 그때마다 슬기롭게 잘 헤쳐나갔다. 우리나라의 중소기업 성질상 경영자 자신이 앞장 서서 뛰어야 하고 모든 문제를 스스로 해결하는 해결사가 되지 않으면 안 되었다. 그러나 해결사 노릇을 하려면 우선 젊고 건강해야 한다. 젊어야 밤낮을 가리지 않고 현장에서 기능공들과 함께 지내면서 일의 진척상황을 확인하고 다음 작업을 지시해야 하기 때문이다.

나도 환갑을 지내고 나니 안일해지기 시작했다. 공사 수주를 위하여 젊은 사람들과 어울려 술도 마시고 보조를 맞춰주어야 하는데 체력이 따라주지 않았다. 건설시장은 수주하기가 점점 어려워지고 수익 창출도 힘들 것 같았다. 그럴 즈음 우리 회사에 전무로 있던 분이 자주 찾아와 공사정보도 주고 회사 일에 관한 것도 서로

의논하곤 했다. 그는 마침 우리 회사를 인수하고자 하는 재력가가 있는데 한 번 검토해 보라고 했다. 나는 전무가 소개해준 재력가를 만나서 대화를 나누었다. 그리고 회사주식 양도양수에 대하여 검토하기 시작했다.

재력가라는 분은 김대중 정부시절 실세와 통하는 아주 능력있는 사람이라고 하였다. 대림산업과 삼성물산에도 대형공사를 수주해 주고 하청을 도급 받을 수 있는 영향력 있는 사람이라고 했다. 그동안 소개한 전무는 공사 하청에 대한 여러 가지 정보를 가지고 와서 삼우토건 계좌의 잔고 증명서를 가지고 가면 수주가 가능하다고 했다. 그러나 여러번 시도하였지만 수주하지는 못했다.

회사의 신규 수주는 계속 감소했다. 경영에 불안을 느낀 나는 전무가 소개하는 자와 주식 양도양수에 대한 가계약을 체결했다. 그러나 가계약을 체결한 자는 인수대금 지불 날짜가 다가오자 목동에 있는 싯가 300억 원 가량의 타인 명의의 부동산을 가지고 와서 삼우토건 명의로 상업은행에서 대출을 받아 인수대금 30억 원을 삼우토건에 주고 나머지 270억은 자기가 갖자고 제의했다. 검토한 바 대단히 위험한 거래로 생각하고 모든 가계약을 취소하였다.

그 후 다시 2년이 지난 후에도 전무는 그럴듯한 공사정보를 가지고 와서 나를 설득하였다. 자기 친구인 두산건설 전무를 앞세워 다시 회사 M&A를 검토하도록 요청했다. 따라서 2002년 11월말에 돈 많은 재미교포가 회사를 인수하겠다고 하며 만나자는 것이었다. 우리 사무실에서 만나 정식으로 주식 양도양수 계약을 체결하고 양도대금으로 주식 10억 원 중 계약금 1억에 중도금 3억을 받고 잔금으로 4억 원만 주는 것이었다. 나머지 2억 원 중에서 1억 원은 직원 퇴직금으로 쓸 예정이고, 1억의 회사부채도 떠안겠다기에 동의를 했다.

그리고 회사소유인 시가 11억 원의 여의도 주상복합아파트 90평과 승용차는 내 명의로 등기 이전하여 주기로 하고 공제조합 출자증권 6억의 대금지불은 그 동안 내가 운영하면서 발생한 미지급된 어음 6억과 상계 처리하는 방식으로 하고, 각종 지급보증서는 회사 인수 후 자기들 명의로 대체하겠다는 방식으로 계약이 체결되어 나의 정성과 나의 유일한 일터인 이 회사를 양도하게 되었다.

그러나 계약이 너무나 엉성하게 이루어졌고 인수자는 무일푼 사기꾼 일당으로 갖은 방법으로 나를 괴롭혔다. 그들은 교묘한 방법으로 나를 옭아매 경찰에 고발하거나, 검찰고발, 세무당국에 고발 등으로 괴롭혔다. 물론 나도 계약 당시 변호사에게 자문도 받고 세심하게 양도양수 계약을 하지 못한 것이 실수였다.

이제부터 나는 회사를 인수한 사기꾼 일당과 전쟁을 치러야 한다. 회사 인수계약을 한 계약자는 계약이행 보증과 하자이행 보증을 전 대표이사에게서 신임대표이사로 변경하기 위해서는 조속히 대표이사 명의변경이 필요하다며 빨리 주주변경 서류를 준비하라고 독촉을 하였다. 주주변경 서류를 만들어 대금지불 정산이 이루어지면 넘겨주려고 준비를 완료하고 있었는데 계약자가 준비된 주주변경 서류를 검토하겠다며 잠시 빌려달라고 하기에 빌려주었으나 계약자는 돌려주지 않았다. 3일 후에 그들이 나타나 고성이 오가는 싸움을 하였으나 돌려받지 못했다. 회사는 결국 사기꾼들에게 넘어가고 계약자는 명의와 인감변경도 하고 내가 운영하던 법인통장의 자금을 자기통장으로 바꾸고 모든 권한을 행사하게 되었다.

주식 양도양수계약에 의하면 전임 대표이사가 운영 당시의 모든 채무와 채권을 전임 대표이사가 권한을 가지고 종결짓도록 계약하였으나 주식 양도양수계약 사항을 모두 무시하고 있다. 또 법인자금을 빼앗기 위해 법인통장 변경 의도가 있어 나는 법인자금을 개인계좌로 이체하였으나 우리은행에 예금된 약 5천 7백만 원을 빼앗기고 말았다. 나는 법인계좌에서 개인계좌로 이체된 자금으로 내가 운영 시 미불된 공사대금을 정확하게 증명서류를 만들고 대금결재를 하였다.

그러나 계약자인 사기꾼일당들은 내가 법인자금을 횡령했다며 나의 주소지인 일산경찰서에 나를 법인자금 횡령죄로 고소하여 1개월간 조사를 받았다. 나는 경찰서에서 주식 양도양수계약을 이행하지 않고 불법적으로 회사를 인수한 경위 등을 설명하였고, 내가 주식 양도양수계약에 의거 정산이 이루어지지 않았음을 설명하고 개인계좌로 이체된 법인자금의 사용용도에 대해서도 진술했다. 따라서 경찰은 계약자가 고소한 내용에 대해서 조사한 바 피고소자에 대한 어떠한 혐의도 없다고 결론을 내렸다.

나도 우리 회사 주식을 강제로 취득한 계약자를 상대로 고소장을 서울지방검찰청에 제출했다. 제출내용은 본인과의 주식 양도양수 계약에 의거 피고소인의 M&A 계약 불이행, 주식양도 불법으로 취득 등을 고발하였다. 다시 우리 회사를 강제로 인수한 계약자들은 일산경찰서에 고소장을 제출한 내용과 똑같이 내가 법인자금을 횡령했다고 맞고소 하였다.

검찰에 출두하여 조사를 받았으나 검찰당국은 서로 싸우지 말고 합의하라고 종용하였다. 그러나 나는 합의하여도 또 다시 고발할 것이 두려워 합의를 안하고 법인자금을 개인계좌로 이체한 경위를 설명하고, 법인자금의 사용내역을 증빙서류를 첨부하여 검찰에 제출했고, 남은 법인자금도 함께 제출했다. 검찰은 내가 제출한 서류 중 법인자금 지출내역을 일일이 확인했고 법인자금 용도 외로 사용한 내역을 찾을 수 없었다. 그리고 검찰은 내가 고소장을 제출한 내용에 대해서도 M&A 계약내용, 이행여부 등을 조사했다.

그러나 검찰은 주식 양도양수계약에 의거 여의도 아파트 취득 내용에 대하여 불법적으로 이루어졌다고 하며 주식 양도양수계약의 당사자가 법인재산을 탈취하기 위하여 서로 공모했다고 처벌하겠다며 서로 합의하라고 종용했다.

물론 회사를 인수한 계약자는 몇 번이고 고발하여도 손해날 것은 없다. 그들의 작전은 나를 괴롭혀서 합의금을 받고자 하는 작전이었다. 나도 약 6개월을 시달리니 힘도 들고 평생 경찰서라고는 한 번도 가보지 못했기 때문에 정말로 힘이 들었다. 나는 이 문제를 해결하기 위하여 아주법인에 변호사를 선임했고, 또 이 사건을 잘 해결해 주겠다는 분을 소개받아 많은 수고비도 선불로 지불했다. 수고비를 주었으나 사건이 나에게 점점 더 불리하게 돌아간다며 더욱 어렵게 만들었다.

결국 나는 검찰의 권고에 따라 내가 고발한 고소장을 취하하고, 회사를 인수한 자에게 내가 쓰고 남은 법인자금 1억 8천만 원과 내 자금 2억 7천을 합해 4억 5천을 주고 인수측의 주주와 대표이사 등은 이 법인 양도양수계약에 대하여 어떠한 민형사상의 이의도 제기하지 않는다는 조건으로 화해계약서를 아주법인에서 작성하여 공증을 하고 해결했다. 그리고 화해계약서에 의거 1차로 3억 5천만 원을 지불하고 내가 수주하여 시공 중 계약자에게 인계한 공사의 계약이행 보증금이 회수되지 않아서 계약이행 보증금이 회수되고 화해계약이 종료될 시 1억 원을 지불하겠다고 하며 1억 원을 아주법인에 공탁했다.

합의금 3억 5천을 수령한 계약자들은 내가 수주하여 넘겨준 공사를 성실하게 수행하지 못하고 원청사와 잦은 갈등관계를 가졌다. 그들은 기성금으로는 발생된 미불금을 갚지 못하니 부족자금에 대해 어음을 발행하여 지불하였으나 3개월 후에 부도를 내고 말았다. 내가 10여 년 간 공들여 만들어 놓은 이 건설회사는 이렇게 함으로써 무너지고 말았다. 또 이들은 서초동 내 건물 4층에 사무실을 두고 14개월 동안 임대료 한 푼 내지 않고 있다가 명도소송에 의해서 종결되는 바람에 14개월 동안 건물 임대료를 한 푼도 받지 못했다.

나는 그 사건을 계기로 많은 것을 알았다. 모든 형사사건에 대하여 검찰에 아는 사람이 있는데 사건을 해결해 주겠다며 금품을 요구하는 브로커가 있다면 절대로 관계하지 않는 것이 좋다. 사건의 진상을 소상하게 밝혀 조사자로 하여금 이해를 구하는 것이 사건을 해결하기 위한 최선의 길이라고 생각한다. 물론 검찰은 처음부터 윽박지르고 의심하여 겁을 먹게 한다. 이렇게 하여 회사 양도양수계약이 끝나는 건가 했더니 그게 아니었다. 인수자가 회사를 부도내어 내가 회사 운영 시 준공하고 하자보증서 발행에 내 연대보증서가 첨부되어 또다시 나의 재산(부동산)에 대하여 전문건설 공제조합으로부터 약 5억 원의 금액을 가압류하였다.

회사를 인수한 자가 부도를 내어 나의 재산에 가압류를 하였으므로 인수자와 합의한 화해계약서를 위반한 것이 되었다. 나도 나머지 1억 원을 지불하지 않고 전문건설 공제조합에게 가압류를 하도록 하였다. 전문건설 공제조합에서는 내가 회사운영 당시 준공하고 하자보증서를 발행한 현장에서 하자가 발생하면 내용증명이 날아왔다. 나는 소규모 공사금액은 인수자의 공제조합채권으로 하자 금액을 지불하라고 통보하고, 하자금액이 많은 현장은 내가 직접현장에 내려가 조사하고 보수업자를 선정하여 하자금액의 원가를 절감해 집행하고 공제조합 보증채권으로 지불하도록 했다.

신한이 원청인 전주 운암-구이 현장에서 내가 준공하고 보증한 현장에서 하자 보수 금액이 1억 7천여 만 원이 소요되므로 하자공사를 집행하겠다고 통보해 왔다. 그래서 내가 직접 조사한 결과 1천 5백만 원에 집행했던 적도 있다.

나는 회사를 운영하면서 하자 보증서를 발행한 현장에 대하여 하자보증 만기일까지 하자관계만 챙기면 어떠한 사건에도 휘말리지 않고 종결될 것으로 생각했다. 그러나 회사를 인수한 자들은 2년이 지난 2006년 1월에 또다시 의정부 지방검찰청 고양지청에 내가 법인자금 79억 원을 횡령했다며 나를 다시 검찰에 고발했다. 2004년 인수 측이 서울지방검찰청에 고발 당시 가담하지 않은 2인이 고발한 것이다. 그 두 사람은 고발 시 다른 사기사건으로 검찰의 수배를 받는 중이라 2004년 고발사건에는 가담하지 않은 자들이다.

그 배후는 물론 2004년 검찰에 고발하여 화해 합의금을 받은 일당들도 포함되어 있었다. 6개월에 걸쳐 고양지청에서 고강도 조사를 받았으나 고발내용이 앞뒤가 맞지 않고 허위사실이 많아서 증거불충분으로 혐의 없음으로 통보되었다. 그때 조사 당시도 검찰 측에서 합의하라고 누차 이야기를 하였으나 나는 따르지 않았다. 전후 사정으로 미루어 볼 때 저들은 합의금을 받고 다른 사기꾼으로 하여금 또 고발할 것이 명확하므로 합의하지 않았다.

고발내용을 검토할 때 1999년 진짜 노임이 46억인데 45억을 부풀려 회계처리 하여 45억 원을 횡령하였다고 고발되었으나 제시된 노임대장이 모두 당시 작성된 노임대장으로 끼워 맞춰져 고발되었다. 검찰 측에서 본사에서 작성한 노임대장이 모두 한 사람의 글씨로 작성되었는데 이유를 설명하라고 하였다.

당시 노임대장 작성을 현장공사 집행 시 직영노임으로 지불한 노임과 도급으로 지불된 노임이 있는데 본사에서 작성한 노임대장은 모두 도급으로 지불한 노임과 적자보전이 포함된 노임이라 진술하였다. 왜냐하면 도급으로 지불한 노임은 모두 단가계약에 의거 기성으로 지급하고 노임대장은 지불된 금액에 맞추어 현장에서 보내준 인적사항으로 노임대장을 만들었고, 당시 중국인 등 주민등록이 없는 인부들이 상당히 많이 동원되어 일부는 가명으로 노임대장을 정리했다고 진술하였다.

2000년에 진짜 지출금과 부풀려 작성된 것 두 가지를 가지고 또 이유를 말하라고 하기에 고발인이 진짜 제시한 금액은 현장에서 직영노임과 모작자들의 단가예약에 의한 기성금액을 합한 금액이고 가짜라고 하는 금액은 현장 직영노임과 모작자에게 실제로 지불된 노임금액이나 노임사건 처리비 등이 포함된 금액이라고 진술하였다. 그리고 당시 현장 소장의 의견서도 같이 제출하였다.

이렇게 하여 끈질긴 고발사건이 모두 무혐의처리 되어 이제부터는 더 이상 고발사건은 종결된 것으로 생각했다. 두번째 고발사건도 고소인은 국세청에 고발하면 많은 세금을 납부해야 한다며 검찰과 같이 합의를 종용했다. 나도 또다시 1억 원 정도를 주고 합의하려고 했으나 고소인은 많은 돈을 요구하고 또 만나서 협의하자는 제의가 왔으나 거절했다. 그리고 검찰조사를 받고 무혐의 처분을 받았다. 변호사 비용으로 약 1억 원이 지출되었으나 검찰브로커들은 이용하지 않았다.

2. 2007년 2월 국세청 조사4국 2과의 세무조사

2007년 2월 15일 10시 회사에 출근을 하는데 사무실 여직원한테서 전화가 왔다. 전화내용은 국세청에서 5명이 우리 사무실에 와서 나를 찾는다는 전화였다. 나는 황급히 회사에 출근을 하였더니 국세청 조사4국 2과에서 나에 대해 세무조사를 하겠다고 했다. 국세청 팀장은 K 사무관이었다. 모든 관련 서류를 세무조사 요원 임의대로 한데 모으고, 또 나의 책상서랍을 열어 메모지 등을 압수했다. 그들은 수집된 관련서류를 검토한 후 그들이 압수할 서류 목록을 작성하여 나에게 주고 모든 서류를 가져갔다.

나는 또 삼우토건을 인수한 자들의 소행이라고 생각했는데 알고 보니 현금 흐름이 많은 나의 계좌를 의심하여 세무조사를 한 것 같았다. 팀장인 K는 나에게 어느 세무사와 협력하여 세무관리를 하느냐고 묻기에 박○○ 세무사에서 나의 모든 세무관리를 한다고 말했다. 세무조사 팀장은 내 앞에서 곧 박○○ 세무사에게 전화를 걸어 우리 회사와 나에 관한 세무조사 관련서류 압수를 위하여 출장을 나왔다며 형님이라고 하면서 친밀감을 자랑했다. 그 관련서류를 가지고 가서 세무조사를 실시하였다.

나는 박○○ 세무사와 협력하여 이번 세무감사를 받는 것이 최상이라고 생각했다. 팀장이 박 세무사와 형님 아우 같이 내 앞에서 이야기하는 것을 보니 다른 방법이 없었다. 나는 곧 박 세무사에게 달려가서 세무검사를 잘 받도록 부탁하고 세무조사 수임계약서를 작성했다. 박세무사는 나에게 많은 세금이 부과될 것 같으니 신경을 써야 할 것 같다며 나를 압박했다. 나는 매일 겁에 질려 생활을 했다.

내가 하나은행 구좌에 아내 이름으로 계좌를 개설하고 사용인감은 나의 개인인감으로 하는 기업예금보다 이자가 많은 슈베리어 통장에 많은 자금을 예금하고 또 인출하였다. 조사관은 내가 아내에게 자금을 증여하였다고 하며 증여세를 부과해야 한다고 했다. 예금된 금액이 약 46억 원이니 증여세로 부과될 때 대단히 큰 돈이었다.

박세무사는 나에게 부과된 금액의 50%를 감액하도록 해 주겠다며 경비로 7억 원을 달라고 했다. 나는 너무 돈이 많이 든다며 난색을 표했고, 최종 협상으로 5억 원을 주기로 약속하고 현금으로 1억 원을 주고 일백만 원 권 수표로 4억을 주었다. 나는 박세무사와 함께 국세청에 인사를 갔다. 그리고 다음날부터 본격적으로 세무조사가 시행되었다. 나는 박세무사 사무실의 사무장과 함께 세무조사를 받았다.

나는 논현동 미혜빌딩 신축공사를 위해 논현동 18번지 대로변 대지 125평을 약 36억 원에 매수했다. 땅 주인이 세금 때문에 5억 원을 자기들 명의로 양도성 예금증서에 입금하여 달라기에 그렇게 했다. 따라서 실지 가격은 5억 원이 적은 금액으로 계약을 하였다. 나는 실제구입금액을 나의 수첩에 메모를 했다. 세무 조사팀이 압수한 수첩이 발견되어 들통 나고 말았다. 따라서 나는 땅 매매자에게 이 사실을 알렸다. 그러나 땅 매매자는 공시지가로 계산하여 세금을 완납했기 때문에 불이익이 없다고 하여 안심이 되었다.

　그리고 건물신축공사 도급방식에 대하여 내가 건설면허를 빌려서 시공했다며 건축법 위반으로 세금징수와 건설면허 대여자에게 세금을 물리고 건설면허를 취소 조치했다. 나는 세무조사 팀장에게 절대적으로 면허대여를 받아서 공사를 한 것이 아니라고 했다. 몇 개 건설업체로부터 견적을 받아 가장 신뢰가 가고 가격이 합리적인 에스엠이엔씨에게 도급을 주면서 공사 중 설계변경 등으로 공사비 결정이 어려워 도급방식을 cost & fee 도급방식으로 했다고 말했다. 서로 간에 공사원가를 확인하고 이익을 주는 도급방식으로 계약하였다며 강력히 항의하였다.

　그러나 세무조사 용역을 받은 세무사 사무실에서 나온 사무장이 세무사님이 모든 것을 해결할 터이니 처음부터 조사팀장과 마찰을 하지 말고 동의하라고 하여 동의하고 확인하여 주었다. 조사팀장은 처음부터 나에게 협박을 하고 많은 세금이 나올 거라고 하면서 나를 압박했다. 세무조사 대리용역을 체결하면 내가 세무서에 나가 직접 세무조사를 받지 않고 나를 대신하여 세무조사 용역업자가 조사를 받아야 하나 그 이튿날부터 아예 세무사 사무실에서는 아무도 나오지 않고 나 혼자서 세무조사를 받았다.

그러나 나는 모든 사항을 세무사가 알아서 해결해 줄 것이라고 생각했다. 조사결과 면허 대여가 인정되어 많은 세금을 납부해야 했고, 또 시공업체는 건설면허가 취소되어 막대한 피해를 입게 되었다. 면허가 취소된 건설업체는 나에게 강력히 항의하고 배상을 요청했다.

나는 세무사에게 사무장이 하라는 대로 했는데, 시공업체 면허가 취소되고 많은 배상을 해주어야 한다고 하였더니 내가 세무사에게 준 5억 원 중 2억 원을 돌려주며 건설업자를 잘 설득하여 해결하라고 하였다. 나는 세무사만 믿고 조사관이 요구하는 대로 동의한 모든 것이 세금으로 환산되어 약 14억 원의 세금을 징수받고 세무조사를 마쳤다.

나는 세금징수 고지서를 받고 몇 개 부분에 대하여 이의를 제기했다. 그러나 나는 세무사 사무실 사무장 말만 듣고 조사관에게 동의하고 확인하여 주었으니 내가 시인한 것으로 다시 거부되어 이의 신청이 받아들여지지 않았다. 처음부터 내가 세무사 사무실과 용역계약을 체결하지 않고 내 단독으로 세무조사를 받았더라면 모든 사항에 대해 나의 소신을 지켜 세무조사를 받았을 것이다.

나는 세무조사도 잘 받지 못하고 불이익을 당하면서 거래 대가로 3억 원을 지불하였다. 하도 억울하여 세무사에게 3억 원을 돌려달라고 했다. 그러나 세무사는 돌려주지 않아서 관계기관에 진정서를 낼까 하였다. 따라서 내가 관계기관에 진정서를 제출하면 세무사는 면허취소 등 어려움이 많이 나타날 것이라고 생각하였는지 모든 돈을 나에게 송금하여 주었다.

나는 5천만 원을 그냥 돌려주고 세무사 사무실과 거래를 중단하고 다른 세무사 사무실과 거래를 하고 있다. 생각해 보면 세무사들 중 모두 현직에 있을 때 인맥을 활용하여 거래처에게 돈을 긁어먹는 부도덕한 세무사들이 많다는 것을 알았다. 향후 누구라도 세무조사를 받을 때 세무사 사무실과 거래하지 말고 직접 부딪쳐 사안 하나하나를 소신껏 해명하고 세무조사를 받는 것이 최상이라고 생각한다.

3. 삼우토건을 인수한 자들에게 서초세무서 공금 횡령으로 고발당함

삼우토건을 인수한 자들은 나를 의정부 고양지소에 노임횡령을 하였다고 고발하여 조사결과 무혐의로 끝난 사건을 다시 국세청 서초세무서에다 고발했다. 국세청 4국 조사2과에서 세무조사를 받고 세금 14억을 납부한 2개월 후 다시 세무조사를 받게 되었다. 경위는 11월 7일경 집에서 일을 하고 있는데 서초세무서 조사과에서 전화가 왔다. 전화내용은 고발사건이 있어 조사를 해야 한다며 서초세무서 조사과로 오라고 하였다.

나는 너무 어이가 없어서 조사관에게 항의하였다. 국세청 세무조사를 받고 세금 14억 원을 납부한지 어제 같은데 또 세무조사를 하겠다고 하니 말이 되느냐고 강력히 항의하고 조사에 응하지 않겠다고 하며 세무조사 통보서도 접수하지 않았다. 그러나 조사관은 고발사건이기 때문에 재조사하지 않을 수 없다고 하였다. 따라서 나는 검찰청 의정부 고양지소에서 조사받은 내용을 다시 점검하고 자료를 수집하였다.

　사건 내용은 검찰청 의정부 고양지소에 고발한 사건과 같이 내가 삼우토건을 경영하면서 1999년부터 2002년까지 각 건설현장에서 발생한 노임을 79억이나 부풀려 계산해 횡령하였다고 하는 사건이었다. 그 이유는 노임명세서 글씨필체가 모두 동일인으로 작성하였고, 노임명세서 중 실수령자 주민등록을 검토한 결과 틀린 것도 있고 실수령자가 당시 다른 직장에서 근무한 근로자로 판명되므로 고발자의 내용도 일부 인정된다며 또 다시 세금 4~5억을 부과하겠다고 하였다.

　따라서 이번 세무조사는 세무법인 하나에 세무조사 수임계약을 하였다. 왜냐하면 이번 사건은 세무 심판원까지 가야 해결될 것 같았다. 나는 서초세무서 조사관이 주장하는 내용에 모든 반론을 제시했다. 실제로 내가 당시 회사를 운영하면서 노임명세서 작성을 위한 여사원을 임명하여 매월 각 현장의 노임 지불 명세서를 현장에서 인적 사항을 받아서 노임대장을 작성했다. 노임대장은 직영노임은 현장에 있는 관리 담당이 지불한 노임대장을 만들고 실지 불자를 확인하고 인장을 받고 노임을 지불했다.

　그러나 도급성 노임은 근로자 사장에게 구조물 같은 단가계약을 하고 매월 말 기성물량을 산출하고 계약단가로 계산하여 총액 노임을 근로자 사장에게 지불하고 근로자 사장이 자기가 고용한 근로자에게 노임을 지불하고 근로자들의 인적 사항과 인장을 본사에 가지고 와서 여사원이 매월 노임대장을 작성하므로 글씨체가 동일하고 또 주민등록번호도 회사입장에서는 맞는지 틀린 지 확인할

332

수 없다고 했다.

또 노임을 수령한자가 타 직장에서 근무한 근로자도 있다고 하는 내용은 노임수령자가 자기 이름을 대지 않고 가족들 중 이름을 대고 노임을 수령하기도 한다고 했다. 그러나 서초세무서는 나에게 또다시 4억 5천만 원의 세금을 납부하라는 세금납부 고지서를 발급했다. 다시 나와 세무법인은 세금심판원에 관련자료를 제출하고 의정부검찰청 고양지소 판결문도 함께 제출했다. 심판원의 최종판결 내용은 자료 불충분으로 검찰청 고양지소 판결문과 동일하게 판결되어 세금을 납부하지 않고 완결되었다.

그러나 세무법인 하나에게 판결성공 댓가를 지불하는 문제로 서로 갈등이 있었다. 나는 세무법인 하나가 노력하여 준 것에 대단히 감사하고 또 대가를 지불하는데 지불금액에 대해 다른 친우들과 협의한 결과 2~3억 원은 지불해야 한다기에 2억 4천만 원을 지불했다. 그러나 세무법인 하나는 자기들이 노력해서 79억 원 세금을 0원으로 만들었기에 4~5억은 지불해야 한다고 강력히 항의하고 있으며 주위 조언자와 합의하여 4억 4천만 원을 지불하고 종결하였다.

이제 삼우토건 주식 양도양수로 인한 고발사건은 종결된 것 같다. 그러나 이제부터는 내가 삼우토건 경영자를 상대로 소송을 제기할 차례다. 현재 삼우토건의 전경영자는 부도를 내고 경영에 참여하지 않고 있으나 나에게 고소고발을 하여 이익을 챙기려는 일당들이 있다. 나는 이들을 상대로 현재 삼우토건 법인자금 중 전문 건설공제조합 출자증권 싯가 2억 5천만 원과 법무법인 아주에 공탁한 자금 1억 원에 대하여 각 기관에 지불가처분 신청서를 내고 소송하여 승소하면 일부는 찾을 수 있을 것 같다.

그러나 너무 신경을 써야 하고 또 몇 년 동안 그들과 다투던 모든 사항을 재론하여야 한다. 향후 삼우토건이 더 이상 고발사건이 없다고 하면 공탁된 1억 원은 국가로 환수 되고, 공제조합 출자증권 2억 5천만 원은 삼우토건 세금체납으로 국고에 환수될 것이다. 삼우토건 주식 양도양수 후 검찰청조사 2회, 국세청 조사 2회 등 너무 많은 괴로움을 당했다. 이제부터는 잠도 잘 이룰 수 있고 건강도 좋아질 것이다.

제9부

미혜빌딩과 제일빌딩 운영, 장학사업

우리 모두가 알고 있는 것처럼 성공이나 돈이 삶의 최종 목표가 될
수 없다.

상생과 공익에 대한 신념이 얼마나 큰가에 따라 soul의 높이가 달라
지고 그 신념을 실천해 내는 실행력과 완성도의 결과로 따라오는 것
이 바로 성공의 크기이고 돈의 액수다.

사람들에게 무지하게 이롭지 않으면 의미가 없다고 생각하는 사람은
soul의 높이가 다를 수밖에 없고, 이런 사람들이 성공했을 때 만나는
것이 대박이다.

– 강신장의 《오리진이 되라》의 high soul에서

1. 미혜빌딩과 제일빌딩 운영

나는 직장생활 17년, 사업 15년간을 바쁘게 살았다. 그렇게 생활하면서 아들 없이 딸 둘만 두고 있다. 젊었을 때 살기가 너무 어려워 딸 둘을 낳고 더 이상 자식을 갖지 않기로 했다. 왜냐하면 자식을 많이 낳아서 교육을 제대로 시킬 수 없는 형편이라면 딸이라도 잘 키워 훌륭한 사람을 만들고 싶었다.

그러나 지금 생각하면 많은 후회가 된다. 당시는 정책적으로 둘만 낳아 잘 기르라고 둘 낳기 캠페인을 벌이기도 했다. 현재는 모든 가족이 아이 많이 낳기를 꺼려 인구가 줄고 있다. 오히려 아이 많이 낳는 캠페인을 벌이고 있다. 우리 가정도 아들 하나라도 더 낳아 키웠으면 좋았을 것을 후회한다.

이제 나의 나이도 72세 노인이다. 남은 인생을 어떻게 보람있게 살 것인가 생각해야 한다. 지난 30여 년 간 열심히 일하고 절약하여 모은 내 재산은 미혜빌딩과 서초동 건물 등에서 한 달에 임대료

논현동 미혜빌딩 전경

만 약 1억 3천~1억 5천만 원의 수입을 올리고 있다. 매년 세금으로 4억 5천만 원 정도 납부하고 있다. 그리고 고등학교와 대학교에 얼마만큼의 장학금을 기부하고 있다. 현재 대학에 1억 2천만 원의 발전기금과 고등학교에 3천만 원의 장학금을 주었다. 이제부터 매년 정기적으로 장학금을 지불할 기틀을 마련할 때가 되었다.

중동건설현장에서 고생하면서 일할 때도 나는 늙어서 재산의 일부를 사회에 환원하여 불우하고 어려운 가정의 자녀를 위한 재단을 설립하는 것이 목표였다. 이제 실천할 때가 된 것 같다. 그러나 재단설립을 하려고 하나 절차 등에 어려움이 있다. 어떻게 하는 것이 편리하고 수혜자들에게 도움이 되는 것인지 연구하고 있는 중이다.

2. 2012년 및 2013년도 장학생 선발과 관리

나는 2012년 3월 4일에 나의 모교인 예천 대창고등학교를 방문했다. 왜냐하면 대창고등학교 2학년 5명과 예천여자고등학교 2명에게 각각 4백 4십여 만 원의 2012년도 장학금을 지불하기 위해서였다. 경기도 일산 집에서 아침 7시에 출발하여 예천 대창고등학교에 도착하니 오전 9시 30분 가량 되었다.

학교 밴드부가 섹스폰을 울리는 가운데 교장 선생님이 나를 기다리고 있었다. 나는 교장 선생님과 인사를 하고 학교 밴드부에게 고맙다고 인사를 했다. 교장 선생님의 안내로 교정을 둘러보고 내가 60여 년 전 이 교정에서 공부하던 때를 생각하니 감회가 새로웠다. 아직까지도 60년 전의 교실도 있고 새로 신축한 교실도 있었다. 옛날 내가 공부하던 때와는 다른 점이 많았다. 그러나 산 언덕에 지은 교실들은 공간이 너무나 부족하여 시원한 감을 주지는 못했다.

선생님들과 학생들은 모두 공부에 대한 열기가 대단한 것 같았다. 예천읍내 집이 있는 학생들도 매일 밤 기숙사에서 공부를 하며 지내고 있었다. 나는 이 우수한 학생들을 선발하여 훌륭한 인재가 되도록 재정적인 지원도 하고 멘토 역할도 하겠다고 다짐했다.

그 당시 우리들은 무척 어려운 생활을 하며 공부를 하였다. 등록금을 납입하지 못해 고등학교 3년 동안 몇 번이나 학교 교실에서 쫓겨나야 했고 시험을 못 치른 적도 있었다. 이제부터는 내가 장학생으로 선발된 학생만큼은 돈 걱정 없이 마음껏 공부하도록 도와주어야겠다. 내가 바라는 것은 오직 너희들이 열심히 공부하여 우리 사회가 필요로 하는 인재가 되는 것이라고 이야기했다. 그리고 교장 선생님과 선생님들도 훌륭한 인재가 배출되도록 최선을 다하겠다고 다짐했다.

학생들을 만나니 모두가 내 손자, 손녀 같고 자식 같은 마음이었다. 점심 때가 되어 학부모, 학생, 교장 선생님을 비롯한 여러 선생님들을 모시고 점심을 대접했다. 여러 선생님들께 다시 학생들을 부탁하고 서울로 올라왔다. 예천신문에 서울에서 노신사가 내려와서 장학금을 지급하였다고 게재하였다. 이 소식을 들은 나의 지역 친구들은 좋은 일을 하였다며 격려해 주었다. 2012년 4월 26일에는 나의 장학생들에게 편지도 보냈다.

3. 최혁영장학생 여러분에게 보내는 편지

나의 사랑하는 최혁영장학회 손자, 손녀에게

내가 너희들을 만난지도 벌써 2개월이 지났다.

그 동안 모두들 학업에 열중하며 미래를 위해 노력하겠지. 서울대 입시를 위한 고교생활 설계 기사를 보고 너희들이 생각나서 스크랩하여 보내니 참고하길 바란다.

그리고 내가 4월 20일 주간 인물로 선정되어 인터뷰를 한 기사와 함께 주간인물 잡지를 보내니 읽어보기 바란다.

2002년 월드컵 4강신화를 이룬 히딩크 감독에 대한 어록을 읽고 창조적인 플레이의 첫번째 조건은 강력한 체력과 정신력이 좋아야 한다고 하였고, 두번째 조건은 멀티플레이를 해야 한다고 하였다. 그리고 예상을 뛰어 넘는 새로운 시간과 공간 만들기를 잘해야 훌륭한 축구선수가 될 수 있다. 상대가 예측하지 못한 공간으로 이동하여 패스했을 때 골이 나온다. 따라서 훌륭한 축구선수는 그라운드에서 끊임없이 상대가 예측하지 못한 시간과 공간을 창출해 내는 창조자들이다.

또 줄탁동시(啐啄同時) 고사성어 하나를 소개하니, 마음에 담아 노력하길 바란다. 어미가 품은 알 속에서 조금씩 병아리가 자란다. 이제 세상을 구경해야 하는데 알은 단단하기만 하다. 병아리는 나름대로 공략부위를 정해 쪼기 시작하지만 힘에 부친다. 이때 귀를 세우고 그 소리를 기다려온 어미 닭은 그 부위를 밖에서 함께 쪼아준다. 답답한 알 속에서 사투를 벌이던 병아리는 어미의 도움으로 비로소 세상 밖으로 나오게 된다. 이처럼 병아리가 안에서 어미를 부르는 것을 줄(啐)이라 하고 밖에서 어미가 그 소리를 듣고 껍질을 쪼는 것을 탁(啄)이라 한다. 그리고 이 두 가지가 동시에 발생해야 일이 완성될 수 있다는 고사성어가 바로 줄탁동시(啐啄同時)다.

참으로 세상을 살아가는데 꼭 필요한 가르침이자 매력적인 이치가 아닐 수 없다.

행복한 가정은 부부가 줄탁동시할 때 이루어지고, 훌륭한 인재는 사제가 줄탁동시의 노력을 할 때 탄생한다. 이렇듯 줄탁동시를 이뤄내기 위해서는 아래의 조건이 충족되어야 한다.

1. 내가 먼저 변해야 한다.

세상의 이치는 기쁨을 주고 사랑을 받는 순서이지 사랑을 받고 기쁨을 주는 순서로 돌아가는 것은 아니다.

2. 경청해야 한다.

먼저 신호를 잘 듣고 있어야 한다. 그래야 병아리에게 필살의 도움을 줄 수 있고 함께 가쁨을 만들 수 있다.

3. 타이밍이 중요하다.

고객과 함께 손을 맞춰 박수 칠 수 있는 기업이 바로 위대한 기업이다.

4. 지속적인 노력이 있어야 한다.

줄탁동시의 묘는 기다림에 있다. 세상의 화답을 받을 진실의 순간을 만들기 위해 늘 준비하는 자세가 필요하다.

2012년 4월 26일
최혁영장학회장 보냄

2012년 6월 1일에 나의 장학생들에게 2번째 편지를 보냈다.

사랑하는 최혁영 장학회 손자, 손녀에게

이제 가정의 달 5월도 멀리하고 초여름이 시작되었다.

그 동안 너희들의 자기개발을 위하여 많이 노력하였으리라 믿는다. 훌륭한 인재가 되기 위해서는 물론 전공도 중요하지만 폭넓은 지식을 갖도록 노력하여라.

나는 지난 4월 26일 편지에서 월드컵 4강신화를 이룬 히딩크 어록을 소개하였고, 고사성어 줄탁동시를 소개했다.

이 시대가 요구하는 인재상은 많은 것을 요구한다. 스페셜리스트이며 저널리스트이고 휴머니스트이기를 한꺼번에 요구하는 시대다. 우리는 이른바 convergence의 시대를 살아가고 있는 것이다. convergence란 여러 가지 기술이나 성능이 하나로 합쳐지는 것을 의미한다. convergence 시대의 적합한 인재는 다양한 지식을 연결시켜 전혀 낯선 것으로 만들어 낼 줄 아는 창의성 넘치는 사람이다.

그리고 집중력을 발휘하기 위해 수적천석(水滴穿石)이란 말을 소개한다. 작은 물방울도 끊임없이 떨어지면 단단한 바위를 뚫는다는 뜻이다. 비록 시작은 미약한 아이디어로 출발하지만 즐겁게 미치다 보면 창대한 결과를 얻을 수 있을 것이다. 할 수 있다는 자신감을 가지고 새로운 도전이 두렵고 불안할 때마다 긍정은 천하를 얻고 부정은 깡통을 찬다는 말을 되뇌어라. 나는 지난 4월 30일 예천향우회 골프대회 시니어부에서 우승을 하여 황금빛 메달을 수상하였다.

우리 최혁영장학회 일동은 서로 사랑하고 도우며, 한 가족처럼 상부상조하는 분위기를 만들자. 동료 간에 서로 시기하지 말고 도우며 지내야 한다. 지난 3개월을 돌이켜보며 미흡한 점은 고치고, 항상 전진하도록 노력하자.

그럼, 건강하고 활기차게 생활하기 바란다.

2012. 6. 1
최혁영장학회장 보냄

그리고 나의 학생들에게 생일날에는 생일 축하 매시지도 보냈다. 2012년 8월 13일 나의 장학생들에게 3번째 편지를 보냈다. 세 차례 편지에서 훌륭한 인재가 되기 위한 옛날 고사성어를 알려주었고, 서로 사랑하라고 주문했다.

나의 사랑하는 최혁영장학회 손자, 손녀에게

연일 폭염을 뿜어내던 무더운 여름도 지나고 처서가 시작되었구나.

너희들에게 편지를 받고, 편지를 쓴지도 두 달이 지났고, 모두들 훌륭한 인재가 되기 위해 노력할 것으로 믿는다.

이제 세 번째 편지를 보내는데 첫 번째 편지에서는 월드컵 4강 신화를 이룬 히딩크 어록과, 고사성어 줄탁동시를 소개하였고, 두 번째 편지에서 convergence시대의 적합한 인재상과 집중력을 위한 수적천석을 소개했다.

우리 사랑하는 최혁영장학회 손자 손녀들은 이 귀중한 고사성어와 훌륭한 말들을 잊지 말고 명심하길 바란다. 부처님의 말씀에 의하면 "행복도 내가 만드는 것이네. 불행도 내가 만드는 것이네. 진실된 행복과 불행, 다른 사람이 만드는 게 아니네" 내가 제일 좋아하는 경구인데 만약 여러분이 지금 불행하다면 그것은 누가 만든 것일까. 바로 나 자신이지.

문제가 있을 때마다 자주 남의 탓으로 돌리고, 남에게 화살을 돌리지 말아라. 내 인생의 행복은 내가 찾아야 하고 내가 가져야 하고 내가 지켜야 한다.

그리고 타인에 대해서 이해하려는 마음과 열린 마음을 가지면 내 마음이 편하다. 타인을 이해하지 못하면 내가 답답한 거지. 항상 남을 사랑하고 배려하는 마음을 잊지 말아라.

오늘 고사성어로 논어에 나오는 '궁하면 변하고, 변하면 통하며, 통하면 영원하다(窮則變, 變則通, 通則久)'라는 말을 소개하겠다. 이 말은 인류 문화사에 길이 빛나는 선언이기도 하다. 여기서 궁하다는 것은 난관에 부딪쳤다는 뜻이다. 우리는 저마다 난관에 부딪치면 대개 어찌할 바를 모르고 우왕좌왕 하거나 상황을 원망하며 자포자기한다. 어려움을 만났을 때 그렇게 변하면 결국 통하게 될 것이니, 늘 그렇게 통함으로서 영원하다는 말은 실로 감격적이기까지 하다. 우리 인류역사상 난관에 부딪칠 때마다 늘 변하고 변해왔으며 그렇게 변함으로서 번성하고 있다.

나의 사랑하는 최혁영장학회 손자, 손녀들아, 항상 변화에 적응하고 통하여 번성하여라. 나는 너희들을 무척 사랑하고, 항상 너희들과 함께하는 것이 이렇게 행복할 수가 없구나.

항상 나 자신에 대하여 변화를 가지고 이웃과 동료를 사랑하고 너희들의 행복을 구하길 바란다. 모든 행복과 불행은 너 자신에게 있다는 것을 명심하여라.

2012년 8월 13일
최혁영장학회장 보냄.

10월 8일 4번째 편지를 보냈다.

나의 사랑하는 최혁영장학회 손자, 손녀에게,

이제 아침, 저녁으로 제법 서늘하여 완전한 가을을 맞이한 것 같다.

지난번 8월 13일에 편지를 보내고 이제 2개월이 지났구나. 훌륭한 인재가 되기 위해 노력하여 대단한 성과를 거둔 우리 장학회 손자도 있다. 영남대학교 행정학과 류상훈 군은 지난 방학 동안에 공인 재무설계사 시험을 치러 당당하게 합격하였다. 우리 모두 류상

훈 군에게 박수를 보내자.

물론 다른 우리 장학회 손자, 손녀들도 자기 개발을 위해 열심히 노력하여 훌륭한 성과를 거두었을 것이라고 나는 믿는다.

이제 가을이 되어 하늘은 높고 말은 살이 찐다는 천고마비(天高馬肥)의 계절이다. 지식습득과 위대한 스승의 가르침을 배우기 위하여 많은 독서를 하길 바란다. 심신을 수양하고 교양을 넓히기 위하여 책을 읽는 일, 훌륭한 인재가 되기 위해 미래를 준비하는 기능을 가지고 있기 때문에 독서는 꼭 필요하다. 좋은 책을 읽고 서로 간에 독후감을 토론하는 것도 재미있는 일이다. 그리고 인생은 투자한 만큼 얻게 되는 것이다.

목숨 걸고 자신을 채찍질하며 자기 개발에 미쳐라. 이 세상에는 공짜는 없다. 노력한 만큼 성공하게 되는 것이다.

그리고 이번 편지의 사자성어로 순망치한(脣亡齒寒)을 소개한다. 이 사자성어의 의미는 주위 사람과 인연을 소중히 여기고 관계를 중시하는 것을 의미한다. 순망치한은 '입술이 없으면 이가 시리다' 라는 뜻으로 중국 노나라 때 《춘추좌씨전(春秋左氏傳)》에 나오는 고사에서 유래한 것으로 가까운 사이의 하나가 망하면 다른 한편도 온전하기 어렵다는 것을 비유한다. 많은 사람들이 관계를 등한시 했다가 순망치한의 고통을 겪는다. 부디 주위 사람들과 사귐을 중요시 여기고 관계를 잘하여 남들로부터 칭송 받는 인재가 되도록 하여라.

나의 사랑하는 최혁영장학회 손자, 손녀들아…

항상 변화에 적응하고 반성하고, 후회 없는 삶을 살아가길 바란다. 늘 이웃과 동료를 사랑하고 자신의 꿈과 희망을 위하여 돌진하길 바란다. 모두를 사랑한다.

2012년 10월 8일

최혁영장학회장 보냄

나의 사랑하는 최혁영장학회 손자, 손녀에게

2012년도 20여 일 후면 역사의 뒤안길로 사라진다.

우리 장학회 손자, 손녀들은 2012년을 보내면서 모두 열심히 노력하여 후회 없는 삶을 보냈으리라고 생각한다.

모든 사람들이 매년 초에는 새해를 맞이하여 각오를 단단히 하지만 곧 중도에서 포기하고 연말이면 아쉬워하면서 한 해를 보낸다. 그러나 결심이 대단한 사람들은 한 해를 힘차게 보내고 나중에 성공한 사람도 많다. 우리 장학회 손자, 손녀들은 2013년에는 각오를 단단히 하고 후회 없는 삶을 보내며 성공한 삶을 살아가기를 기대한다.

우리말에 '그까이꺼 정신'이 있다. 당장은 가진 게 없어도 신념만 있으면 누구든지 따라잡을 수 있다는 것이 '그까이꺼 정신'이다. 표준어로는 '그까짓 것쯤이야'라는 자신감을 말한다. 의지만 있으면 어떤 선발자라도 다 따라잡고 팔자를 고칠 수 있다는 한국인만이 가질 수 있는 무한도전 무한신념의 언어이다. 그런 면에서 보면 맥가이버 보다 데 센 것이 '그까이꺼 정신'이다.

무엇인가 세상에 선사하고 싶은 영혼을 울리는 간절함이 있을 때 비로소 세상을 바꿀 수 있다는 생각과 만나게 된다. 우리 모두 상상력 하나면 불가능도 무너뜨릴 수 있다는 희망적인 '그까이꺼 정신'을 기르자.

우리 인생은 준 대로 돌려받는다. 신약성서 〈마태복음〉 7장 12절에 따르면 '무엇이든 남에게 대접을 받고자 하는 대로 너희도 남을 대접하라. 이것이 율법이요, 선지자니라.' 하였다. 〈누가복음〉 6장 31절에 남에게 '대접을 받고자 하는 대로 너희도 남을 대접하라.' 하였다. 3세기 로마황제 시벨리우스 알렉산드르가 이 문장을 금으로 써서 거실벽에 붙인 뒤로 황금율(黃金律, Golden Rule)이라는 말이 유래되었다고 한다.

우리 최혁영장학회 손자, 손녀들아!

너희들은 모두 남을 배려하고 이웃과 동료를 서로 아끼는 사랑의 전도사가 되어라. 항상 얼굴에 밝은 미소를 띠고 부드럽고 정답게 남을 대하며, 공손하고 아름다운 말을 하고, 착하고 어진 마음으로 사람을 대하라. 호의를 담은 부드럽고 편안한 눈빛으로 사람을 대하고, 정성껏 남을 도와주고 다른 사람에게는 자리를 양보하며, 사람들로 하여금 편안하게 쉴 공간을 마련해 주는 무재칠시(無財七施)를 마음에 간직하여라.

이제 2013년은 우리 장학회도 더욱 전진하여 더 많은 식구가 늘어갈 것이다. 우리 장학회 여러분은 한 명도 탈락하지 않고 계속될 수 있도록 부단한 노력을 경주해 주기를 바란다.

더 밝은 2013년이 될 것을 기대하며 이만 줄인다.

장학생 모두를 사랑한다.

나의 사랑하는 최혁영장학회 손자, 손녀에게

2012년도 역사의 뒤안길로 사라지고 대망의 2013년을 맞이하였다. 내가 이번 편지를 포함하여 6차례나 편지를 보냈다. 편지를 보낼 때마다 나의 생각을 너희들에게 전달하려고 노력을 했다. 그러나 이 편지가 너희들에게 얼마나 도움이 되었는지 반성하게 된다.

지난번 2012년 12월 10일자 편지에도 2013년에는 각오를 단단히 하고 다시는 후회하는 삶을 보내지 말고 성공한 삶이기를 기대한다는 편지를 보냈다. 그리고 '그까이꺼 정신'을 소개했다. 21세기를 살아가면서 지식기반 사회에서 훌륭한 인재가 되기 위해서는 다음과 같은 자질을 갖추도록 노력하길 바란다.

21세기가 요구하는 인재가 되기 위해서는

첫째, 인성능력을 키워야 한다. 그러자면 부모나 은사, 사회의 모든 사람으로부터 훌륭한 인간관계를 배워야 한다. 인간관계가 좋고 조직 융화력이 뛰어난 사람으로부터 훌륭한 교육을 받아야 한다.

둘째, 끊임없이 연구하고 혁신할 수 있는 창의력을 길러야 하고

셋째, 변화하는 환경에서 경쟁력을 유지하기 위해 스스로 변해야 한다.

넷째, 남과의 경쟁에서 이기려면 차별화에 성공해야 한다. 그러기 위해서는 전문성이 뛰어나야 한다.

너희들은 이 4가지 사항을 항상 염두에 두고 생활하면서 습관화하고 숙달되도록 노력해야 한다. 2012년에 최혁영장학회 손자, 손녀가 10명이었으나 2013년에는 식구 8명을 추가하여 모두 18명으로 늘었다. 현재 고등학교 1학년생은 1년반에서 2년 후에는 대학을 진학한다. 현재 대학교 2학년생이 2년 후에 훌륭한 사회인으로 태어나기 위해서는 위에서 언급한 4가지 사항을 실천하고 생활화하는 것이 좋겠다.

내가 항상 편지 때마다 남을 배려하고 이웃과 동료를 아끼는 사랑의 전도사가 되라고 이야기했다. 이와 같은 성품은 각 개인의 인성을 풍요롭게 만드는 방법이다. 인성이 풍요로운 사람이 지식기반사회에서 성공할 수 있다. 남을 짓밟고 올라서는 것이 성공의 지름길이고 잘나고 똑똑하면 모두가 따르던 시대는 지났다. 이 사회는 훌륭한 인성을 가진 공감형 리더십을 요구하고 있다.

지난번 편지에 언급한 것과 같이 다시 한 번 무재칠시(無財七施) 즉 항상 얼굴에 밝은 미소를 띠고, 부드럽고 정답게 남을 대하라. 공손하고 인사성 있는 말을 하고, 착하고 어진 마음으로 사람을 대하라. 호의를 담은 부드럽고 편안한 눈빛으로 사람을 대하며 정성껏 남을 돕고 다른 사람에게는 자리를 양보하라. 사람들로 하여금 편안하게 쉴 공간을 마련해 주는 '무재칠시'를 다시 강조한다.

2013년에는 우리 장학회 손자, 손녀가 모두 건강하고 훌륭한 인재양성 프로그램에 동참하여 2012년보다 더 힘찬 한 해가 되길 바란다. 모두들 사랑한다. 잘 있어라.

나의 사랑하는 최혁영장학회 손자, 손녀에게

    2013년 들어 두 번째로 사랑하는 최혁영장학회 손자, 손녀에게 편지를 보낸다. 지난달 3월 6일에는 서울대학교에서 올해 신규로 공과대학 기계항공학과 고혁인 군과 전자공학과 박찬희 군을 만났다. 3월 25일에는 영남대학교 도시공학과 전서영 양을 만났고 3월 27일에는 예천 대창고등학교 1학년 김승민 군과 이사열 군, 2학년 김재형 군을 만났다. 또 같은 날 예천여자고등학교 1학년 이경민 양을 만났다. 이제 최혁영장학회 가족은 17명으로 작년보다 7명이 추가되었다.

    우리 장학회 손자, 손녀들은 서로 동료를 사랑하고 베풀어 21세기 지식기반 사회에서 훌륭한 인재가 될 수 있도록 노력하기 바란다.

    이번 첫 번째 편지는 인성교육으로 civility라는 단어로 시작하겠다. Civility의 뜻은 공손이다. 'civility costs nothing and buys everything.' 공손함은 아무 비용도 들이지 않고 모든 것을 얻게 한다는 뜻이다. 예의 바르게 웃으면서 대하면 상대방도 마찬가지로 나에게 좋은 반응을 보인다. 인간관계의 선한 순환이 일어나는 것이다. 자신에게 달갑지 않은 일이 벌어질 경우 버럭 화를 내며 불만을 털어 놓는 사람들에게는 관계의 악순환이 일어나게 마련이다.

공손함은 돈이 들어가는 것도 아니지만 많은 사람이 실천하지 못하는 것은 그러한 매너가 몸에 배지 않았기 때문이다. 공손함이 자신의 몸에 익숙한 습관으로 자리 잡을 수 있도록 수행을 게을리 하지 말기를 바란다.

둘째, 자기가 생각하는 주제나 사물을 볼 때 항상 상상력을 가지고 임해야 한다. 그 사물이나 주제에 대하여 system을 검토하고 cost 분석을 통해 새로운 사물이나 주재로 바꿀 수 있도록 관심을 가져라. 성공에 대한 자신의 결심은 정말 확고한가? 성공을 이룬 사람과 실패한 사람에는 아주 분명한 차이가 있다. 문언가를 성취한 사람은 어떤 어려움에도 자신의 꿈 자체를 포기하거나 목표달성의 의지를 저버리는 일이 없다. 강력한 의지력은 열정적이고 끊임없는 노력을 만들어 낸다. 그리고 결국 그것은 큰 보상으로 이어진다. 성공을 위해 어떤 과제도 해결해 내겠다는 결심이 서지 않는 한 결코 자신이 무엇을 할 수 있는지도 깨닫지 못한다.

셋째로 성공의 비결은 남들과 다르게 생각하는데 있다. 우선 자기부터 변해야 조직도 변화시킬 수 있다. 우리가 살아가야 할 21세기는 무조건 열심히 하는 것이 성공의 비결이 아니라 남들과 다르게 생각할 줄 아는 것이 성공의 최대 비결이다. 결국 새로운 것을 창조해 낼 수 있는 인재가 이 세상을 바꾸고 기업과 국가를 성장시키며 성공으로 이끈다.

넷째로 모든 사물과 주재에 대하여 기본에 충실해야 한다. 학문에 있어서도 기본지식이 충분해야 전문성을 키울 수 있다. 과학자가 되기 위해서는 기본적인 수학이나 물리학이 중요하다. 훌륭한 리더가 되기 위해서는 기본지식과 상식이 풍부해야 한다.

이것으로 21세기의 훌륭한 인재가 되기 위한 마음가짐과 생활습관을 이야기 하였다. 성공한 삶을 살기 위해서는 하루하루가 새롭고 지난 일을 후회하는 일이 없어야 한다. 모두들 자기개발에 최선을 다하여 훌륭한 인재가 되어라. 나는 너희들이 있기에 행복하고 항상 하나님께 감사한다.

너희들 모두는 나의 손자, 손녀이므로 너무나 사랑한다. 더욱더 건강하고 미래의 훌륭한 사람이 되기 위해 열심히 노력하여라.

다시 한 번 장학생 모두를 사랑한다. 잘 있어라.

2013. 4. 15
최혁영장학회장 보냄

나의 사랑하는 최혁영장학회 손자, 손녀에게

2013년 가정의 달, 계절의 여왕, 신록의 계절 5월도 바쁘게 보내고 무더운 초여름인 6월을 맞았다. 모두들 건강하고 씩씩하고 착하게 학문에 매진했기를 바란다.

지금까지 나는 9차례의 편지를 너희들에게 보냈다. 이 편지를 잘 보관하여, 수시로 읽고 또 너희들이 성공하여 다시 한번 읽어 보도록 하여라.

지난번 편지는 인성교육으로 civility(공손)이라는 단어를 설명하였고, 창의와 혁신으로 모든 사물이나 주재에 대하여 풍부한 상상력을 갖고 SYSTEM이나 COST분석을 통해 아주 다른 혁신적인 사물이나 주재로 바꿀 수 있도록 관심을 가져달라고 했다.

이번 편지는 인성교육으로 Sympathy(공감)이란 단어를 가지고 소개하겠다. Sympathy is the golden key that unlocks the heart of other. 공감은 다른 사람들의 마음의 문을 열게 하는 황금열쇠와도 같다는 외국의 책의 내용도 있다. 공감의 어원은 서로 다른 사람이 같은 감정을 갖는 것이다. 자신의 감정만 생각하는 것이 아니라 남의 감정을 깊이 생각하고 배려하여 서로의 마음이 같은 상태를 말한다. 현대사회는 점점 황금만능주의로 치닫는다. 마음을 가꾸는 것보다 생활수준을 높이는 것에 전력을 다한다. 우리의 마음이 점점 탐욕에 물들어 간다. 탐욕에는 배려나 타인에 대한 관심은 존재하지 않는다. 지나친 탐욕은 언젠가 자신을 황폐하게 만든다는 것을 간과하지 말자. 욕심을 버리고 다른 사람들과 교감해 보자. 그리고 6월 7일 고향 예천에 내려가 우리 장학생 손자, 손녀, 학부모님을 모시고 간담회를 가졌다 그때 내가 이야기한 4가지 사항을 다시 이야기 하겠다.

1. 우리 장학회 손자, 손녀들아 우리모두 미래에 대한 꿈을 갖자.
   괴테는 이왕 꿈을 꾸려면 작게 꾸지 말라고 말했다.
   왜냐하면 자그마한 꿈은 사람들의 마음을 움직이는 힘이 없기 때문이다. 우리 모두 훌륭한 이사회의 Leader가 되기 위해 시대를 앞서는 크고 담대한 목표를 세워 기존의 역량을 뛰어넘는 최고의 인재가 될 수 있도록 역량을 최대한 발휘하라.
2. 우리가 세운 담대한 꿈은 중도에 포기하지 말고 한시라도 잊지

말고 그 꿈을 향해 노력하자. 모든 사람들이 어려웠을 때 노력
하여 어느 정도의 성공을 하면 안일하고 나태하여 그 꿈을 포기
하는 경향이 많다.

우리 최혁영 장학회 손자, 손녀들은 그 꿈을 향해 노력하면 성
공할 수 있다는 의지가 있으면 그 꿈을 달성할 수 있고 또 보람
을 느낄 것이다.

3. 남에게 공손하고 남의 일에 공감하고, 남을 사랑하는 마음씨를
갖자.

위와 같은 마음씨를 우리 최혁영 장학회 손자, 손녀들이 가지고
실천하면 이것이 우리사회를 밝게 하고 훌륭한 leader가 되는
덕목이다.

4. 변화하고 창조하고 혁신하자.

변화의 흐름을 먼저 읽고 한발 앞서서 준비하는 사람은 위기 속
에서도 도약의 계기를 만들어 도약할 수 있다. 미래는 예측하
고 기다리는 것이 아니라 창조하는 것이다. 앞날을 바라보고 미
리 선점하는 미래지향적인 자만이 미래세계를 지배할 수 있다.
모든 사물과 주재에 대하여 항상 상상하고 어떻게 하면 더 나은
것을 창조할 수 있는지 상상하자. 혹자는 혁신이 곧 역발상적
사고라고도 했다.

이번 편지는 공감이라는 단어와 미래에 대한 꿈을 갖자고 하
였다.

다음 편지는 우리가 사회생활을 하면서 어떻게 하면 남에게 인
기가 있고 매력적으로 보일 수 있는지 소개하겠다.

하루하루 성공한 삶을 살기 위해서는 매일 하루가 새롭고 후회

하는 지난 날이 없어야 한다.

마음을 잘 쓰는 자만이 승리할 수 있다. 모두들 자기 개발에 최선을 다하여 훌륭한 인재가 되어라.

나는 너희들을 무척 사랑하고, 그리고 너희들이 있기에 항상 행복하다. 너희들 모두는 나의 손자, 손녀이고 너무나 사랑한다. 더욱 노력하여 미래를 선점하고 미래를 창조 하도록 노력하여라.

다시 한번 모두를 사랑한다. 다음편지 기다리도록 하여라.

2013. 6. 12

최혁영장학회 회장보냄

나의 사랑하는 최혁영 장학회 손자, 손녀들에게

오늘 보내는 이 편지가 벌써 10번째 편지구나. 내가 보내는 이 편지가 너희들에게 활력소가 되고 꿈을 키워 나가는데 도움이 되었으면 좋겠다.

이제 여름방학이지만 이 더위에도 너희들의 미래를 향해 멈추지 않고 모두들 열심히 노력하고 있겠지. 연일 무더위가 계속되어 오늘이 계절상 말복이고 더위도 이번주를 고비로 절정에 다다를 것 같다. 모두들 건강에 유의하고 보람 있는 나날이 되길 빈다.

그리고 우리 장학회 서울대학교 박찬희군은 7월 15일에 군에 입대하였고, 고혁인군은 9월 중에 군에 입대할 예정이다. 우리 두 형제가 군생활을 훌륭히 마감하고 제대하길 간절히 소망하자. 또 서울대학교 두 형제가 군에 입대하므로 새로운 형제가 임명되었는데 서울대학교 기계항공학부 김용남군과 전기정보공학부 민경선군이 다시 우리 장학회에 들어오게 되어 우리식구는 이제 19명이 되었다. 우리 모든 구성원들이 새로운 식구가 된 두 학생에게 서로 인사를 나누자. 김용남 연락처 010-4810-8737, 민경선 연락처 010-4629-3246이다. 모두들 훌륭한 꿈을 갖고 미래가 촉망되는 인재들이다.

그리고 나는 8월 중에 나의 에세이집《역경을 딛고 일하고 사랑하며》라는 에세이집을 발행하려고 한다. 인쇄가 되면 모두에게 나누어 주겠다.

지난 6월 편지에서 너희들에게 소개하기로 한 우리 인생을 살아가면서 남에게 매력적인 사람으로 인정받고 매력적인 사람이 되기 위한 마음가짐을 소개하겠다.

매력적인 성품과 남에게 매력적인 사람으로 인정을 받는 길이 성공의 지름길이라고 생각한다. 내가 너희들에게 누차 강조한 인성의 기본이 된다. 편안한 인간관계를 유지하기 위해서는 상대의 자존심과 자존감을 최대한 배려해야 한다. 이것을 이룩하기 위한 관계개선 기술 5A를 소개한다.

첫째 acceptance인 수용의 법칙이다. 누군가에게 해줄 수 있는 가장 훌륭한 선물은 무조건 긍정적으로 보는 태도다. 마치 상대의 성품이 놀라우리만큼 훌륭한 것처럼 행동해야 한다. 이것이 매력적인 사람이 되기 위한 출발점이다.

둘째 appreciation인 감사의 법칙이다. 상대방이 한 일에 고마움을 표시하면 상대의 자존감은 한층 더 올라간다. 만나는 사람이 누구이든 그들이 어떤 일을 하든 고마워하는 버릇을 들여라.

셋째 approval 인정의 법칙이다. 사람은 누구나 남에게 인정받기를 원한다. 상대를 인정하기 위해 가장먼저 해야 할 일은 인정하고 싶은 대상을 결정하는 것이다. 만일 자신의 업적을 인정해주는 사람이 없다면 누구든 그 노력을 그만 둘 것이다.

넷째 admiration 찬사의 법칙이다. 인정이나 칭찬보다 적극적이며 구체적인 표현이다. 찬사란 소유물 또는 업적에 대한 환호이다. 인정과 찬사는 평범한 누군가를 훌륭한 사람으로 만드는 힘을 발휘한다.

다섯째 attention 주목의 법칙이다. 상대가 자존감을 가질 수 있도록 돕는 효과적인 행위로 순간적으로 매력을 발산하는 열쇠가 된다. 주목하면 주목할수록 상대는 당신을 매력적인 사람으로 기억할 것이다.

우리 장학회 모든 손자, 손녀들은 이 5A를 습관화 하여 인간관계에 있어서 가장 매력적인 사람으로 거듭나길 바란다.

그럼, 다음 편지는 긍정적 사고방식과 confidence 자신감에 대하여 이야기 하겠다. 인생을 살아가는데 있어서 마음을 잘 다스리고 마음을 잘 쓰는 사람이 승자가 된다는 것을 마음에 간직하여라.

우리 장학회 모두는 사랑하고 베풀고 하는 사랑의 전도사가 되어야 한다. 더욱 노력하여 미래를 선점하고 미래를 창조할 수 있는 인재가 되도록 노력하여라. 다시 한번 모두를 사랑한다.

2013. 8. 12
최혁영장학회 회장 보냄

2012년 10월 16일에는 다시 예천에 내려가 최혁영장학회 손자, 손녀, 학부모, 교장선생님, 교감선생님 등 모두 모여서 훌륭한 인재육성을 위한 교육에서 약 8개월간의 교육내용을 평가하고 맛있게 식사를 했다. 그리고 정기적으로 학부모들과 친목모임을 갖자며 최혁영장학회 학부모모임을 만들었다.

그해 10월 24일에 다시 예천에서 2차 모임을 갖고 최혁영장학회 손자, 손녀들을 격려했다.

같은 해 4월 6일에는 대학교 모교인 영남대학교에 장학생 선발을 위해 교정을 찾았다. 장학생으로 선발된 3명의 학생과 대학교 발전팀장이 꽃다발을 가지고 나를 기다리고 있었다. 2012년에 선발된 장학생은 시스템공학과 2학년 1명, 행정학과 2학년 1명, 경제금융학부 1명 총 3명에게 학년 등록금 일체와 교재비를 포함하여 각각 1천만 원씩 장학금을 전달했다. 이 자리에서 이효수 총장과 지속적인 장학금 지급으로 인재육성에 보탬을 주겠다고 약속했다. 학교측에서는 이번에 장학금을 받는 학생들은 가정형편이 어렵고 자기가 학자금을 벌어서 공부하는 학생들이라 큰 힘이 될 것이라고 설명했다. 나는 이 학생들이 계속해서 공부에 열중할 수 있도록 가급적이면 졸업 때까지 도와주겠다고 마음속으로 다짐했다.

2013년도에는 서울대학교 기계공학과 2학년 1명, 전자공학과 2학년 1명에게 졸업 시까지 등록금 전액을 주고, 생활비로 매월 40만 원을 지급하기로 했다. 어려운 가정의 학생을 위하여 서울대학교 총장과 협약서를 체결하였고 매년 4명에서 6명의 기계공학과와 전자공학과 학생에게 지급하도록 약정하였다.

2012년에 가정형편이 어렵고 성적이 우수한 영남대학교 학생 3

명을 선발하였고, 2013년에도 신규로 도시공학과 1명의 장학생을 선발하여 같은 조건으로 사천만 원을 지급하였다.

예천 대창고등학교에도 2012년에 선발한 장학생 4명과 신규로 2명의 장학생을 선정하여 같은 조건으로 장학금을 지급하고 나머지 2명에게는 등록금전액을 지급하였다. 그리고 기숙사비 50퍼센트도 지원하였다. 예천여자고등학교에도 2012년에 선발된 2명과 신규로 1명을 선정 같은 조건으로 장학금을 지급하였다.

2013년도에는 총 1억 4백만 원의 장학금을 지급하여 인재를 양성하려고 노력하고 있다. 2014년에도 20여 명의 장학생을 선발 같은 조건으로 장학금을 지급할 예정이다. 그리고 장학금 지급만으로 끝나지 않고 2달에 한 번씩 전체 장학생 각자에게 멘토링 편지를 보내 인성교육을 강화하고 학문연구에 매진할 수 있도록 도움을 주고 있다.

장학사업을 통한 인재육성의 목표는 첫째가 인성교육이고, 둘째는 창조 혁신 교육이다. 셋째는 변하고 다르게 생각하라는 진취성 교육이고, 넷째는 전문성을 가진 최고의 지도자를 육성하는 것이다. 이 사업은 내가 생을 마칠 때까지 계속할 것이다. 내가 죽은 후에는 우리 자식과 그 동안 수혜 장학생 중에서 성공한 사람이 이 사업을 훌륭하게 이끌어 나갈 수 있도록 기반을 조성하는 일이다. 그러면 내가 없어도 이 사업이 영구적으로 지속될 것으로 확신한다.

4. 영남대학교 시스템공학과 특강

2012년 10월 23일에는 영남대학교 시스템공학부에서 특강 요청이 있었다. 나는 강의를 해본 적이 없고 대중 앞에서 말을 잘하지 못한다. 그래도 꼭 부탁하기에 응했다. 나의 어려웠던 시절과 직장경험, 사업경험, 해외사업을 위한 프로젝트 견적요령을 설명하고 훌륭한 리더가 되기 위한 8가지 주제를 가지고 강의했다. 해외 프로젝트를 수주하기 위해서는 프로젝트의 COST분석이 대단히 중요하고 다른 경쟁 업체에 대한 COST분석도 대단히 중요하다. 또 해외공사의 견적 시 현지 조사가 대단히 중요하고 현지 조사를 빠짐없이 잘해야만 합리적인 가격을 산출할 수 있다. 이런 요령을 특강을 통해 소개한다.

우리 대한민국이 미래에 부강한 국가가 되기 위해서는 교육이 중요하고 또 국제감각이 뛰어난 인재배출이 매우 중요하다. 우리나라는 자원도 풍부하지 않고 오직 세계시장을 위해서 경쟁해야 한다.

세계시장에서 경쟁자와 싸워 이기기 위해서는 창조적인 아이디어와 혁신도 중요하지만 각종 사업을 성공적으로 이끌기 위한 사업분석력과 COST분석력이 뛰어나야 한다고 생각한다. 모든 사업이 COST와 연관되어 있으므로 해외사업을 위한 COST분석력은 더욱 중요하다. 또 다른 나라와 경쟁하여 이기기 위해서는 상대에 대하여 예리한 분석력으로 상대를 알아야만 이길 수 있다. 또 사업분석력으로 어떠한 조직으로, 어떠한 방법으로 사업을 수행할까 고민해야 한다. 따라서 과거 30년 전에 각종 사업 수주를 위한 견적과정을 소개하며 현재 사업 수주를 위해서도 과거 방법을 알고 현재 방법과 비교 검토하여 더 좋은 방법을 고안하면 해외사업 수주를 위한 최선의 방법이 도출될 것이다.

모든 사업은 협력업체가 하던 제2, 제3의 협력업체가 하던 간에 소요되는 예산은 똑같다.

가장 근원이 되는 기본예산 산출이 대단히 중요하다. 예산절감을 위해서는 기술개발, 공법개발 등 모든 아이디어가 동원되어야 한다. 따라서 내 대학 후배들에게 30년 전의 해외사업 수주 및 견적과정을 소개하고 또 더 훌륭한 방법으로 미래 대한민국의 먹을거리인 해외사업 개척에 참고가 되었으면 좋겠다.

4-1. OVER-SEAS PROJECT BIDDING PROCESS

1. PROJECT 시행국에 입찰 참여를 위한 영업
   - PQ 서류제출 : 회사소개서 제출(유사 PROJECT 시공 실적 제출)
   - PQ 심사 및 PQ 통과(PREQUALIFY)

2. 입찰 초청장 접수(BIDDING INVITATION)
   : 사업 시행국에서 공사기간을 명시한 OO PROJECT에 입찰하라는 초청장 접수
   A. 일반 용역 설계가 완료된 입찰
      : 도면, 시방서, 공사 내용서 등 일체를 발주처에서 구입하

여 입찰 준비

  B. 설계, 시공, 운전 등 PROJECT 일체를 입찰자가 마련하여
입찰하는 TURNKEY 입찰

3. 입찰서 준비

  A. SITE SURVEY(현장조사)

  발주처에서 안내하는 현장에 출장하여 PROJECT 집행
을 위한 전반적인 사항을 조사(모든 PROJECT COST
EATMATION을 위한 기본 조사임)

  1) 상대국에 대한 항만 하역 SYSTEM을 파악(하역, 통관 소요
기간 조사)

  2) 상대국에 대한 외국에서 각종자재, 장비 및 설비를 반입 시
제반 재세공과금 파악(CUSTOM DUTY 및 운송비)

  3) 인력을 외국에서 동원할 경우 비자문제, 사회보장제도, 제세
공과금 파악

  4) LOCAL구입 가능한 자재, 수량, 단가 파악

  5) LOCAL MARKET에서 RENT 가능한 EQUIP의 LIST 및 월
임대 단가 파악

  6) 공사용 골재 SOURCE 파악 : 공사용 골재의 LOCAL
MARKET 단가, 수량 조사 및 LOCAL 구입 불가 시 자체 생
산 개발 시 현장 파악

  7) 식사용 식품 조달방법 파악 및 식품단가

  8) 현장 SITE 內에 용수개발 가능성 및 수질 검토(시 상수도 이
용여부)

9) 현장사무실, 직원 및 기능공 숙소, 정비고 건설부지 파악

10) 자재 및 장비 STORAGE AREA(야적장)조사

11) 공사 진입용 도로상태 및 운반거리 측정

12) 공사용 전력 파악(주위 변전실에서 전기공급 여부 파악)

4. PROJECT BID AMOUNT ESTIMATION

1) DIRECT COST(공사직접비)

* LABOR COST : 공사에 투입될 직접 인건비

* MATERIAL COST : 공사에 투입될 모든 자재비

* EQUIP COST : 공사에 투입될 모든 장비비

* SUB-CONTRACTOR COST : 현지 하청 집행 공사비

2) IN DIRECT COST(공사용 간접경비)

가. 현장 관리비

* 간접LABOR COST

- 공사용 직접 인원에게 식사 공급을 위한 취사요원, 장비정비 요원

- 운전기사

- 행정보조 요원

* 관리직 및 기술직 SALARY

- 공사 집행을 위한 기술직 인건비(전기, 기계, 토목, 건축직 등)

- 공사집행을 위한 관리직 인건비(자재, 장비, 통관, 총무 등)

* TEMPORARY FACILITY COST

- 현장사무실, 현장숙소, 식당, 장비 정비공장 건립비 및 유지관리비 계산

    * 간접 LABOR 및 관리직, 기술직에 대한 항공료

    * 승용차 및 일반 차량구입비 및 유지비 계산

    * 관리직, 기술직, 간접 기능공에 대한 상여금, 연월차 수당 및 퇴직금

    * 관리직, 기술직, 간접 기능공에 대한 각종 보험

    * 현장 가설자재 계산(직접비에 불포함 된 가설재)

    * TAX : 법인세 및 기타 세금

3) 지사 관리비

4) 본사 관리비

5) CONTINGENCY COST

6) BOND-FEE(입찰보증, 계약보증, 선수금보증, 하자보증)

7) 중개인 수수료(AGENT FEE)

8) PROFIT

    TOTAL PROJECT AMOUNT DECISION

      = DIRECT COST+IN DIRECT COST+지사관리비+본사관리비+예비비+BOND FEE+AGENT FEE+PROFIT

5. 직접비 산출을 위한 기초 DATA작성 및 단가 계산

1) 직접노무비 포함사항

    * 직접노무비=기본급+재수당+연월차 수당+퇴직금+식대+현지보험+근재및 의료보험+현지보험+현지세금+각종지

급품+출국 수수료+항공료

2) 자재비 및 장비비 산출 포함사항

  * LOCAL 구입자재비 및 현지업체 납품단가

  * 수입자재비

   • FOB가격(자재공급자가 선적까지의 제반 비용 부담
     가격)=EX-FACTORY 가격+PACKING+INLAND
     TRANSPORTATION 가격

   • OCEAN FREIGHT 가격
     = SHIPPING TONNAGE(중량 및 부피 비교 큰 수치
       선택)

   • INSURANCE

   • CUSTOM DUTIES

   • CUSTOM CLEARANCE

   • PORT CHARGES

   • STORAGE & HANDLING

   • INLAND TRANSPORTATION

3) PROJECT SCHEDULING 작성

  * 공정표 작성 견적시는 공사에 소요될 공사물량을 집계하
    여 막대그래프로 공정별 일정을 계획하고

  * 공사 집행시 C.P.M 스케줄을 작성하여 주공정관리

   • DESIGN 및 APPROVAL 소요일정

   • MATERIAL & EQUIP MOBILIZATION 소요일정

   • LABOR MOBILIZATI 소요일정

   • 각종 생산시설 설치공사(레미콘, 골재, ASPHALT공장) 소

요일정
- 대지 조성공사 소요일정
- 기초공사 소요일정
- 상부공사 소요일정
- 각종 기자재 설치공사 소요일정
- 시운전 및 발주처에 인도

4) PROJECT 적합한 장비의 MAKER 별로 기종 선정

5) PROJECT 집행을 위한 REMICON, 골재, ASPHALT 생산 단가 산출

  * 레미콘 생산비
    - CONC.량을 산출하여 기초공사 기간에 투입될 레미콘 량을 파악, 공기에 적합한 PLANT 선정 : 180㎥/HR, 120㎥/HR로 구분 선정

  * 골재 생산 PLANT
    - 골재원 SOURCE를 선정하여 크랏샤 설치 : 공정표에 나타난 공사기간에 적합한 수량의 PLANT를 선정
    - 석산 개발 : 현장소요량과 공사기간을 감안하여 선정
    - ASPHALT PLANT : 공사 기간에 적합한 용량의 PLANT 선정

6. PROJECT ITEM별 COST BREAKDOWN

1) CONC. 타설 단가
  - 레미콘 생산비
  - 레미콘 운반비

- PUMP CAR 투입비
- CONC. POURING 인부
- CONC. 양생 및 사후 관리

2) FORM 단가
- 가설재 SYSTEM FORM, 일반 PLYWOOD FORM중 선점하여 단가에 반영
- 못, 철물 계산
- 목수 및 잡인부 단가
- 필요하면 장비비 계산

3) 철근 가공 조립 단가
- 철근 LOSS양 포함하여 톤당 단가 결정
- 철근 가공 조립대 및 M/C비 계산
- 철근 가공 조립 인건비 계산
- 기타 철물 계산
- 필요하면 장비비 계산

4) 모든 단가 공사방법과 사용하는 장비 종류, 가설재 종류에 따라 단가가 상이하므로 PROJECT에 가장 적합한 공법으로 단가 산출

7. 입찰 후 최종 낙찰자로 선정 후 NEGO하여 계약 체결
 * 계약 보증 발행, 선수금 보증서 발급
 * 공사집행 및 선수금 수령
  • 실행예산편성 →실행률 $=\dfrac{\text{실집행 예정금액}}{\text{도급액}}$

- 세부 공정표 작성 : 세부 공정표는 C.P.M 스케줄로 작성
  하여 주공정을 관리 한다.
- 세부 투입자재, 장비비 계산

※ MONTHLY REPORT 제출, PAYMENT INVOICE 제출

◆ PROJECT 3대 관리 : 품질관리, 공정관리, 원가관리

4-2. 훌륭한 리더가 되기 위한 덕목과 자질

1) 리더에겐 창조가 필요하다

창의력이 없는 사람은 다른 사람을 부리기보다는 부림을 받는다. 따라서 창의력이란 있으면 좋고 없으면 그만인 것이 아니다. 리더(leader)가 창의력이 없다면 그 조직의 미래는 없다고 생각한다. 리더라면 자신이 스스로 만든 틀을 통해 자신만의 세계를 확장시켜 나가야 한다. 창의력이 없는 사람은 다른 사람의 세계에 갇혀 사는 노예가 되고 만다.

남들이 보지 못하는 것을 볼 수 있어야 훌륭한 리더가 될 수 있다. 리더는 미래변화에 대한 통찰력과 직관으로 기회를 선점하는 전략을 창조할 수 있어야 한다. 그리고 혁신을 통해 항상 새로운 것에 도전하는 변화추구형이어야 한다. 사장이 무능하면 그 기업은 망한다 해도 틀림이 없을 정도로 경영자의 역할은 막중하다.

의욕과 권한만 가지고는 안 된다. 종합예술가에 비유될 정도의 자질과 능력을 갖추어야 한다.

따라서 21세기 리더들이 꼭 갖추어야 할 덕목으로 변화와 혁신 그리고 창조성을 강조하고 싶다. 잘 안 되는 조직일수록 리더의 인심이 후하다는 것이다. 그리고 잘 되는 조직일수록 리더는 엄격하고 철저하면서도 동시에 보상을 철저하게 한다는 점이다. 리더는 기존의 사고를 비틀어 다르게 생각해야 한다. 세계적인 IT기업 애플의 슬로건이 '다르게 생각하라'이다. 가장 창조적인 CEO로 평가받고 있는 스티브 잡스는 '창조력이란, 현상이나 사물을 연결시키는 것'이라고 말했다. 이를 위한 방법이 바로 다르게 생각하기이다.

이처럼 창조적인 사람들은 다르게 생각하고 다르게 행동하는 경향을 보인다. 그들의 공통점은 연결하기, 질문하기, 관찰하기, 실험하기와 같은 능력이 매우 발달되어 있다는 사실이다.

2) 리더는 혁신하는 자가 되어야 한다

혁신하는 자가 전쟁에서 승리하고 미래를 지배한다. 혁신이란 남들이 가지 않는 길을 가고 남들이 생각하지 못한 것을 생각하여 해내는 것이다. 성실과 근면만으로는 더 이상 생존할 수 없으며 혁신하는 사람과 혁신하는 기업만이 살아남을 수 있다. 남들보다 잘해서 성공하기보단 game의 rule을 완전히 바꿔야 성공할 수 있는 시대이기 때문이다.

우리는 이제 열심히 일하는 꿀벌이 아니라 혁신하고 모든 것을 뒤바꾸는 게릴라가 되어야 한다고 생각한다. 기원전 2세기 카르타고 장수 한니발은 불과 1만 명의 병력으로 세상에서 가장 강력하다는 로마군 7만 명을 물리쳤다. 평탄한 길이 아니라 알프스를 넘어 진격했기 때문이다. 누구도 예상하지 못한 전력이 바로 혁신이다. 그의 놀라운 혁신은 그 후 나폴레옹에게 전수 되었다.

이와 같은 그들의 혁신과 도전 정신은 이 시대에 위대한 성공을 거두는 수많은 개인과 기업들에게 그대로 전수되고 있다. 이처럼 혁신하는 자는 전쟁에서 승리하고, 경쟁에서 이기고 미래를 지배한다는 교훈이 되고 있다. 제13회 세계지식포럼에서도 세계의 많은 석학들이 혁신을 주제로 강연을 하였고, 혁신은 역발상에서 나온다고 하였다.

3) 리더는 조직에게 큰 꿈을 꿀 수 있게 하고 더 큰 세상을 향해 더 멀리 나아갈 수 있는 장을 만들어 주어야 한다

괴테는 이왕 꿈을 꾸려면 작게 꾸지 말고 크게 꾸라고 말한바 있다. 자그마한 꿈은 사람들의 마음을 움직이는 힘이 없기 때문이다. 그것은 그 어떤 리더의 역할 보다 중요하다. 훌륭한 리더는 조직에게 큰 꿈을 꿀 수 있게 하고, 더 큰 세상을 향해 더 멀리 나아갈 수 있는 장을 마련해 준다. 그 전과 비교도 되지 않는 담대한 목표와 비전을 제시해 주어야 준다. 여기서 리더는 시대를 앞서는 크고 담대한 목표를 세워 자신을 비롯한 조직원 모두가 기존의 역량을 뛰어넘는 최고의 인재가 될 수 있도록 조율해 나가야 함은 두말할 나위가 없다.

최고의 리더는 비전을 만들어 내고 타인들로 하여금 그 비전을 자신들의 것으로 받아들임으로써, 열심히 일하고 싶도록 열정을 불 질러 주고(energizing other), 스스로 학습문화(learning culture)의 가치에 충실하며, 경쟁을 즐기고 경쟁에 이기겠다는 열정을 가져야 한다. 보스가 아니라 코치로 행동해야 한다.

4) 리더는 의사소통 능력이 뛰어나야 한다

미국의 유명한 경제학자 짐 콜린스는 '평범한 기업의 리더들은 자기중심적이고 덜 겸손하며, 덜 경청하지만 위대한 기업으로 도약시킨 리더들은 하나같이 겸손하고 경청하는 자세로 자신의 말을 삼가한다는 사실을 알 수 있다'고 하였다.

21세기를 이끌어가는 리더는 의사소통 능력이 뛰어나야 한다고 말하였다. 의사소통에는 여러 가지 방법이 있다. 말을 잘하는 것, 잘 듣는 것, 쓰는 것, 읽는 것이 있지만 그 중에서도 가장 어려운 것이 바로 잘 듣는 것, 즉 남의 말을 경청하는 일이다. 사람들에게 영향을 끼칠 수 있는 능력은 훌륭하게 이야기하는 사람에게 있는 것이 아니라 경청하는 사람에게 있다.

장자는 우리에게 교만함과 조급함과 공격적인 눈초리를 버리고 모계처럼 진중함과 침착함과 무게감을 가질 것을 주문하였다. 또 일본의 토쿠카와 이에야스는 '인내는 무사장구(無事長久)의 근본이요, 분노는 적이라고 생각하자. 이기는 것만 알고 지는 것을 모르면 반드시 해가 미친다. 오로지 자신만을 탓할 것이며 남을 탓하지 말라. 모자라는 것은 넘치는 것보다 낫다. 자기 분수를 알아라. 풀잎 위의 이슬도 무거우면 떨어지게 마련'이라고 하였다.

5) 리더는 자기가 먼저 변해야 하고 실패를 두려워하지 말고 과감하게 도전해야 한다

리더가 되려면 자기가 먼저 변하지 않으면 아무 것도 변하지 않는다는 사실을 명심해야 한다. 세상을 바꾸고 싶다면 먼저 자기 자신을 바꾸어야 한다. 자기 자신이 바뀌면 세상도 따라서 바뀐다. 그것이 자연의 법칙이다. 자기 자신을 바꾸기 위해서는 끊임없이 도약하고 성장해야 한다. 이 세상에서 가장 안타까운 사실은 충분히 해낼 수 있는 사람들이 실패가 두려워서 시도조차 하지 않고 안전지대에 머물며 살아간다는 사실이다. 과거에 몇 번 실패를 해본 쓰라린 경험 때문에 더욱 더 머뭇거리게 되고, 주저하게 된다.

하지만 실패를 두려워하지 않고 부단히 도전한다면 지금보다 훨씬 더 많은 일들을 해내는 자신을 발견하게 될 것이다. 단번에 성공하는 사업도, 기업도 사람도 없다. 성공이란 실패와 또 다른 실패들이 수없이 반복되면서 축적되어 이루어진 복합적인 결과물이다. 이런 점에서 실패를 두려워하지 않고 과감하게 도전하는 것은 성장에 명백한 밑거름이 될 것이다.

노만 빈센트 필 박사가 말하길 '성공은 실패란 보자기에 싸여 있다. 그 보자기를 들추기만 하면 성공인데, 대부분의 사람들은 바로 그 직전에서 포기한다'고 했다. 따라서 실패를 두려워하지 않을 때 성공할 수 있다는 사실을 명심해야 한다. 또 미국의 철학자이며 시인인 월도 에머슨은 도전과 창조정신에 대해 '인생은 하나의 실험이다'라고 했다. 실험이 많을수록 당신은 더 좋은 사람이 될 수 있다. 실패를 두려워하지 않고 큰 도전을 많이 할 수 있는 사람이 도약을 할 수 있다는 것은 불변의 진리이다.

6) 리더는 항상 연구하고 공부해야 한다

　세상이 우리에게 가르쳐주는 가장 확실한 진리 중 하나는 이 세상에 공짜는 없다는 것이다. 위대함이라는 씨를 심지 않고 위대함이라는 열매를 거둘 수는 없다. 무엇을 심든 우리가 심은 만큼 거둘 수 있다. 평범한 사람들이 무엇으로 위대함의 씨앗을 심을 수 있을까?

　평범한 사람들은 아무리 노력해도, 아무리 열심히 살아도 평범한 것만 심을 수밖에 없다. 성공과 실패를 좌우하는 것은 혹독한 현실이나 뛰어난 경쟁자가 아니라 바로 우리 자신이다. 스스로 자신의 성장과 발전을 위해 위대한 공부를 할 것인지, 하루하루 빈둥대면서 아까운 시간을 낭비할 것인지는 스스로 선택할 문제다. 선택은 자유지만 그 결과는 엄청나게 다르다는 사실을 깨달아야 한다. 재능이 없어도 노력으로 재능을 이길 수 있고 반대로 재능이 있어도 노력하지 않을 경우 있던 재능마저도 사라진다는 사실을 명심해야 한다.

　사서삼경 중 하나인 《대학》에 이런 말이 있다. '진실로 하루가 새로워 지려면 나날이 새롭게 하고, 또 날로 새롭게 하라(苟日新 日日新 又日新)'는 뜻이다. 어제와 똑 같은 오늘을 살고, 오늘과 똑같은 내일을 보내면서 왜 자기는 성공하지 못하고 가난하게 살아야 하는지 한탄하는 사람이 되지 않기 위해서는 새겨야 할 말이다. 성공한 리더들은 모두 목숨 걸고 자신을 채찍질하며 자기개발에 미쳤던 사람들이다. 자기개발에 목숨 걸지 않고 현재 상태에 만족하고, 안주하는 사람은 자신의 미래를 포기하는 것과 다름없다.

따라서 많은 책을 읽고 연구하라. 우리는 책을 통해 인류의 위대한 가르침을 배울 수 있고 남의 경험과 지혜를 통해서 우리가 살길을 암시 받을 수 있기 때문에 살아가는데 독서는 아주 중요하다. 그런 의미에서 독서는 우리가 학문과 인격을 동시에 갖추기 위한 가장 훌륭한 방법 가운데 하나라고 할 수 있다. 또한 책을 통해서 인류의 위대한 스승과 인격적 만남을 가질 수도 있다. 그리고 저자의 깊은 정신적 교감을 가질 수 있다.

우리는 이러한 창조적 만남과 대화를 통해서 자기를 가다듬고 세상을 바로 잡을 수 있는 지혜를 습득해 나간다.

7) 리더는 공공의식을 가지도록 해야 한다

앞으로는 공공의식을 가진 사람이 승자가 되는 사회가 도래할 것이다. 모든 교육은, 또한 모든 리더십의 자격은 공공의식이 가장 중요한 기준이 되어야 한다. 권력은 개인을 위해서가 아니라 공공을 위해 행사되어야 하고 교육은 특정 계층의 자녀가 아닌 전 국민의 아이에게 고른 기회를 줘야 한다고 생각한다.

지금 여러분은 현재 대표적 과제 중 하나인 무모한 스펙 전쟁이 아니라 대표적 결핍의 공공성을 갖추기 위해 최선을 다하고 사회적 건강성에 헌신함으로써, 차세대 리더에게 요구되는 리더십을 획득할 수 있다는 사실을 잊지 말아야 한다.

과거에는 잘난 사람의 리더십이 중요했지만 지금은 대중의 팔로

십이 중요한 시대이다. 공공의식이 없는 리더십에는 대중이 곧 염증을 느낀다. 어떻게하든 성공만 하면 되고 남을 짓밟고 올라서는 것이 성공의 지름길이고, 잘 나고 똑똑하면 모두가 따르던 리더십에 염증을 느낀 대중들이 간절하게 공공의식을 가진, 공감형 리더십을 요구하고 있다. 때문에 공공의식을 교육받지 않은 사람들은 사회에서 성공하기 어렵다.

국가지도자든, 사회지도자든 함께 참여하고 헌신하며 먼저 실천하는 사람이 리더로서 인정을 받는 시대이기 때문이다. 자신의 여건상 유리한 위치에 있다면 그럴수록 더 사회의 이면을 바라봐야 하고, 소외되고 약한 사람들을 이해하는 공감력을 키워야 한다. 이것이 바로 청년들이 미래의 새로운 패러다임에서 주인공이 될 수 있는 길이다.

8) 리더는 가슴 뛰는 담대한 목표를 지녀야 한다

위대한 리더는 자신의 힘으로 회사나 조직을 일등으로 키우는 것이 아니라 임직원들의 힘으로 회사나 조직을 일등으로 키운다는 사실을 잘 알고 있다. 한비자는 과거의 경영자라고 할 수 있는 군주들을 세 등급으로 나누어 말했다. '삼류 군주는 자신의 능력을 쓰고, 이류 군주는 남의 힘을 쓰며, 일류 군주는 남의 머리를 쓴다.'라고 했다. 따라서 최고의 경영자는 임직원들의 힘과 머리를 쓸 줄 알아야 한다.

작은 물방울조차 하나의 목표지점을 가지고 쉼 없이 끈질기게 떨어지면 바위도 뚫을 수 있지만, 여기저기 흩어져서 떨어지게 되면 얇은 나뭇잎조차 뚫지 못한다. 고사의 집중력 발휘를 위하여 수적천석(水適穿石)이라고 했다. 작은 물방울도 끊임없이 떨어지면 단단한 바위를 뚫는다는 뜻이다. 비록 시작은 미약한 아이디어로 출발하지만 즐겁게 미치다보면 창대한 결과를 얻을 수 있을 것이다. 할 수 있다는 자신감을 가지고 새로운 도전이 두렵고 불안할 때마다 긍정은 천하를 얻고 부정은 깡통을 찬다는 말을 항상 가슴속에 되뇌어 보라. 확고한 목표의 중요성은 조직의 모든 역량을 한 곳을 향해, 한 방향을 향해 집중력을 가지고 나아가도록 하기 때문에 반드시 필요한 성공전략이다.

5. 최혁영장학회 설립과 운영

별다른 장학회가 설립되지 않은 상태에서 2011년부터 장학금을 지급하고 있다. 그러나 이 장학 사업이 내가 저승에 가더라도 나의 자식들이 이 사업을 이어나가게 하기 위해 장학재단을 설립하고자 한다. 따라서 장학사업을 위한 공익재단 설립이 시급하다. 이 공익재단의 자본금은 미혜빌딩 지분 25% 약 50~60억 원을 장학재단에 기부하고 미혜빌딩의 수익금 25%를 매년 고등학생, 대학생에게 지급할 것이다. 일년 간의 수익은 2억 5천~3억 원이 될 것이며 이 금액으로 매년 약 30여 명의 성적우수자와 가정 형편이 넉넉하지 못한 학생들을 위해 장학금을 지급하며 이 학생들의 멘토 역할을 할 것이다. 또 내가 이 세상에 없더라도 우리자식과 장학금을 혜택 받은 인재들이 장학회의 자본금을 늘리고, 더 많은 인재에게 혜택을 주는 사업을 적극적으로 추진할 것이라고 확신한다.

우리나라 부자들이 자기 재산의 20% 범위 내에서 이웃을 돕고 장학사업에 노력한다면 양극화 현상은 많이 줄어들 것이다. 지금으로부터 65년 전에는 우리나라도 다른 우방국들로부터 많은 원조를 받아서 이렇게 부강한 국가가 되었다. 우리나라도 이제 원조를 받는 나라에서 원조를 주는 국가로 변하지 않았는가.

우리의 이런 노력이 어렵고 힘들게 공부하는 학생에게 큰 힘이 될 것으로 확신한다. 이런 취지의 장학회가 2013년이 가기 전에 꼭 법인설립을 하여 확실하게 장학사업을 할 수 있도록 해야겠다. 그리고 2013년에도 2012년보다 7명이 더 증가한 17명 인원으로 장학생을 선발하고, 2014년부터는 공익재단 법인명의로 장학생을 선발하고 더 많은 장학금을 지급하게 될 것이다. 우리 장학회 요원으로 선발된 모든 인재는 서로 돕고 상부상조하며 이웃을 사랑하는 사랑의 정신을 계속 이어갈 것이다.

- 최혁영장학회 개요
　　　　법인명 : 靑岩 崔赫榮 장학회
　　　　자본금 : 부동산 임대빌딩 싯가 50억원
　　　　연수입 : 2억5천만원 ～ 3억원
　　장학생선발인원 : 고등학교 전면 장학생15명～20명
　　　　　　　　　대학교 전면장학생　　10명～15명
　　　　　　　　　　　계　　　　　　25명～35명
　　　대상학교 : 예천 대창고등학교
　　　　　　　　예천 여자고등학교

2012년 영남대학교에서 장학금 수여식

2012년 예천에서 장학금 수혜 학생과의 만남

2012년 예천에서 장학금 수혜학생과 학부모 간담회

서울대학교 전자공학과 박찬희군(왼쪽) 기계항공학과 고혁인군(오른쪽)과 함께

2013년 영남대학교 장학금 수여식

2013년 서울대학교 총장과 MOU 체결

제 10 부

골프와 나의 인생

우리가 경제 전쟁이라 부르는 싸움의 진짜 이름은 상상력으로 펼치는 세계 대전이다.

경영대가 짐 콜린스는 '좋은 것은 위대함을 막는 최대의 적이다. 좋은 것을 버리고 위대함을 추구하라'고 일갈한 바 있다.

조금 더 나은 것 말고 전대미문의 놀라운 것을 창조하려면 그에 걸맞는 상상력이 필요한데, 그것을 꺼내기 위해서는 목표가 높지 않으면 안 된다.

1. 골프와 나의 인생

내가 처음 골프채를 만져본 것은 1985년 사우디아라비아 병원 공사 현장시절이었다. 나는 오후 일과가 끝나면 우리 교포가 운영하는 골프연습장에 나가 골프 연습공을 하루 몇 박스씩 치면서 연습했고, 휴일에는 사우디아라비아 쥬베일에 우리나라 대림건설산업이 사막에 조성한 골프장에 나가 play하기도 했다. 대림건설산업이 사막에 조성한 골프장은 코스를 평탄하게 하고 페어웨이에 경유를 뿌려 롤러로 다져서 만들고 골프 tee는 흙을 쌓아 만들었다. 또 그린은 세밀하게 다져서 경유를 뿌려 조성하고 hole을 만들었다.

파-4 거리가 약 340m 정도였고 driver로 백구를 페어웨이로 날려 보내 잘 맞으면 기분이 좋았다. 이렇게 하여 휴일에는 골프를 치고 매일 연습도 하였다. 사우디 생활을 일년 마치고 귀국했다.

나는 곧 남이 쓰던 중고 골프채 세트를 구입하였다. 매일 연습장에 나가 연습을 하였더니 driver 거리도 제법 나가고 iron 샷도 그대로 되었다. 그래서 1987년 초 용인에 있는 한원컨트리클럽 회원권을 2천만원을 주고 구입했다. 그러나 회사 생활을 하면서는 골프를 치지 못했다. 왜냐하면 회사 사정이 대단히 어려웠고 골프를 치기 위하여 휴일에 필드로 나갈 시간적, 정신적 여유가 없었다. 그러나 내 회원권을 가지고 후배가 이름을 위장하여 자주 사용하였다.

1987년도에 회사를 사직하고 1989년부터 본격적으로 골프를 쳤다. 사업상 접대를 위해서 한원컨트리클럽에 예약을 하고 거래처 책임자를 불러 접대를 했다. 이렇게 하여 골프운동에 매력을 가졌고 거래처 책임자도 좋아 했다. 한원CC 회원권을 매각하고 여주에 있는 신라CC 회원권을 9천만 원에 신규 구입했다. 이 회원권으로 주말이면 거래처 또는 친구들과 골프를 하며 즐겁게 보냈다.

아침에 늦잠을 자서 강남역에서 1시간 정도 초고속으로 달려 여주 신라CC까지 시간에 맞춰 도착하여 play를 하기도 했고, 아침에 골프를 시작해 12시경에 골프를 마치고 점심에 반주로 맥주 한잔을 곁들여 마시고 서울 집까지 오다가 너무 졸음이 와서 옆 차를 들이받아 사고를 내기도 했다.

법인사업도 순조롭게 잘 경영하였다. 집에서 더욱 가까운 골프장을 찾다가 분당에 있는 강남CC 회원권을 1억 2천만 원을 주고 바꾸었다. 이제 나의 골프는 주중에도 몇 번 나가고 주말은 거의 100% 필드에서 보냈다. 물론 거래처와의 골프가 대부분이었다. 나는 승부욕이 강하여 거래처와의 골프도 개개인에게 20~30만 원을 걸고 내기를 하여 이기면 그 돈을 모두 내가 찾아와서 거래처와의 관계도 좋지 않았다. 그 당시 나의 골프실력은 파72에 2over

한 74타가 나의 최고 실력이다. 일 년에 봄, 가을에 회원간 친목모임에서 트로피를 수상하기도 했다.

그 당시 나는 너무나 골프에 미쳐 있었다. 내 자신이 사업을 하면서 너무 골프에 미쳐있으면 일이 어려워질 것으로 생각하고 반성하기도 했다. 내가 법인사업을 다른 사람에게 M&A하기로 결심한 것도 어느 정도 골프와 연관이 있었다고 생각한다. 당시 나는 곤지암에 있는 이스트벨리골프 회원권도 갖고 있었고, 춘천 가평 근처 유명산 인근에 있는 프리스텐밸리 회원권도 가지고 있었다. 그러나 사업을 접으면서 모두 정리하고 서울 한양CC의 회원권 하나만 가지고 일주일에 2~3번 골프를 즐긴다. 나는 많은 골프 동호회를 갖고 있다. 서울 한양CC에서 임오회, 신우회, 잔디회, 주말 골프 모임을 갖고 있다. 모든 회원들은 훌륭한 분들이다.

임오회, 신우회, 잔디회는 한 달에 1회씩 골프모임을 갖고, 주말 골프 모임은 매주 토요일과 일요일 모임을 갖는다. 그리고 고향 모임은 예천회, 예송회, 예지회 모임이 있다.

예천회 골프모임은 일년에 봄, 가을 2차례에 걸쳐 골프모임을 갖는다. 내가 3대회장으로 2년간 종사하기도 했다. 나는 이 모임에서 시니어부에서 우승 한번, 2등 한번을 수상했다. 찬조금도 많이 들어오고 회원도 100명 이상이나 참가한다.

예송회는 한 달에 1번씩 골프를 치는데 선, 후배가 모두 참가한다. 예지회에서 나는 1년간의 종합성적 우승을 한번 한적이 있다. 이제는 회원이 바뀌어 순수 고향 면민회 주관으로 한 달에 한번씩 play한다. 대학 모임으로 총동문회 골프모임인 영지회가 있고 공대 골프모임이 있으며, 과 골프모임이 있다.

강남300CC에서 보기상 기념

대학총창골프대회에서 3위 입상

성목회 모임에서 근접상

예지회 모임에서 우승 컵

임오회 회원과 함께 제주도에서 기념촬영

영남대 총동문회 모임인 영지회는 기금이 약 8천만 원 정도이고 매달 선, 후배가 모여 골프를 즐긴다. 공대모임은 1년에 전 후반 한 번씩 공대동문들이 골프를 즐기고, 과 골프모임인 영토회는 매달 1 번씩 선, 후배가 골프를 즐기며 우의를 다진다. 그리고 전 직장동료 모임으로는 삼성물산 동료 모임인 성목회가 있고, 또 옛날 신진자동차 모임인 신원회가 있다. 또 삼성모임인 60클럽 모임도 있다.

삼성물산 퇴직자 모임인 성목회는 매달 1번씩 play하며 직장 선, 후배가 우의와 친목을 다지면서 매달 하루를 즐긴다. 옛 신진자동차 모임인 신원회는 골프는 하지 않고 2달에 한 번씩 점심식사를 하며 지나간 추억을 이야기하며 보내고, 옛 삼성모임인 60클럽은 더욱 친하게 지내는 분들끼리 2달에 한번씩 저녁식사를 하고 우의를 다지며 자주 골프를 친다.

예천회 시니어부 우승트로피

인생을 살아가는데 더욱 즐겁고 행복한 삶을 만드는 모임은 대단히 중요한 것 같다. 물론 모임에서 일부 회원은 회 분위기를 망치기도 한다. 그러나 회원 모두는 사랑하는 마음으로 회에 참가하고 서로간의 의사를 존중하며 배려하는 마음을 가져야 할 것이다.

골프를 즐기려면 끊임없이 노력해야 한다. 노력하지 않은 골퍼가 대회에 나가 우승을 차지한다는 것은 불가능에 가깝다. 매 순간 최선을 다하지 않으면 좋은 타수를 기록할 수 없다. 리더 역시 마찬가지다. 노력하지 않는 리더는 도태되게 마련이다. 승리와 낙오를 결정짓는 것은 어디까지나 자신의 선택에 달려있다. 따라서 golfer와 leader와의 관계도 비슷한 것 같다.

골프와 리더십은 모두 단순하지만 어려운 게임이다. 두 게임은 모두 경기규칙과 행동 수칙이 있다. 게임의 참가자는 목적과 목표와의 관계에서 성공하거나 실패한다. 두 게임은 집중, 훈련, 기본의 고수, 정신적이고 육체적인 안정 그리고 개인적인 자질과 능력, 자세와 활동의 배열을 요구한다. 이런 면에서 두 게임은 놀라울만큼 흡사하다.

프로골퍼에게 정직성은 절대적으로 지켜야 할 원칙이다. 그러나 대부분의 주말골퍼들에게 똑같은 기준이 적용되지는 않는다. 공을 러프에서 걷어 차내거나 공의 위치를 유리하게 바꿀 기회도 많다. 헛스윙이나 빗맞아서 몇 십 미터 굴러가다 멈추어버리는 샷을 득점에서 빼고 싶은 유혹에 빠진다. 골프게임이 우리의 개인적인 명예를 시험할 때가 종종 있다. 작은 부정이 큰 소동을 일으키지는 않는다. 누군가에게 피해가 가는 것도 아니다. 리더 역시 아무도 보지 않은 러프에 있을 때가 종종 있다. 그래서 보고서의 내용을 수정하여 나에게 유리하게 만들고픈 유혹에 빠지기도 한다. 내일이 아니라서 신뢰가 손상되지 않을 것이다. 리더가 확립하거나 실행하는 조직의 정책과 실천은 조직적이고 개인적인 리더십을 지지하는 가치에서 나온다. 골프규칙도 마찬가지다. 정직은 아무도 지켜보지 않을 때 하는 행동이다. '지도자가 도덕적으로 나약하고 규율을 엄하게 다스리지 못하고 지도와 지침을 명확하게 제시하지 못하며 규칙에 일관성이 없으면 이웃의 지도자가 이를 이용할 것이다' 라고 고대 중국의 철학자 손자는 말하였다.

2. 리더와 골프

골프를 통한 시련과 좌절은 생각보다 훨씬 크다. 그러기에 골프는 매우 강력한 자기수양의 도구가 되고, 치열한 반성의 거울일 수 있다. 이미 사교나 비즈니스를 위해 너무 많이들 하고 있어서 오히려 사회적인 문제가 되기도 하지만, 대한민국 골프의 본격적인 대중화를 위해서라도 더 많은 리더들이 골프의 세계로 들어왔으면 좋겠다.

노력은 하지 않고 기대만 높다거나, 투자는 많이 하는데 효과적이지 않다거나, 연습은 하지 않으면서 실전에서의 성과만 높이려고 한다거나, 정석 없이 요령에 의지해 살려고 하거나, 한 꺼풀만 들추고 들어가면 자기 경영의 모습 혹은 기업이나 조직을 경영하는 스타일이 골프와 너무나 닮아 있는 것을 발견하게 된다. 리더가 사리사욕에 급급하거나, 경쟁심에 불타거나, 지나치게 도전적이면 직원들이 피곤하고, 너무 보수적이거나 안일에 빠져 있다면 도무지 전진이 없다.

어느 쪽이든 목적지에 도달하지 못하기는 마찬가지일 것이다. 애플사의 스티브 잡스는 젊은 시절 티베트에서 상당한 경지의 심신 수련을 했다고 한다. 또한 깨달음을 얻은 개발자나 CEO들이 수천만 달러의 새로운 시장을 연다고 한다. 투명하고 건강한 기업이 늘어가는 것과 더불어 골프도 성큼 커가는 꿈을 꿔 본다.

3. 단순하고 단단한 골프를 하자

단순한 골프를 하고 싶다. 스윙도 단순하고, 복장도 단순하고, 마음도 단순한 골프를 하고 싶다.

단단한 골프를 하고 싶다. 몸의 단단함이야 말할 것도 없고, 마음이 단단한 골프를 하고 싶다. 경쟁심에 흔들리지 않고, 비와 바람에 흔들리지 않고, 걱정도 근심도 욕심도 텅 비운 단단한 골프를 하고 싶다.

단아한 골프를 하고 싶다. 화려하지 않지만 바라보면 기분 좋은, 비싸 보이지 않지만 만만해 보이지 않는 수수하고 담담해서 누군가 혹은 무엇인가 배경이 되어도 좋을 만한 그런 단아한 골프를 하고 싶다.

그렇지만 단순함이란 수없이 많은 반복을 통해 비로소 얻어지는 것이다. 단단함과 단아함도 일상의 삶과 분리되어 골프를 할 때만 생기는 것이 아님을 잘 알고 있다.

골프3단이 되기까지 지루한 반복과 일상에서의 수행을 계속하겠다.

4. 이 순간을 위해 산다

18홀 라운드를 끝내고 그날 아름다웠던 구름의 모습, 워터해저드 속을 노닐던 물고기들, 한창 물이 올라 바람에 흔들리던 나뭇잎들, 그 어떤 것도 떠오르지 않는다면 당신이 오늘 한 것은 골프가 아니다. 당신은 18홀 내내 공만 쫓아 다녔거나, 핀이나 홀컵에 온통 마음을 빼앗겨 버렸던 것이다. 심한 경우에는 동반자도, 캐디도 없는 유령골프를 쳤을 수도 있다.

골프장의 나무나 풀들의 입장에서 보면 자연을 느끼겠다고 비싼 돈을 내고 들어와서, 또 서로 소통하고 싶다는 이유로 없는 시간

쪼개고 들어와서 하얀 공만 쫓아 넋을 잃고 왔다 갔다 하는 인간들의 모습, 참 이해하기 어려웠을 것이다.

5. 성공의 비결

성공이라는 말을 그다지 좋아하지는 않지만 남들이 알아주지 않는 준비라는 말이 마음에 와 닿아서 생각의 가닥을 잡아본다. 골프에 있어서 성공은 무엇인가?

멋진 샷이 성공인가? 감당하지 못할만큼 까마득히 날아가는 거리가 성공인가? 좌도 우도 아닌 빨랫줄 샷이 성공인가?

골프에 있어서의 성공은 오직 스코어뿐이다. 오랜만에 만난 친구의 향상된 스코어를 그저 행운으로 치부하고 싶은지 모른다. 하지만 그 뒤에는 오랜 시간의 꾸준함이 있었을 것이고, 자신의 마음을 다스릴 수 있었던 성공의 계기가 있었을 것이며 기다려야 함을 가르쳐준 아픔의 시간이 있었을 것이다.

골프의 스코어는 단지 기술들의 산술적인 합계가 아니다. 내 생에 첫 언더파도 사업이 망한 후 1년 가까운 고난의 시간 끝에 문득 찾아왔다.

6. 젊게 살고 싶은가

아침에 눈을 뜨면서 살아있음에 감사하고, 몸을 움직여 골프 연습장에 갈 수 있음에 감사하고, 골프라는 운동을 할 수 있는 물질적, 시간적 여유에 감사하고, 함께 연습하는 친구와 골프를 통해 맺은 모든 인연들에 감사하고, 한 샷 한 샷 몰입하는 즐거움에 감사하고, 샷을 하는 동안 미묘한 호흡과 몸의 느낌에 감사하고, 기대하지 않았던 굿샷에 감사하고, 나의 경계를 돌아보게 하는 실수들에 감사하고, 흐르는 땀에 감사하고, 무사히 연습을 마치고 돌아갈 수 있음에 감사하고, 벌써 열 번의 만족과 감사를 넘어서 버렸다.

골프 연습만으로 우리는 이미 100세를 훌쩍 넘도록 건강하고 아름답게 살 수 있는 조건을 갖춘 셈이다. 감동할 일이 어찌 골프 속에만 있겠는가? 일상을 고요한 마음으로 보면 더 깊은 감동들이 숨어 있을 것이다. 감사하는 생각의 습관일 뿐이고, 감사든 감동이든 불평이든 불만이든 생각을 선택할 수 있는 것이 사람이다. 일상을 감격과 감사로 바라보는 습관이 바로 자기 자신에 대한 진정한 사랑이다.

7. 실패를 견디는 연습

반드시 자신에게 혹독해야만 성공하는 것은 아니다. 매 순간 작은 성공이 모여 결과적으로 큰 성공을 만든다고 생각하지만, 그것은 착각이다. 실은 수없이 많은 실수의 집적과 실패의 퇴적이 보다 큰 성공의 이유가 된다. 일상의 삶은 단기적인 목표와 성과들에 둘러싸여 숨쉬기조차 힘이 든다. 직장을 다니든 사업을 하든 장사를 하든, 세상은 단 한 번의 실수도 용납하지 않을 것처럼 험상궂은 얼굴로 우리를 몰아붙인다. 그럴수록 자신에게 관대해 져야 한다.

세상이 내게 손가락질하고, 비난하고 질책하는 것은 내 안의 아주 작은 문제에 대해서 뿐이다. 문제는 문제로서 수용하면 그만이다. 스스로를 위로하고 칭찬하고 격려하지 못하면 세상이 우리를 삼켜 버리고 말 것이다. 문제를 중심으로 나를 보는 것이 아니라 가능성 으로 보는 습관을 들여야 성공을 구경이라도 할 수 있을 것이다.

혹시 골프를 치는 시간조차도 문제 투성이인 나를 보고 가혹하 게 몰아붙이는 것은 아닌가? 그 시간만큼이라도 허용하고 칭찬하 고 격려하는 너그러운 시간, 실패를 견디는 힘을 키우는 시간이 되 어야 한다.

* 3~7번까지 『마음의 골프에서』에서

8. 골프게임과 리더십 덕목

승패에 상관없이 게임을 존중해야 한다. 경기를 잘했든 못했든 성과가 좋든 나쁘든 간에 자부심을 가져라. 그리고 리더십 게임을 즐기고 경기 파트너를 존중하라. 개인적 행동규범을 세우고 높은 윤리적 표준을 실천하는 것이 리더에게 중요하다. 리더를 따르는 사람들은 리더에게 정직, 공정, 성실, 신뢰, 올바름을 실천하는 결 단력을 기대한다. 이러한 덕목들은 개인적 차원이 아니라 뛰어난 리더의 자질을 결정하는 요건이다.

조직의 구성원들이 항상 자신의 행동을 주시하고 있음을 명심하

라. 한 자동차 부품 생산공장의 관리자는 직원들에게 다음과 같이 말하기를 좋아했다.

"어떤 조치를 취해야 하는 상황에서 그것이 마땅히 해야 하는 일인데 설득시키지 못했다면 잠시 중지하고 자신에게 물어보라. 내가 이것을 함으로써 내일 아침 신문의 1면에 머리기사로 실린다 해도 괜찮을까?"

행동규범과 규칙은 제약처럼 보일 수 있다. 사실 그것은 제약이다. 또한 그것은 게임을 규정하고, 게임과 다른 활동을 규정해주는 것처럼 보일 수 있다. 이는 골프게임과 리더십 게임에서도 마찬가지다. 그러나 후자의 규칙은 골프게임의 규칙만큼 명확하게 규정되어 있지 않다.

리더십에서는 해야 하는 것보다 해서는 안 되는 것이 더 중요하다. 해서는 안 되는 것을 안다면 실수는 하지 않을 테니 말이다. 수세기 동안 리더들은 해서는 안 되는 것을 연구해 왔고 그 결과를 제시했다. 2000년 전에 키케로가 쓴 글을 곰곰히 새겨보라.

인간이 범하는 6가지의 실수
1. 타인을 짓밟고라도 개인적 이익을 얻고자 하는 미망
2. 변하거나 고쳐지지 않은 것을 걱정하는 버릇
3. 성취하지 못했다는 이유로 불가능한 것에 집착하기
4. 하찮은 기호 버리기를 거부하기
5. 정신을 순화하고 살찌우는 일을 소홀히 하고 읽고 학습하는 습관을 들이지 않기
6. 자신의 신념과 삶의 방식을 남에게 강요하기

친숙한 말인가? 당신은 이런 실수를 한 적이 있는가? 지금 이런 실수를 하고 있지 않은가? 또 하나의 행동목록이 있다. 다음의 목록은 내가 경험하고 지켜본 진정한 리더의 덕목에 기초하여 작성한 것으로 리더십 게임을 효과적이고 윤리적으로 할 수 있도록 도와주는 항목들이다.

진정한 리더는

1. 비전을 제시하고 더 중요한 이익을 추구한다.
2. 도덕적이고 열정적으로 일깨우고 가르치고 권한을 부여하고 가능하게 하고 기대한다.
3. 현실적으로 관리하고 영향을 준다.
4. 6C를 추구한다. 염려(caring), 신뢰(credible), 약속(committed), 일관성(consistent), 확신(confident), 용기(courage)다.
5. 모든 사람들을 어른처럼 대접한다.
6. 먼저 신뢰하고 신뢰를 보여준다.
7. 지도하기 위해 책을 읽고, 언행이 일치하도록 노력한다.
8. 경청하고 경청하고 또 경청하고 나서 질문을 한다.
9. 자식들과 공놀이를 간다.

이 덕목을 자신의 리더십 게임 규칙과 비교해 보라. 당신은 어떤 행동 규범을 갖고 있는가? 무엇에 기초해서 리더십 활동을 하는가? 골프게임을 하듯이 정직하게 리더십 게임을 하고 있는가? 골프가 그렇듯이 진짜 점수는 자기밖에 모른다.

제11부

다가올 미래 2030년

미래란 예측되는 게 아니라 가시화되고 창조된다.

Tomorrow couldn't be predicated but envisioned created.

한가지 주제를 잡으면 가급적 가능하고 possible, 타당하고 plausible, 선호하는 preferred 미래를 그려나간다.

1. 미래 2030년

다가올 2030년쯤이면 내가 수명을 다해 세상에 없을지도 모른다. 내가 죽어서 저승으로 가고 난 후의 이승은 어떤 모습으로 남을까 생각해 보는 것도 재미있을 것 같다. 변화 속에는 위기도 있고, 동시에 그 만큼의 기회도 있다. 그렇기 때문에 변화의 흐름을 먼저 읽고 한 발 앞서 준비하는 사람은 오히려 위기 속에서 성장의 계기를 만들어 도약할 수 있다. 미래는 예측하고 기다리는 것이 아니라 창조하는 사람의 것이다. 앞날을 내다보고 미리 선점하는 미래지향적인 자만이 다가올 세계를 지배할 수 있다.

미래 비전은 현재를 바꾸는 혁신의 동력이다. 제2차 세계대전 이후 일본이 전쟁의 폐허에서 다시 일어선 것도, 중국, 홍콩, 싱가포르가 줄기차게 성장가도를 달려온 것도 항상 미래에 대한 희망을 잃지 않았기 때문이다. 안정 없는 개혁 없고, 개혁 없는 안정도 있을 수 없다. 미래 비전은 안정과 개혁이라는 두 마리 토끼를 잡기 위한 필수 장비나 마찬가지다.

해방 이후 우리 한국인의 미래 비전 능력은 어느 나라 못지않았다. 특히 내 자식에게 가난을 물려주지 않겠다는 국민적 각오는 세계최고의 교육열기로 이어져 박정희 시대 이후 잘 살아보자는 구호로 산업화, 민주화를 견인했다. 이제 현 시점에서 과거를 돌아보고 앞으로 10년, 15년 후의 비전아젠다를 수립할 단계가 되었다.

앞으로의 비전아젠다는 분명히 국민통합을 이루어야 하고 지역과 세대 간 갈등이 없이 통합해야 할 것이다. 하나로 뭉쳐 산업화, 민주화를 이루었던 시대보다 모든 분야에서 더욱 힘차게 변화의 바람을 일으켜 세계적인 선진국가로 도약해야 한다. 10년이면 강산도 변한다고 했다. 하지만 지난 10년을 돌이켜보라. 시간이 마치 시위를 떠난 화살 같이 빠르게 흘러갔다는 것을 알 수 있다. 시간에는 분명히 상대적인 측면이 있다. 앞으로 10년은 더욱 빠른 속도로 지나갈 것이다.

사회변화는 과학기술 발달의 결과로 나타나기도 하지만 때로는 과학기술을 이끄는 강력한 요인으로 작용한다. 이러한 변화 속의 강국을 만들기 위해서는 오로지 공부, 즉 학문 밖에 기댈 데가 없다. 이번 세기 동안에 우리나라가 주변 국가들과의 힘겨루기에서 우위를 차지하여 영토를 확장할 수 있으리라고는 기대하지 않는다. 갑자기 우리 영토 내에서 다량의 석유가 터져 나오리라고 생각하지도 않는다. 그래서 앞으로의 100년도 대한민국으로서는 여전히 사람에 투자할 수밖에 없다. 우리는 여전히 교육에 역량을 쏟아 부어야 한다.

가진 것 없고 물려받은 것이 별로 없는 우리나라가 기댈 곳은 오

로지 교육밖에 없다. 이것이 미래에 대한 가장 확실한 준비다. 21
세기로 접어들며 학문의 지형도가 변하고 있다. 분과학문의 시대
를 넘어 바야흐로 학문의 경계를 넘나드는 융합과 통속의 흐름이
도도하다. 한마디로 집중(convergence) 시대로 접어들고 있다. 집
중 시대를 열려면 그에 걸맞은 인재를 길러내야 한다.

문과와 이과의 장벽을 허물고 폭넓게 학문을 섭렵할 수 있도
록 교육을 계획해야 한다. 우물을 깊게 파려면 넓게 파라는 말이
있다. 진리를 파고드는 일도 마찬가지다. 진리의 심연에 이르려면
깊게 파야하고 그러자면 넓게 시작해야 하는데 혼자서는 평생 동
안 파도 표면조차 제대로 긁을 수 없다. 이것이 바로 집중을 해야
하는 이유다. 집중으로 모든 분야를 창조와 혁신으로 바꾸어 사회
모든 분야에서 편리하고 안전하며 행복한 삶을 영위할 수 있는 세
상을 만들어야 한다. 잘 훈련된 인재 한 명 한 명이 세계 곳곳에서
대한민국의 위상을 더 높이고, 경제대국으로 발전시킬 것이다.

그러면 앞으로 다가올 미래의 2030년에 대하여 생각해 보자. 공
상과학 속의 미래가 정말 현실이 될까? 기술의 발전은 인간의 삶
을 어떻게 바꿔 놓을까? 새로운 생활방식 속에서 사람들의 가치관
은 또 어떻게 달라질까? 세상은 더 좋아질까? 가족관계는 어떻게
바뀔까? 각광받는 직업은 무엇이고 사라지는 직업은 무엇일까?
미래 사회의 부는 어떻게 만들어질까?

앞으로는 로봇 기술이 발달하여 어렵고 정교한 외과수술은 로봇
이 대신하고 가기 싫은 모임이나 행사에는 로봇을 대신 참석시키
게 된다. 인간의 모든 인체기능을 적은 로봇이 발명되어 우리의 신
체 모든 부위를 1년에 한 번씩 깨끗하게 청소해 줄 것이다. 그리하

여 지금보다 수명을 훨씬 더 늘려 노령사회를 만들 것이다. 그래서 로봇산업에 관심을 가져보는 것도 각광 받는 미래산업이 되지 않을까 생각한다. 또 세계최고 미인의 얼굴로 완벽하게 성형하는 일이 가능해진다. 얼굴인식 기술이 발달하면서 타깃이 될 소비자가 지나갈 때마다 광고판이 먼저 말을 한다.

석유자원의 고갈과 배터리 제조기술의 발전은 전기자동차 같은 연료절약형 자동차의 대중화를 앞당길 것이다. 차체 무게를 줄이고 부품 수를 대폭 줄여 구조를 단순화한 연료절약형 자동차의 등장은 자동차 산업에 지각변동을 일으킬 것으로 예상된다.

자동차 산업은 더욱 발전하여 대혁명을 이루게 된다. 모든 조작기능이 자동제어 장치로 바뀌어 무인자동차가 발달하게 된다. 이렇게 되면 지능형 자동차가 혼자 심부름을 대신한다. 또 자동차는 육지와 하늘을 달릴 수 있어 교통상황에 따라 자유자재로 운행할 수 있다. 따라서 우리나라 고속도로와 모든 도로는 리모컨으로 조작될 수 있도록 도로바닥 전 구간에 센서를 구축하는 소프트웨어 방식으로 재조정 될 것이다.

그리고 2030년이면 인간의 평균수명이 더욱 늘어 100세 장수자가 국민의 2할 이상이 될 것이다. 이것은 건강에 대한 국민의 관심도와 과학, 의학기술의 발전으로 가능한 일이다. 각종 건강을 위한 의료 진단기기의 발달로 모든 신체부위를 정확하게 진단하여 질병으로부터 사전에 보호받는다. 노화로 오는 세포를 신선한 배아줄기세포로 교체하여 노후를 더욱 활력적으로 살아가게 한다. 인공장기 개발기술의 발달로 병든 장기를 인공장기로 교체하여 인간의 수명을 더욱 증진시킬 것이다. 성형기술의 발달로 노화된 얼굴을 젊고 건강한 얼굴로 변화시켜 줄 것이다.

국가 간의 경제에 있어 부국은 더욱 강대한 경제대국이 될 것이고 가난한 국가는 항상 부국의 통제하에 놓이게 될 것이다. 앞으로 국가의 동력은 인재육성이고, 훌륭한 인재 영입을 위하여 국가 간의 경쟁이 치열할 것이다. 그리고 도시는 모두 스마트 도시화하여 모든 것이 3D스마트폰 하나로 조정할 수 있어 생활이 매우 편리해질 것이다.

또 화학물질만으로 성전환을 할 수 있다면 사상 최악의 무기가 될 수 있다. 남자가 여자가 되고 싶다던가, 여자가 남자가 되고 싶으면 화학물질로 가능하다면 어떻게 될까? 반려동물을 두고 휴가를 떠나거나 신앙생활을 하는 일이 생기면 어떻게 될까? 유전자 복제기술이 발달하면서 아빠 둘, 엄마 둘인 아이들이 늘어간다면 부모와 자식 간은 어떻게 될까? 수술하지 않고도 시력을 100퍼센트 되돌려주는 기적의 안경이 개발된다면 어떻게 될까? 노인 인구가 늘어나면서 황혼기에 커밍아웃하는 노인들도 늘어나고 마음을 스캔하는 기계 때문에 사전 범죄예방에 큰 효과도 기대할 수 있다.

또 우주에 대한 연구가 활발하여 적은 예산으로 우주까지 신혼여행을 떠날 수도 있는 날을 상상해 본다. 또 2020년대는 무엇이 첨단기술의 트랜드가 될까? 확언할 수는 없지만 모든 기기, 물건이 인간의 삶을 변화시키는 주체가 될 것이다. 당장 사용화가 가능한 기술은 사물디스플레이다. 테블릿 PC는 종이처럼 접는 디스플레이로 바뀐다. 인간이 사는 도시는 똑똑해진다. 인공지능의 발달로 주인님의 생각을 읽는 주택이 세워진다.

10년 후의 세상에는 첨단기기의 발달로 인간이 일하는 영역이 줄어든다. 하지만 그만큼 첨단기기를 사용하는 인간의 사고력은 더 중요해진다. 아무리 친절하고 뛰어난 로봇이 곁에 있더라도 인간이 창조성을 발휘하지 않는다면 발전을 이루기 어렵다.

10년~15년 후에는 에너지 전문가, 리사이클링 분석가, 환경 컨설턴트 같은 그린칼라가 각광을 받는 시대가 예상된다. 녹색문명으로의 전환 때문이다. 과학기술의 발전은 늘 사회에 혁신을 불러일으켰다. 기존의 산업들을 변화시키고 새로운 비즈니스 모델을 창출했다. 미래 학자들은 기후변화와 자원고갈, 인구 구조변화, 과학기술의 융,복합을 우리가 직면한 주요한 환경 변화로 제시하였고, 또 수자원 고갈과 깨끗한 물을 얻기 위한 노력의 중요성이 석유자원 못지않게 부각될 것이다. 따라서 수자원을 개발하고 판매하는 물 거래업자가 성업할 것으로 예상된다.

앞으로 미래를 살아갈 젊은이들은 모든 사물과 주제에 대하여 상상력을 키우고 창조와 혁신으로 우리 인류를 위해 봉사해야 한다. 우리 생활에 편리하고 행복을 주는 아이디어를 발굴하여 본인도 잘 살고 모든 인류가 행복을 누릴 수 있도록 하는 일이 성공의 길이라고 생각한다. 남이야 어떻게 되든 나만 잘 살고 편하면 그만이라는 태도는 구시대의 사고방식이다. 무슨 일을 하더라도 대중을 생각하고 공익을 위해 노력해야 한다.

제12부

나의 부모, 나의 형제 자식

우리 아버지와 어머니는 지금으로부터 100년 전에 결혼하여 아들 4형제와, 딸 둘을 낳았다. 지금으로부터 65년 전에 아버지가 먼저 돌아가시고 어머니는 56년 전에 세상을 떠나셨다. 아버지의 이름은 최재훈이고 우리 어머니의 이름은 밀양박씨 박동학이다.

　우리 큰 누님은 학교를 다녀보지 못했지만 독학으로 국문도 배우고 한문도 배워 문학에 소질이 있다. 편지도 아주 감동을 줄 정도로 잘 쓴다. 우리 큰 매형의 이름은 김종환으로 농사도 많이 지었고 내가 중학시절에는 읍내에서 라디오 판매 수리업을 하였다. 자식은 아들 셋, 딸 셋을 낳고 모두 저승으로 가셨다.

　우리 둘째 누님은 유천면에 살고 있는 박균덕 씨와 결혼, 2남 2녀를 두고 아직 건강하게 살아 계신다. 누님, 매형 모두 가정에 충실하고 지역발전을 위해 노력하며 지내신다. 누님의 연세는 현재 84세이다.

　우리 첫째 형님은 집안의 맏아들로 태어나 아버지, 어머니의 사랑을 많이 받고 공부도 많이 하여 초등학교 교장이 되었다. 왕태골

고씨인 고기매 씨와 결혼하여 1남 5녀를 두었다. 형수님은 몇 년 전에 돌아가시고 형님 혼자 살아 계신다.

우리 둘째 형님은 초등학교를 졸업하고 아버지의 가업인 농사일을 물려받아 홀어머니인 어머니와 함께 농사일을 하고 용궁면 용포리 김의순 씨와 결혼하여 2남 5녀를 낳고 아직도 시골에서 농사일을 하고 계신다.

그리고 셋째 형님은 초등학교도 가보지 못하고 오직 농사일에만 전념하시다가 대구로 내려가 직장생활을 하다가 현재는 집에서 어렵게 생활하고 계신다. 우리 셋째 형수님은 조화선 씨로 이웃 동네에 살다가 우리 형님과 결혼하여 4남 1녀를 두고 있다.

막내인 나는 경북봉화에서 교육자 출신 집안에서 태어난 지남순 씨의 맏딸과 결혼하여 딸 둘을 낳고 살고 있다. 아내 이름은 지겸자 씨로 나와 결혼하여 딸 둘을 낳고 함께 고생하며 열심히 살고 있다. 아버지, 어머니의 자손은 우리 형제 6남매와 형님의 아들, 딸을 포함하여 남자 16명, 여자 20명의 자손을 두고 저 세상으로 가셨다.

매년 추석명절에는 아버지, 어머니 묘소에 벌초를 하고 제사를 드린다. 세월이 흐른 요즈음에는 일부 젊은이들이 돌아가신 할아버지, 할머니, 아버님, 어머님을 소홀히 하는 경향이 있다. 모든 형제, 자매들은 부모님이 살아계실 때 옛날 추억을 생각하면서 고마움을 담은 편지를 써서 위로해 드렸으면 좋겠다. 이 편지가 또 후대의 자식에게 이어져 가족의 뿌리를 지키는 방법이 되었으면 좋을 것 같다.

요사이는 통신수단이 너무 발달하여 핸드폰 등으로 안부를 전할 수 있으나 진심을 전하는 데는 편지만 못한 것 같다. 나도 2012년 추석 성묘 때 저승에 계신 우리 아버지, 어머니께 어려웠던 시절을 회상하면서 편지를 써서 추석성묘 시 형제 아들, 딸들에게 내용을 읽어주었다. 아들 딸들에게 아버지, 어머니가 얼마나 고생을 하면서 삶을 살았는지 일깨워주었다. 그 편지 내용은 다음과 같다.

저승에 계신 아버지, 어머니 전상서

아버님이 이승을 떠나신지 65년이나 지났고, 어머님이 이승을 떠나신지 56년이란 세월이 흘렀습니다.

아버님, 어머님 저승에서 서로 만나 이승에서 못다한 사랑을 나누고 잘 계시리라고 이 아들 막냉이는 믿고 있습니다.

어머님은 아버님이 일찍 세상을 떠나시어 많은 고생을 하며 우리 형제들을 키우고, 아버지를 원망하며 여러 해를 혼자 우셨습니다.

그러나 어머님은 강인한 힘으로 우리 형제들을 아버님이 원하는 대로 훌륭히 키우셨습니다. 오늘날 우리가 있게 된 것은 모두 어머님의 헌신적인 노력과 고생의 덕분입니다.

내가 어렸을 때 어머님은 어려운 일이 있을 때마다 막냉이인 나를 데리고 아버님 빈소에 내려가 신세를 한탄하고 너무나 슬피 우셨습니다. 어머님은 아버님의 유언대로 큰형님과 나를 학교에 보내고 둘째, 셋째 형님은 농사를 짓도록 하였습니다. 이 과정에서 둘째, 셋째 형님과 갈등도 많았고 싸움도 잦았습니다. 그러다 둘째, 셋째 형님도 어머님의 방침에 잘 순응하여 우리 가정을 지킬 수 있었습니다.

아버님이 돌아가시고 나는 어머님과 함께 산에 나가 산나물도 채취하고 땔감용 나무도 하러 같이 동행했습니다. 나는 어머님과 산에 나가 퉁갈나무, 들에 나가 쑥을 채취하여 우리 가정이 배고플 때 함께 먹곤 하였습니다.

우리 어머님은 이렇게 산에 나가 땔감을 마련하고 산나물을 채취하던 큰골 양지바른 곳에 말없이 지내고 있습니다.

그런데 막냉이인 나는 학교 가길 싫어했고 들에 나가 일하는 것을 더 잘하였습니다. 그러나 어머님은 나를 학교에 보내기 위해 갖은 노력을 다하였습니다. 학교 가라고 제사 때 쓰고 남은 조기 한 토막을 밥에 쪄서 아침을 먹였는데, 학교에 간다고 약속을 하면서 또 가지 않으니 회초리를 들고 동네를 쫓아다니고 하였습니다. 내가 학교에 취미를 붙이기 위해 갖은 노력을 다하셨습니다.

내가 글씨를 잘 쓴다고 삼촌과 동네 어른들을 만날 때마다 칭찬을 하여 공부에 관심을 갖도록 하였습니다. 어머님이 오래 사셨더라면 우리가 성공한 것도 보며 어머님께 효도를 했을 텐데 그렇게 일찍 돌아가셨으니 정말로 불효자가 되었습니다.

내가 중학교 3학년 때에 어머님이 내 자취방에 오셔서 이틀간 손수 밥을 지어 주셨던 것이 나와 함께한 가장 추억에 남는 나날이군요. 어머님은 농사일을 하고 61세 환갑잔치를 치르고 겨울에 천식으로 앓아 누우셨습니다. 셋째 형님과 나는 추운 겨울, 눈이 60cm

나 쌓인 겨울날에 어머님을 살리기 위해 눈 속을 10km나 걷고 외나무다리를 건너 한의사로부터 한약을 처방받아 정성껏 다려 드시게 하였으나, 끝내 세상을 떠나고 말았습니다.

어머님은 큰형님에 대한 정성이 더욱 헌신적이셨습니다. 큰형님이 예천농림학교에 다니다가 6·25 동란이 일어나 학도병으로 징집되었지요. 그러다가 인민군에게 포로가 되어 집에 오지 못하자 어머님은 매일 아침저녁 깨끗한 물을 길어 그릇에 담고 천지신명에게 큰형님이 무사히 돌아오시도록 빌고 또 빌었습니다. 또 큰형님이 학교를 졸업하고 교사가 되도록 안동사범에 보내기 위해 집안에서 기르던 소를 팔았습니다. 큰형님이 무사히 학교를 졸업하도록 하여 초등학교 교사가 되게 하였습니다.

어머님은 돈을 벌기 위해 작은 노력을 하였는데, 그 일화를 하나 소개하면 집 앞에 큰 감나무가 있었는데, 그 감나무에서 감이 많이 열렸습니다. 어머님은 그 감을 따서 소금에 절여 운동회에 나가 팔자고 둘째 삼촌아주머니와 상의하여 어머니와 나는 감 200개를 광주리에 담아 팔기로 하고 둘째 삼촌아주머니는 사과를 100개 사서 운동회에서 팔기로 하였습니다. 그래서 운동회날 운동장 옆자리에서 감을 팔았으나 200개 중 10개만 팔고 삼촌아주머니는 사과를 30개 밖에 팔지 못했습니다. 점심도 못 먹고 허기에 지친 몸으로 10km 밤거리를 걸어왔습니다. 우리 형제들은 이렇게 어려운 나날을 보내고 살았습니다. 아버님은 어머님이 얼마나 고생하였고 우리 형제가 어떻게 살았는지 모르실 것입니다.

나도 이제 72살이 되어 남은 인생을 어떻게 이승에서 보람 있게 보낼까 연구하고 노력하고 있습니다. 나는 너무나 고생을 많이 하고 살았기에 더 이상 나와 같은 가정 형편 때문에 학업을 중단하거나, 실의에 빠지는 사람이 없도록 남을 사랑하고 열심히 돕도록 하겠습니다.

나의 작은 도움으로 훌륭한 인재가 배출된다면 얼마나 큰 보람일까요. 어려움에 처한 가정이라도 성공할 수 있다는 자신감을 갖도록 모든 사람을 돕고 살려고 합니다. 아버님, 어머님 우리의 뜻이 잘 성취되길 기원하여 주시고, 우리 아들, 딸들이 훌륭한 사람이 되도록 하늘나라에서 많이 도와주시기를 빕니다.

2012. 8. 25
막내아들 최혁영 드림

아버지 최재훈
어머니 박동하

큰 누님 최선종
매형 김종환
딸 김영자
아들 김경호
아들 김건호
딸 김숙희
딸 김영숙
아들 김대호

둘째 누님 김후중
매형 박균덕
딸 박옥분
딸 박정순
아들 박동영
아들 박동선

큰 형 최윤영
항수 고기매
아들 최승덕
딸 최은순
딸 최영희
딸 최현숙
딸 최미경
딸 최종희

둘째 형 최우영
항수 김의순
아들 최승목
딸 최정희
딸 최정임
딸 최숙임
딸 최이숙
딸 최남숙
아들 최창식

셋째 형 최영
항수 조화선
아들 최승아
아들 최승길
아들 최승동
아들 최종복
딸 최정희

넷째 아내 최혁영
지겸자
딸 최미경
딸 최혜령

저자약력

최혁영은 1942년 경북 예천군 지보면 수월리 태어나 1963년 대창 중고등학교를 졸업하고 그해 대구 영남대학교 공과대학 토목과에 입학했다. 1970년에 대학을 졸업하고 신진자동차그룹인 신원개발㈜에 입사하여, 국내 많은 건설 프로젝트를 집행했다. 1975년 2월 한국 해외사업 제1호인 이란 코람샤 항만공사 현장에 파견되어 공정관리 및 대 감독관 관리업무로 재직했다. 다시, 1978년 이란 NIOC항만공사에 파견되어 설계변경 등으로 적자가 난 현장을 흑자 현장으로 전환했다. 귀국하여 이란 반다르샤브르 트랜싯트 및 WAREHOUSE 건설공사를 견적하여 수주하고, 1979년 삼성그룹 삼성종합건설로 이직하여 삼성조선소 건설 등을 수행했다. 리비아 해외 수주견적 요원으로 파견되어 많은 프로젝트를 수주하는데 일조했다. 또다시 이란, 이라크, 사우디아라비아 등에 파견되어 해외공사를 수주, 집행하는 데 온힘을 쏟았다.

1987년 12월 삼성종합건설을 사직하고 개인사업 및 법인사업체인 건설회사를 설립하여 전국의 고속도로, 지하철건설, 공단건설, PLANT건설 등을 수행했다. 한마디로 우리나라 건설산업 발전에 최선을 다했다. 2002년 법인사업을 정리하고 개발사업으로 2개의 건물을 건설하여 운영하고 있다. 2013년 장학재단을 설립하여 고향의 고등학교와 영남대학교 및 서울대학교에서 장학생을 선발하여 장학금과 생활비 등을 지급하며, 학교와 인생 선배로서 멘토 역할을 하고 있다. 앞으로 이 장학사업에 남은 여생 동안 최선을 다해 성공적인 삶을 위하여 노력할 것이다.

수상경력

자랑스런 예천인 수상
사단법인 영상아카데미 경영인상 수상
자랑스런 대창인 수상
서울대학교 총장으로부터 감사패
영남대학교 동창회장으로부터 특별상
재경 영남대학교 동창회장으로부터 감사패
예천회로부터 공로패
고려개발㈜ 대표이사로부터 우수 시공패 수상
㈜신한 대표이사로부터 우수 시공패 수상
예천회 회장 역임
재경 대창고등학교 동창회장 역임
재경 영남대학교 공과대학 동문회장 역임